香港政制发展历程

（1843—2015）

王凤超　著

生活·讀書·新知　三联书店

图书在版编目（CIP）数据

香港政制发展历程：1843—2015 / 王凤超著. —北京：
生活·读书·新知三联书店，2019.1 （2020.7 重印）
ISBN 978 – 7 – 108 – 06436 – 3

Ⅰ．①香…　Ⅱ．①王…　Ⅲ．①政治制度－研究－香港－1843-2015
Ⅳ．① D676.582.1

中国版本图书馆 CIP 数据核字（2018）第 291046 号

责任编辑　叶　彤
装帧设计　蔡立国
责任校对　龚黔兰
责任印制　肖洁茹
出版发行　**生活·讀書·新知** 三联书店
　　　　　（北京市东城区美术馆东街 22 号　100010）
网　　址　www.sdxjpc.com
经　　销　新华书店
印　　刷　河北鹏润印刷有限公司
版　　次　2019 年 1 月北京第 1 版
　　　　　2020 年 7 月北京第 2 次印刷
开　　本　635 毫米 × 965 毫米　1/16　印张 17
字　　数　213 千字　图 18 幅
印　　数　06,001 – 11,000 册
定　　价　45.00 元
（印装查询：01064002715；邮购查询：01084010542）

作者自识

1. 香港政制发展问题（香港亦称"政改问题"）一直是香港社会的热点话题之一，对此的争论历久不衰。内地人也逐渐表示关注。最重要的，从发展角度看，这个议题有其过去时、现在时和将来时。关于香港政制发展的有关情况，包括香港回归前中英两国往来的外交文件和谈判现都已公开，为本书的撰写提供了条件。这本小册子力图简明扼要地讲清这个问题的来龙去脉、重要史实和基本看法，与读者交流。

2. 为方便香港和内地读者阅读，书中对有关背景和常识作了各有侧重的介绍和阐释。对一些问题的关键处，注意了要有一定的细节分量。

3. 我在从事香港工作的二十余年间（1989—2010），基本上没有离开过香港政制发展这一领域，包括中、英双方的有关谈判。参与和没有参与大不一样。参与了有现场感，对此后出版的有关著述和披露的资料，就有了些许分辨其可信度的能力和判断其精确度的条件。这对我的写作大有裨益。

4. 笔者参与的有关工作，必要时在本书注释中加以交代；有些事例及资料，会对某些问题的阐述更有说服力，但因尚未解密或现在很难征询当事人的意见，只好忍痛割爱。有少量资料和数据是因工作需要而随手记下的，当时没有注明来源，成书时就更无法一一注明了，特此说明并致歉意。

5. 本书于 2017 年 6 月由中华书局（香港）有限公司出版了繁体字版。为了方便内地读者阅读，现在的简体字版本扩充了一些解释性内容，增加了少量注释。

6. 本书所写，仅为笔者一家之言，文责自负。欢迎读者赐教。

王凤超

2017 年 12 月

目　录

引言 | 香港政制发展问题的由来

在香港的语境中，"政制"这两个字是"政治体制"的略称，早在港英管治时期就常用了。由于内地普通话和香港广东话发音不同，内地不用这个简称，还是用全称"政治体制"或"政治制度"。如果内地也用这个简称，在口语中会产生"政制"与"政治"区分不出来的情况。在普通话中，"制"和"治"是同音字（zhì），而在广东话中，却是两个音。这是两地语言上的差别而产生的某些词汇上的区别。

一般而言，政治体制主要是指政权的组织形式和其运行规则。它是一切有政权组织社会的运作枢纽。就香港地区而言，回归前，港英的政制就包括总督制度，决策、立法的咨询制度以及行政、司法制度等。其宪制性文件为《英皇制诰》和《皇室训令》。香港回归祖国后，《中华人民共和国宪法》和《中华人民共和国香港特别行政区基本法》（以下简称《香港基本法》或《基本法》）共同构成香港特区的宪制基础。香港特别行政区政制的主要内容包含在《香港基本法》第四章"政治体制"中，涉及行政长官，行政、立法、司法机关以及区域组织、公务人员制度等。

在任何一种社会制度中，其政制一旦确立，一般都保持长时期的相对稳定，这是一个社会有序运作、健康发展不可缺少的条件，也是政治体制本身的内在要求。例如，英国议会选举的法律颁布于 1406 年，以后实施了四百多年未变。美国总统选举的基本制度是"选举人团制"，实行了二百多年一直保持稳定。在此期间，美国国会先后否决了七百余项要求取消"选举人团制"的法案。香港特区也是如此。香港特区政制的绝大多数内容，根据《香港基本法》的规定，50 年不变。

最近几年，香港特区流行一个概念，叫"政制发展"，它已成为香港社会的一个中心政治议题。既然香港特区的政制 50 年不变，为什么还要发展呢？"发展"不就是"变"吗？从根本上说，这源于《香港基本法》的有关规定。

在《香港基本法》规定的香港特区政制中，关于行政长官和立法会议员的产生办法，留有发展空间，是个相对动态的要素，具体指《香港基本法》第 45 条、第 68 条和《香港基本法》附件一、附件二的有关规定。

《香港基本法》第 45 条规定：

> 香港特别行政区行政长官在当地通过选举或协商产生，由中央人民政府任命。
>
> 行政长官的产生办法根据香港特别行政区的实际情况和循序渐进的原则而规定，最终达至由一个有广泛代表性的提名委员会按民主程序提名后普选产生的目标。
>
> 行政长官产生的具体办法由附件一《香港特别行政区行政长官的产生办法》规定。

《香港基本法》第 68 条规定：

> 香港特别行政区立法会由选举产生。
>
> 立法会的产生办法根据香港特别行政区的实际情况和循序

渐进的原则而规定，最终达至全部议员由普选产生的目标。

立法会产生的具体办法和法案、议案的表决程序由附件二《香港特别行政区立法会的产生办法和表决程序》规定。

《香港基本法》第45条第一款和第68条第一款的内容完全来自《中华人民共和国政府和大不列颠及北爱尔兰联合王国政府关于香港问题的联合声明》（以下称《中英联合声明》）和其附件一《中华人民共和国政府对香港的基本方针政策的具体说明》中的有关表述，突出行政长官和立法会议员由选举产生。《香港基本法》第45条、第68条第二款所规定的行政长官和立法会的产生办法（以下有时概称"两个产生办法"）最终达至普选（文中有时简称"双普选"）的目标，在《中英联合声明》中并未提及。可以得出这样确凿的结论："双普选"是《香港基本法》赋予香港选民的权利，没有《香港基本法》第45条、第68条的规定，香港特区就不存在"双普选"问题。正是在香港政制民主发展方面，《香港基本法》超出了《中英联合声明》所规定的范围，反映了中央对港人民主权利的充分尊重和信任。

《香港基本法》规定的"双普选"是最终的目标，不可能一蹴而就，这中间有一个渐进的过程。因此，对"两个产生办法"又分别在《基本法》附件一和附件二规定了香港回归后政制上10年的稳定期，即"两个产生办法"在1997年至2007年保持稳定，在这个前提下，行政长官选民基础的扩大和立法会直选议席的增加应循序渐进向前发展。

在行政长官产生办法上，按照《香港基本法》及其附件一的规定，第一任行政长官人选由一个具有广泛代表性的400人推选委员会在香港推举产生，报中央政府任命。从第二任行政长官开始，由一个扩大为800人的具有广泛代表性的选举委员会产生人选，报中央政府任命。《基本法》附件一第7项规定："2007年以后各任行政长官的产生办法如需修改，须经立法会议员三分之二多数通过，行政长官同意，并报全国人民代表大会常务委员会批准。"

关于立法会议员产生办法，按照《香港基本法》及其附件二的规定，特区立法会由分区直接选举、功能团体选举和选举委员会选举三种方式产生。从第一届到第三届立法会，功能团体选举议员保持为 30 名，分区直接选举的议员逐届增加，由 20 名增至 30 名，在此期间，选举委员会选举的议员逐届减少，将名额用于增加分区直选的席位，到第三届立法会后选举委员会选举议员的方式就不存在了。《香港基本法》附件二第 3 项规定："2007 年以后香港特别行政区立法会的产生办法和法案、议案的表决程序，如需对本附件的规定进行修改，须经立法会全体议员三分之二多数通过，行政长官同意，并报全国人民代表大会常务委员会备案。"

为了与"双普选"的最终目标配套，在 10 年稳定期过后，即《香港基本法》附件一和附件二所说的"2007 年以后"，可以按法定程序对"两个产生办法"做出修改。这样，在香港的政制中，虽然《香港基本法》规定总体 50 年不变，但在政制中占有重要地位、延续其政制的"两个产生办法"，就成为"50 年不变"中相对变动的因素，这就是香港"政制发展"问题的由来。如同航船行驶一样，2007 年以后，"两个选举办法"的航船可以起锚，循《香港基本法》规定的航道前行，最终抵达目的地——普选的彼岸。

正是考虑到香港政制发展这一可变因素，便于"两个产生办法"在进行修改时落实循序渐进的原则，就将"两个产生办法"放在《基本法》的附件中加以具体规定，这样，在对"两个产生办法"进行修改时，就不必要修改《香港基本法》的正文。因此，"政制发展"这一概念的含义，在现阶段，仅指 2007 年以后《香港基本法》附件一和附件二规定的行政长官产生办法和立法会议员产生办法是否需要修改、如何修改和最终"双普选"的落实问题，并不包括

《香港基本法》规定的香港政制的其他内容。

按照香港本地的习惯用语，香港社会最初是用"政制检讨"这一提法来表述此事的。"检讨"一词，在香港本地的含义是指某一方案或采取的某项措施，在实施一段时间后，通过回顾与总结，提出完善的意见。内地对"检讨"一词的理解不尽相同。为了避免由此而产生的误解，后来就用两地均可认同的"政制发展"来取代"政制检讨"的提法。

香港的政制发展问题，不仅关系到香港民主化的进程，而且还关系到中央和香港特区的关系，关系到国家主权、安全和《香港基本法》规定的由中央行使的权力，关系到香港社会各方面的利益，关系到香港的长治久安。同时，这又是一个颇具争议、十分敏感的领域。围绕政制发展问题的争论，其核心是确立什么样的政制和选举制度，这直接关系到特区政权的归属，其实质则是香港的管治权之争。在起草《香港基本法》时，有关香港政制这部分内容争议最多，讨论时间最长，直到最后一刻才能落案。

20 世纪 90 年代初，英方改变对港政策后，末代港督彭定康1992 年上任伊始公布的"政改方案"，就是针对香港政制发展问题的。香港特区成立后，围绕政制发展问题的争论，可以说无日无之。每逢选举，它必定成为社会各种政治势力炒作的中心议题。可以预言，在今后香港政制发展实践过程中，争论仍不可避免，有时还可能达到相当激烈的程度。

温故而知新。要弄清香港政制发展问题的来龙去脉，应该回溯历史。严格说来，"政制发展"的内涵是指香港特区的"两个产生办法"的民主发展问题，但是，由于香港回归祖国后仍实行原有的资本主义制度，《香港基本法》规定的特区政制，又吸纳了港英管治时期的一些施政做法，特别是在制定《香港基本法》的过程中，中方为了香港平稳过渡和1997 年前后政制发展的衔接，在为特区政制发展做出设计时，通过外交渠道听取了英方的意见，就一些衔接和政制发展重要环节，中英双方达成了协议和谅解，中方吸纳成果后将之写入了《香港基本法》或纳入全国人大的有关决定之中。事实表明，仅从香港立法机构从 1997 年前后直选议席逐届增加的进程看，除加插一年任期的临时立法会外，它并未出现断裂。基于这些原因，在描述香港政制发展轨迹时，将港英管治时期的港督产生办法和港英立法局产生办法及主要演变也纳入进来，有助于人们了解英国在香港管治后期推行代议制改革的动因和目的，将"九七"前后香港政制状况适当做一对比，可以增强人们认识这个问题的历史纵深感。

俗话说"小孩没娘，说来话长"。还是从头说起吧。

第一章 | 漫长的停滞期（1843—1985）

一、港督的产生

1843 年 4 月 5 日，英国女王维多利亚于西敏寺（Westminster）颁布《英皇制诰》（*Letters Patent*，即《香港宪章》[*Hong Kong Charter*]）正式宣布将"香港岛及其附属地"建立为"一个单独的殖民地，被称为并定名为'香港殖民地'"。[1] 这份《英皇制诰》任命了"现任总督"，规定了其权力来源和职权范围，授权总督组成立法局[2]，召集行政局[3] 开会并任命法官、太平绅士等，同时，还对副总督、辅政司的职权以及所涉人事事项的公文做出原则规范。

次日，又于白金汉宫（Buckingham Palace）发出《皇室训令》（*Royal Instructions*），共 38 条。这实为英国殖民地部大臣斯坦利（Lord Stanley）发给首任港督亨利·璞鼎查（Henry Pottinger）的"训令"，是指令璞鼎查和港英政府执行《英皇制诰》的细则和补充，其

---

〔1〕 见刘存宽译：《英皇制诰》（专利证），英国殖民地部档案 C.O.129/2。载刘智鹏主编，《展拓界址：英治新界早期历史探索》，香港：中华书局（香港）有限公司，2010 年版，第 165—167 页。

〔2〕〔3〕 在英国管治香港时期，港督的立法咨询机构称为立法局。1875 年，《宪报》刊登的这个机构首个官方中文名称为"定例局"，何时改称"立法局"则不详。香港回归祖国后，香港特区立法机关称为"立法会"，协助行政长官决策的机构称为"行政会议"。

中指名委派璞鼎查为香港总督和驻军总司令，授权港督任命三个人为立法局（定例局）议员并主持该立法局。该"训令"指示："除非经您事先提议，该立法局不得通过或颁布任何法律或法例；除非经您首先提出，该立法局不得就任何问题进行辩论。"[1]"训令"还授权港督组成行政局，人数除总督外，"永远限定为三人"。[2]

1843 年 4 月形成的《英皇制诰》和《皇室训令》，成为后来经多次修改的《英皇制诰》和《皇室训令》的原始蓝本。它们是英国管治香港的宪制性法律。

1843 年 6 月 26 日，清廷钦差大臣耆英在香港与璞鼎查交换条约，同日，璞鼎查宣誓就职，成为香港殖民统治第一任总督。遵照上述宪制性文件，港督委任了政府官员，特选 44 名社会名流，组成"英属香港治安委员会"，并任命第一批治安委员，[3] 其英文名称为：Justicfs of Peace，简称 J.P.，中文称"太平绅士"。这个称呼一直沿用至今。同时，港督组建了行政局和立法局。这就是英国最初在香港建立的殖民管治架构。

璞鼎查（1789—1856，亦译砵甸乍），是一个职业军人，长年在印度从事殖民活动。后受委派取代查理·义律（Elliot）担任驻华公使兼驻华商务监督，实为英国在华全权代表，1841 年 8 月 11 日来到香港。在此之前的 6 月 5 日，英国外交大臣巴麦尊（Lord Palmerston）给璞鼎查发出一道训令："要据有香港岛，就应销毁或撤走对该岛构成威胁的对岸的防御工事、火炮及驻军。"[4]

---

〔1〕 见刘存宽译，《皇室训令》，英国殖民地部档案 C.O.381/15。载刘智鹏主编，《展拓界址：英治新界早期历史探索》，第 168—176 页。

〔2〕 同上。

〔3〕 李东海编撰，《香港太平绅士和申诉专员》，北京：中国文史出版社，2002 年版，第 2 页。

〔4〕 转引自张连兴著，《香港二十八总督》，香港：三联书店（香港）有限公司，2012 年版，第 9 页。

璞鼎查

璞鼎查抵香港后，立即落实巴麦尊的训令，旋即率兵攻打中国沿海城市，极力扩大对华战争。1842 年 8 月 29 日，在停泊于南京江面上的英国军舰"康华丽司"（Cornwallis）号上，璞鼎查迫使清政府的钦差大臣耆英、伊里布等签订了中国近代史上第一个不平等条约——中英《南京条约》，其主要内容为：（1）割让香港；（2）赔偿鸦片烟价、商欠、军费共 2100 万银圆；（3）开放广州、福州、厦门、宁波、上海等 5 处为通商口岸；（4）英商应纳进出口货税、饷费，中国海关无权自主，均须"秉公议定则例"；（5）废除公行制度，准许英商与华商自由贸易。通过此条约，英国达到了侵占香港岛的目的。

璞鼎查任港督时间只有一年，1844 年返回英国后担任枢密院顾问官，1846 年担任好望角总督，后到南非，出任开普殖民地总督，1856 年客死马耳他。

关于港督的角色，20 世纪 80 年代香港御用大律师祈理士做了这样的概括："总督由英女王任命，代表英女王，担任香港政府的首要职位。""总督是行政机关的首长，掌握发号施令的最终权力。"行政局和立法局均以港督为首。[1] 由此可以看出，港督既是英王在香港的代表，又是港英政府的首长，在香港的地位至高无上。正如第 22 任港督葛量洪亲身感受到的那样："在这个英国直辖下的殖民地，总督的权力仅次于上帝，当他抵达每一处地方时，人人都要起立，在任何情况下，都要遵从他的意愿——永远都是：'是的，爵士''是的，督宪阁下'。"[2] 行政局和立法局实际上分别是港督决策和立法的咨询机构，港督主持行政局会议并兼任立法局主席，以保持以港督为核心的行政主导体制。

英国管治香港 150 多年，共有 28 任港督，从璞鼎查到彭定康，全部由英王委任，没有任何选举的成分，在港督产生办法上当然也就不存在什么政制发展空间。

二、立法局的演变

1. 初期的立法局

1843 年 8 月，璞鼎查委任曾任护理总督（即代理总督）的庄士敦（Alexander Robert Johnston）、首席谈判司威廉·坚吾（William Caine）和商务总监秘书马儒翰（John Robert Morrison）三人为立法局议员。马儒翰不久去世，由驻港英军司令兼名义副总督德己立（George D'Aguilar，亦译"德忌笠"）代之[3]。在第二任港督戴维斯（John Francis Davis，中文名"德庇时"）主政时，将三位委任官守议员[4] 改为

[1] 祈理士，《香港政制：繁荣之所系》，载《香港 1983》，版权属港英政府所有。

[2] ［英］亚历山大·葛量洪著，《葛量洪回忆录》，曾景安译、赵佐荣编，香港：广角镜出版社，1984 年版，第 140—141 页。

[3] 参见曹淳亮主编，《香港大辞典》，广州：广州出版社，1994 年版，第 1106 页，中文译名略有不同。

[4] 港英政府的官员被委任为行政或立法的议员，称官守议员。官守议员又分当然官守议员和委任官守议员两类。

英军驻港司令、首席按察司和律政司[1]。后来，立法局组成成分固定为：港督是当然的立法局主席，布政司、财政司、律政司是当然官守议员，再加上委任官守议员。

1844 年 1 月 11 日，立法局举行第一次会议。1845 年，立法局正式采纳根据 1843 年《皇室训令》第 6 条[2]拟成的首份《香港立法局会议常规及规则》（中文译名）。

早期的港英管治架构，港英政府、行政局与立法局在成员构成上，可以说是以港督为核心的"三位一体"，均由政府官员组成。特别是在立法局中，其议员全部由官守议员单一成分构成，不可能适应社会其他力量的诉求，结构性演变是迟早会发生的事。

2. 首次引入"非官守议员"

立法局议员全部由港督委任的官守议员组成的情况，引起了在香港的英国商人的不满。而这又是与香港开埠初期港英政府的财政状况相联系的。

开埠之初，香港驻军费用由英国政府给予财政补贴，而港府的运作经费，包括公务员的薪酬、公共设施建设等支出，由港府承担。港府初期的财政有三个来源：一是英政府从清廷的鸦片战争赔款中抽拨，这笔款项在第二任总督戴维斯任内已用去大部分，到文咸（Samuel George Bonham，又译"般含""文翰"等）出任港督时已

---

[1] 参见王赓武主编，《香港史新编》（上册），香港：三联书店（香港）有限公司，1997 年 5 月版，第 81 页。

[2] 《皇室训令》（1843）第 6 条：为了保证该立法局议员准时与会，并防止在没有适当通知几位议员的情况下举行该局会议，我们特意指示您，即现任香港总督拟定为此所需要之会议常规条例与命令，作为该立法局之指导，并制定最宜于保持秩序及迅速办事、最宜于举行该局一切辩论之其他常规条例（此等常规条例不得与上述皇室制诰及您从我等处收到之此等或彼等训令相抵触），除非此一及任何其他常规条例遭到我们否决，此等常规条例应时时遵守，并对该立法局有约束力。

所剩无几；二是拍卖土地的收入；三是鸦片贸易的收入。

关于鸦片贸易问题，需作些说明。

英国强占香港岛后，香港凭借天然良港的自然条件，很快成为转口贸易港。当时中国内地仍实行禁烟，由于香港本地天然资源缺乏，在港的英国商人感到走私贩卖鸦片有重利可图，加之当时英方竭力推行鸦片贸易合法化，英商对鸦片贸易趋之若鹜，使香港很快成为远东最大的鸦片走私中心和鸦片集散地，成为输入内地鸦片的转运站，港府也从中获得了巨额财政收入。1845 年，港府年度报告承认，鸦片是其出口的主要货物。[1] 1847 年，香港 22.61 万英镑的出口总值，鸦片占到 19.56 万英镑，[2] 占 86.5%。鸦片贸易成为香港转口贸易的支柱，鸦片税收入成为港府的重要财源，约占早期香港岁入的 7.6%（1844—1858）至 10.5%（1859—1869）。[3]

在罪恶的鸦片贸易中，英资洋行发了大财，怡和和颠地洋行成为当时数一数二的鸦片经销商。1845 年，走私鸦片的飞剪船有 71 条，其中 19 条属怡和，13 条属颠地。[4] 在香港经济占统治地位的英商，又是港府的缴税大户，但立法局中却没有他们的席位。英商发现了自己的经济地位和议会代表权不对称的情况，于是，向全部由官守议员组成的立法局发起了"挑战"，谋求当局做出改变。

1849 年，怡和洋行等英商提出设立市议会的主张，实际上是借

---

〔1〕 安德葛，《香港史》，第 73 页。转引自余绳武、刘存宽主编，《十九世纪的香港》，北京：中华书局，1994 年版，第 257 页。

〔2〕 刘诗平，《洋行之王怡和》，香港：三联书店（香港）有限公司，2010 年版，第 165 页。

〔3〕 安德葛，《香港史》，第 73 页。转引自余绳武、刘存宽主编，《十九世纪的香港》，第 360 页。

〔4〕 同〔1〕。

此表达对立法局不设非官守[1]议席的不满。此时正值第三任港督文咸上任才一年，又面临政府财政入不敷出的状况，为了使自己的工作得到英商的支持，稳住税源大户，防止成立市议会对英国直接管治可能带来的冲击，文咸经请示英国殖民地部大臣，通过当时 16 名非官守天平绅士提名推荐，1850 年 6 月，文咸委任怡和洋行股东大卫·渣甸（David Jardine）和哲美森洋行老板约瑟·艾德格（Joseph Frost James Edger）为立法局非官守议员。这是立法局设立 7 年以来，首次在议员构成上突破清一色官守议员的格局，引入非官守议员的议席。"从 1850 年到 1900 年的 50 年间，立法局非官守议员中，有近七成由商人担任；其中大部分是英资洋行大班。英资洋行在香港政治中的重要地位，由此可见一斑。"[2]

3. 首次引入华人议员

到了 19 世纪 70 年代末和 80 年代初，香港的华商已从洋商那里学习到不少经营管理经验，并逐渐甩开洋商，投资经营实业，在商业、转口贸易和房地产方面的实力逐渐增强，打破了香港开埠初期英商掌控经济命脉的局面。第八任港督轩尼诗（John Pope Hennessy）在立法局提出的报告中承认："华人是港岛的最大业主，香港外国银行发行的货币极大部分也掌握在华人手里，而港府的税收，有九成是取自华人。"[3] 华人经济虽然崛起，但华人在政治上毫无地位，在立法局没有立锥之地。在港英立法局成立 38 年之后，再次出现了缴税义务与议会代表权分离的情况，这种状态显然不可持续。华人要求在立法局占有席位的呼声，成为自然而迫切的政治诉求。

---

[1] 非官守议员是指由非政府官员出任的行政局、立法局的议员，与"官守议员"相对。

[2] 冯邦彦著，《香港英资财团》，香港：三联书店（香港）有限公司，1996 年版，第 27 页。

[3] 张晓辉著，《香港华商史》，香港：明报出版社有限公司，1998 年版，第 23—24 页。

1879 年 2 月 17 日，香港各界华人领袖上书港督轩尼诗，力荐伍廷芳出任立法局议员。请愿书写道：

> 请求委任中国人为定例局成员，以期官民获得良好了解。香港的商业数额和早期相较，是与日俱增和日益繁荣了。现在全香港居民有百分之九十是中国人，但无论何时，有任何当地公共利益项目提出讨论时，中国人都又不被准许聆听有关事项及参与其中，结果便很容易引起了双方有不同利益的感觉，以及外籍（欧洲）人士与中国人不可根据同一原则对待。基于这种环境，你的请愿者在去年旧历十月（1878 年 11 月 10 日）把他们的意见呈上给你，请求把他们的请愿书转呈给殖民地部大臣，充满信心地把事情请上面决定。一向你的请愿者都希望从此以后中国人可被准许在一些有关整个社会利益的事情上，在停止进行辩论以前能分担一部分。不久以前，在中国团体内不是只有少部分享有很高的名人名誉，其中最著名的一位便是伍叙（伍廷芳）先生，他很熟悉英国语言及文学，及深知英国的法理学，与中国团体完全融洽相处，及获得他们的信任，所以有资格在定例局里代表他们的利益。因此你的请愿者建议，假若以后有任何空席，请准许伍叙先生填补定例局的席位，这样对当地的利益必可获得很大的益处。你的请愿者在此事情上的主要动机是为着公共利益，但所提出的建议及适当的步骤则留待你的判断。[1]

这封请愿书写得如此诚恳执着而令人动容，香港华人领袖们推荐的这位伍廷芳究竟是何许人？

---

〔1〕 转引自张礼恒著，《伍廷芳的外交生涯》，北京：团结出版社，2008 年版，第 41—42 页。

伍廷芳

　　伍廷芳（1842—1922），广东新会县（今新会市）人。名叙，字文爵，号秩庸。生于新加坡，3岁时随父归国定居广东。1856年入香港圣保罗书院，1874年自费去英国伦敦林肯会馆学习法律，1877年1月26日获颁出庭律师资格，是中国人中获此资格的第一人。

　　1877年2月，学成的伍廷芳乘船返港，在船上正好与去香港就任总督的轩尼诗相遇。两人交谈甚欢，为此次乏味枯燥的东方之行增添了兴致。还未到任的轩尼诗，从与伍廷芳的交流中，详细了解到香港的有关情况，对伍廷芳的学识、沟通能力及对事务的深刻分析，留下了难忘的印象。

　　伍廷芳到香港后，即被准许在港法庭执行律师业务，成为香港第一个华人大律师。后经轩尼诗的提议，伍廷芳又成为由三人组成的考试委员会成员，此外，还担任香港保良局副主席。1878年底，伍廷芳又被轩尼诗委任为太平绅士，是当时被委任的第一个华人。伍廷芳在香港日隆的声望和华人经济上取得的成功，汇成了华人参政议政的热情，伍廷芳自然成为被华人社会推荐的第一人。

　　轩尼诗收到这封请愿书后，并未表态，他在等待时机。机会终于来了。1880年1月，当时立法局的一位非官守议员、仁记洋行大班吉布（Gibb，H.B.）辞职离港。轩尼诗抓住时机，先做出预告，命辅政司[1]于同年1月19日发布通告："总督阁下已暂时委任伍叙先生为定例局的一名议员，……只待女王陛下回复，以接替离开本港的吉布先生。"[2] 做好这一铺垫后，轩尼诗给英国殖民地部大臣修长函一封。信中写道：

> 我很恭敬地呈上一份已在我手上大约一个月的文件作为你的参考资料，里面是香港有领导地位的中国人——代表他们团体而写的，推荐伍叙先生给我，他是一位有高尚名誉的绅士及极有资格在定例局里代表他们的利益。你可观察这些人士在说及他们给你的陈情书。而我在1879年1月19日的第五号函件中转呈。在那份陈情书中，他们说："我们谦谨地指出华人居民超越外籍居民十倍的数目及华人团体所担负的税项比外籍团体所纳的超越很多。"因此准许中国团体能分担管理本地公共事务是很公平的。[3]

在这里，轩尼诗将华人纳入立法局的理由说得很清楚：在香港这样华洋相处的社会里，华人十倍于洋人的居民构成和华人成为缴税主体的经济地位，决定了华人分担管理本地公共事务才是公平的。轩尼诗是从维护英国对香港的长远管治而提出这一建议的。

但是，英国主管部门并不是完全从这一角度看待此事的。"殖民地部大臣比奇（M.H.Beach）只同意任命伍廷芳为临时代理议员（任期不超过三年），反对他担任常任议员，并说，如果立法局研究机密问题，伍廷芳在场诸多不便。"[4] 就这样，伍廷芳于1880年2月19日

---

〔1〕 辅政司是布政司的前称。
〔2〕 张礼恒著，《伍廷芳的外交生涯》，北京：团结出版社，2008年版，第42页。
〔3〕 同上书，第43页。
〔4〕 余绳武、刘存宽主编，《十九世纪的香港》，第188页。

当上了港英立法局临时议员，1883 年任期结束后离港赴天津，跟随李鸿章而去了。不管怎样，伍廷芳毕竟是立法局成立 38 年来第一个华人非官守议员。

华人在立法局正式占有席位的趋势是不可阻挡的。1884 年，黄胜被委任为非官守议员，任期由 1884 年至 1890 年，从此形成制度。黄胜之后由何启接替。到 1884 年时，立法局有 7 名官守和 5 名非官守议员。

黄胜（1827—1902），[1] 字平甫，广东香山人，生于澳门，1843 年来香港就读，1847 年赴美国留学，是中国最早留美的学生之一，一年后因身体不适回香港在英文报馆学习印刷，后转往英华书院任印刷所主管。1870 年，出任东华医院创建总理。1876 年，获港督委任为中国语文考试委员会委员。1883 年，黄胜归化英籍，被委任为非官守太平绅士。

何启（1859—1914），祖籍广东南海，香港出生。早年就读于香港中央书院，后去英国专攻医学和法律，取得医学士、外科硕士学位和大律师资格。何启还热心研究、探索中国的社会改革问题，并支持、参与孙中山早期在香港筹划的反清革命活动，是晚清著名的报刊政论家，其论述与好友胡礼垣合写的文章结集名为《新政真诠》一书问世。

立法局早期这三位华人非官守议员的产生，是香港经济发展到一定阶段并形成华人社会的产物，也是后来学者总结出来的港英"行政吸纳政治"的开端。他们都有在英美留学的经历，都是谙熟英语、了解中西文化的社会精英。他们的事业、旨趣相近，彼此熟稔。香港是中国近代报刊的发源地，在近代中文报纸的创办上，伍廷芳、黄胜和何启，都做出了重要的贡献。他们了解报纸作为传播媒介在

---

〔1〕 另一说法是黄胜生于 1828 年。

开通民智方面的重要性，热心利用洋报的设备、中文铅字和发行渠道，率先创办中文报纸。黄胜和伍廷芳均参加过中国近代第一家中文报纸《香港中外新报》（前身为1858年初创办的《香港船头货价纸》，1864年末或次年初易名为《香港中外新报》）的编辑工作。伍廷芳、何启还鼎力帮助香港《华字日报》[1]的出版事宜。

4. 立法局组成的多元化

立法局组成多元化格局的出现，是第25任港督麦理浩力促而成的。

麦理浩从1971年至1982年任港督，正值香港经济起飞的10年。20世纪60年代，发达国家进行工业结构调整，将劳动密集型产业向外转移，香港抓住这一机遇，发展制衣、玩具、塑胶、电子工业等，成为一个制造业中心。香港走上了劳动密集型生产和出口为主导的道路，经济结构出现了多元化，服务业随之兴起，为在香港出生的新生代向上流动提供了机会，促使中产专业阶层开始冒起。香港经济结构的多元必然带来社会结构的多元，自然形成社会利益诉求的多元。

同前两次立法局发生演变的动因雷同，香港当时总体上也存在缴税义务和议会代表权的平衡问题，但与前两次的调整相比，关联的因素和涉及的层面要复杂得多、广泛得多。面对社会多元化后多层次对议会代表权的需求，麦理浩扩增了立法局席位，以容纳各方代表。1966年时，立法局共有26名议员；麦理浩主政不到3年，到1973年议员人数就快速增至50人，1980年又增至54人。[2]席位的骤增，必然导致打破惯例，拓宽委任议员的渠道。

---

〔1〕《华字日报》于1872年由香港英文报纸《德臣西报》（*China Mail*）译员陈蔼廷创办，正式取代《德臣西报》之中文版《中外新闻》，成为香港当地人自己管理的中文报纸。
〔2〕杨奇主编，《香港概论》（续编），北京：中国社会科学出版社，1993年版，第13页。

在麦理浩主政前，立法局非官守议员人选来源之一，为每届由非官守太平绅士和香港总商会[1]各自产生一名代表入局。前者有此特权始于 1849 年，后者始于 1884 年[2]。

1973 年，太平绅士代表布朗在立法局退休，麦理浩借此机会终止了上述两项特权，同时委任市政局一位民选议员张有兴入局，而他又是太平绅士，没有引起太平绅士层面的反弹，反映出麦理浩施政手法的高明。在随后几年中，麦理浩委任的非官守议员范围不断扩大，广纳各界人士，具有一定的开创性，其中包括：工团总会英文秘书梁达诚，被称为史上首位基层立法局议员、曾做过九龙巴士售票员、车务主任的王霖，新界乡议局执行理事杨少初，商界的邓莲如，市政局代表胡鸿烈，神父孟嘉华，校长 Joyce Bennett，等等。麦理浩的此项改革，有利于增强立法局在社会上的认受性、有利于经济转型过程中利益群体的平衡、有利于港英的管治。

英国学者约翰·李雅对这个时期港英政体做出这样的评说：

> 香港不是民主政体。无论是行政上的和执行上的权力，皆掌握在政府官员之手，而他们在法律上是通过总督向英国负责的。香港的人民对他们并无任免之权。行政、立法两局的成员，不是由选举产生，而是为皇室所任命。"非官守议员"们……不会而且在法律上也不可能决定政策。宪法允许总督忽视行政局的献议，而总督作为立法局主席所享有的决定票，也意味着政府的方案不会被立法局所否决。[3]

---

[1] 香港总商会于 1861 年 5 月 29 日成立，初期会员全部为外商，故又有"西商会"之称。该会是国际商会会员。

[2] 另一说法为"1883 年"。

[3] 转引自赵雨乐、程宝美合编，《香港史研究论著选辑》，香港：公开大学出版社，1999 年版，第 28 页。

这就是英国学者笔下的香港政制停滞期的港英政体及其行政与立法的运行轨迹。

　　港英立法局百余年的演变表明，英国在坚持维系港督委任议员的制度下，会对立法局议员的成分构成和议席数目，根据香港经济、社会发展的实际做出必要的调整，而且这些微的变动是极其缓慢的、谨慎的、可控的。值得注意的是，立法局构成的三次演变表明，缴税义务和议会代表权之间取得适当的平衡，是港英管治香港之道，也是促进立法局演变的一种体制内外的动力，在后来发生的政制改革诉求中，这一点还会顽强地体现出来。

三、英国否决了香港的政制改革

　　在长达百余年的香港政制停滞期，全部立法局议员均由港督委任，对此，仅在港英建制内部就有过数次要求开放民选议席或改组立法局的建议或呼声，但均被英廷否决。

1. 港督宝宁的建议

　　第四任港督宝宁（John Bowring，亦译"宝灵"，自取中文名字"包令"）于 1855 年 8 月 2 日以第 110 号公文送达英国殖民地部，就立法局组成提出代议制改革建议。建议提出：立法局增加 3 名直选非官守议员，候选人没有种族限制，但条件是参选人要有每年 10 英镑的土地收益或担任公职 3 年以上。[1] 这个公文被英廷束之高阁。

　　大约过了一年，新上任的殖民地部大臣亨利·拉布谢尔（Henry Labouchere）明确表示反对宝宁的这一建议。据编号为"1856 年 7 月

---

[1] 参见［英］弗兰克·韦尔什（Frank Welsh）著，《香港史》，王皖强、黄亚红译，北京：中央编译出版社，2007 年版，第 252 页。

29 日第 29 号"的公函记载，亨利·拉布谢尔反对的理由是：香港不能
举行选举，"香港的华人居民，也许极少数体面的人士除外，道德素
质非常低下"。"香港的英国侨民很少打算自己或自己的后代永久在
那里居住，他们仅仅是出于商业或职业上的目的在那里逗留不长的
一段时间，打算一旦时机成熟就立即离开这个殖民地。"[1]《香港史》
一书作者韦尔什（Frank Welsh）认为："拉布谢尔阐明了限制香港代
议制的理由，这份文件（指 1856 年 7 月 29 日第 29 号公函）是理解
日后历届英国政府在香港民主化问题上的态度的关键。"[2] 显然，拉布
谢尔在反对的理由中，充溢着对华人露骨的歧视，这是英国对香港
实行殖民统治的本质表现。

2. 非官守议员的建议

在第 11 任港督威廉·罗便臣（William Robinson）任内，1894
年 4 月，立法局非官守议员怀特黑德（Whitehead，T.H.）、遮打（Sir
Chater，Catchick Paul）、何启等联名上书英国政府，提出改组立法局
的建议。建议主要内容为：（1）立法局中的非官守议员应由选举产
生；（2）非官守议员应比官守议员席位多；（3）非官守议员在会议
上应有言论及表决的绝对自由；（4）立法局有权支配地方全部行政
经费；（5）立法局有权管理地方一切事务；（6）凡关于英国与香港
的问题，立法局有权尽先参与讨论，然后执行。对此建议，英国殖
民地部大臣李邦以"香港人口华人为主，不能只在英籍人士中进行
选举"为由拒绝。

实际上，更深层的原因是英国担心 30 年前立法局讨论一桩拨

---

[1] 参见［英］弗兰克·韦尔什（Frank Welsh）著，《香港史》，王皖强、黄亚红译，第
  252 页。
[2] 同上。

款要求的事件重演。1864 年，英国政府要求香港每年以捐献的名义提供防务费用 2 万元。港督要求立法局同意此项拨款。非官守议员认为此举会增加英商的负担而一致反对。官守议员、库务司福思（F.H.Forth）也持反对态度，后遭上司严厉谴责。针对立法局曾经出现的这种"不听话"的情况，殖民地部大臣卡德威尔（E.Cardwell）于 1866 年 5 月 31 日致函港督麦当奴（Richard Graves MacDonnell），重申官守议员按照法律必须对政府的既定政策和港督的提案投赞成票，否则不得继续任职。[1]

应对非官守议员上述建议的最后结果是，作为妥协，英国殖民地部和港英政府绕开立法局官守与非官守议员比例的调整，于 1896 年 7 月同意设立 2 名行政局非官守议席，委任英籍亚美尼亚裔富商遮打和怡和洋行的欧文（Owen, J.F.）出任。这是港英行政局设立非官守议员席位之始。此后，行政局议员被委任者大多为洋行大班及富商，以英商为主，仅怡和洋行的代表先后竟有 9 名之多。[2]

3. 律师波洛克的建议

然而，争取政制改革，以创更多机会便于英籍人士参与政治活动，并未因英国政府的多次拒绝而停息。到 20 世纪初，又酿成了一次有一定规模的请愿行动。

1916 年，立法局非官守议员、英籍律师波洛克（Heery E.Pollock）发起签名，致信英国殖民地大臣，包括几乎所有在香港的英商在内有 566 人参加联署，所提要求与以往圈子内的有关建议差不多。信中援引香港总商会及太平绅士自行选举立法局代表的惯例，要求选

---

〔1〕 详见余绳武、刘存宽主编，《十九世纪的香港》，第 186—187 页。
〔2〕 王赓武主编，《香港史新编》（上册），香港：三联书店（香港）有限公司，1997 年版，第 80 页。

举产生部分立法局议员，并要求非官守议员在立法局中占多数席位。这次请愿行动波及面较大、持续时间长，但被英国殖民地部用以往应对这类要求的相同理由拒绝。1917 年 5 月，又成立了由英人垄断的旨在争取立法局民选席位的"宪法改革协会"，继续抗争，亦无疾而终。

4. 港督杨慕琦的建议

争取立法局部分代议制改革的数次要求，均被英国否决，那么，立法局以下层次的民主改革，结局又如何呢？

1946 年 8 月 28 日，第 21 任港督杨慕琦（Mark Aitchison Young）在广播演说中，提出了一个主要由选举产生的市议会取代市政局[1]的计划，征询市民意见。同年 10 月，他又提出修正案。香港史上称之为"杨慕琦计划"（简称"杨计划"）。

该计划的核心内容[2]为：市议会由 30 名议员组成，华人代表和非华人代表各占一半数目。其中 20 席由民选产生，另 10 席由社会职业团体或其他团体委派。委派分配名额计有："华商总会"华人一名，"已获承认之同业工会"华人两名，"香港大学"华人一名，"香港西商会"非华人两名，"香港居民联合会"非华人一名，"九龙居民协会"非华人一名，"非官守之太平绅士"华人一名，非华人一名。议员没有性别限制，也不限于英籍。唯对华人议员和英籍人士（包括英籍华人、非英籍的欧美人士）在居港时间上有不同的限制。议员任期为三年，可连任一次。担任议员的年龄，不得在 30 岁之

---

[1] 市政局的前身是 1883 年成立的洁净局。1936 年 1 月 1 日，立法局通过《市政局条例》把洁净局改组为市政局，提供文康市政服务。

[2] 据《功业未成的政改计划——〈杨慕琦计划〉》的内容归纳。详见区志坚、彭淑敏、蔡思行著，《改变香港历史的 60 篇文献》，香港：中华书局（香港）有限公司，2011年版，第 191—198 页。

下；选举人年龄不小于 25 岁。市议会的职权范围，与现市政局所执行的职权相同。

"杨计划"的产生，从当时国际大环境看，体现了"二战"后英国对殖民地管治模式的"非殖民化"的策略调整，正如杨慕琦所言，把"重要的政府职能"转交给"一个基于完备代议制的市议会"；[1]从香港本地而言，杨慕琦作为被日军关押了三年零八个月的战俘，重任港督后，底气不足，想借这种含有代议制成分的政制改革，重拾民望，挽回一些英国管制香港受损的面子，以利英国的长久管制。

"杨计划"上报伦敦后，就在上层人士中打转，他们对此争论不休，一直拖延到杨慕琦退休返回英国仍未止息。

正当英国殖民地部对"杨计划"意见纷纭、举棋不定之际，香港也出现了支持和反对的两种意见。1949 年 6 月，立法局首席非官守议员 Landale 在立法局提出动议，要求放弃成立市议会的计划，转向讨论立法局改革，主张立法局设 20 席，其中包括港督在内的官守议员 9 人，非官守议员则部分由总督委任，部分由英籍人士投票选出。同年 7 月，香港中华厂商联盟、九龙总商会、中华总商会等 142 个华人团体的代表联署请愿书，要求立法局 11 名非官守议员全部由民选产生，其中 6 人应为华人（不论国籍）；支持成立市议会，但 30 名议员全部由选举产生。[2]

上述有关立法局选举制度的改革建议虽未被采纳，但市政局于 1952 年 5 月 30 日首次举行了非官守议员选举，贝纳祺和雷瑞德当选。针对"杨计划"，最后出现了反对和支持的两种意见，而且殊途同归，一致要求改组立法局，增加民选议席，这触及了英国的底线。

---

〔1〕 转引自 [英] 韦尔什著，《香港史》，王皖强、黄亚红译，第 487 页。
〔2〕 详见李泽沛主编，《香港法律大全》，北京：法律出版社，1992 年版，第 32 页。

这种情况，是英国不愿意见到的，再加上中国内地政治大变动的因素，1952 年 10 月，英国和港英政府同时宣布取消"杨计划"。

有关市政局议员选举的改革，一直到 20 世纪 60 年代还在缓慢地进行。1953 年，市政局民选议员由 2 名增至 4 名。1956 年非官守议员增至 16 名，其中一半由民选产生，另一半由委任产生，[1] 而立法局产生办法的改革仍处在停滞状态。1946 年立法局恢复运作时有 9 名官守和 7 名非官守议员，1951 年时增加了 1 名非官守议员。从总体构成上，官守议员仍比非官守议员多 1 名。

四、英国的决定：香港不进行政制改革

港英的政制，从 1843 年确立以来，至 20 世纪 80 年代以前，不但一百多年来没有实质性的变化，而且在英国的不同历史时期，英国政府都否决了来自港英管治层面要求政制改革的建议，除了英国殖民地大臣亨利·拉布谢尔所持"经典"理由外，英方是否还有其他考虑呢？

打开历史的篇章，拂去岁月的风尘，让我们从另一个角度再探个究竟。

1. 英国占领香港岛的目的

英国经过 17 世纪资产阶级革命和 18 世纪开始的工业革命后，成为资本主义的头号强国。伴随工业化的进程，英国不断向外扩张，争夺推销其产品的市场。据德国《每日镜报》2012 年 11 月 6 日报道，英国历史学家斯图尔特·莱科克的最新调查披露，在联合国 193 个成员国中，只有 22 个国家没有被英国军队涉足过。可见这个"日不落"

---

[1]　王赓武主编，《香港史新编》（上册），第 133 页。

王国霸权之广。当然，当时古老的东方大国——中国也成了英国觊觎的目标。

英国是以商立国的海洋国家，政府的政策是鼓励、促进贸易，保护经商。英国凭借海上实力，用武装商船打开贸易通道，不断侵占别国岛屿作为军事和通商据点，以便继续巩固和扩大贸易的版图。英国最初的对华贸易也是按着这个思路进行的。

1636 年（明崇祯九年）4 月，英国海军上校约翰·威德尔（John Weddell）率 4 艘武装商船离开英国赴中国贸易，是为英国史上首次正式派遣商船来华。行前，英王查理一世授权威德尔："凡属新发现的土地，若据有该地能为朕带来好处与荣誉，即代朕加以占领。"[1] 后来，威德尔的船队采用武力威胁手段，迫使广州当局同意其船队驶入广州进行了货物交易。威德尔返英后在报告书中提出建议，为了发展对华贸易，英国应夺取海南岛作为英国的属地。[2]

到了清朝，英国对华的上述扩张目标一直未变。他们在等待时机。1789 年 10 月，在清廷为乾隆皇帝筹办 80 岁大寿时，广东海关的官员向广州英商大班建议派代表赴北京贺寿，但英商担心在祝寿礼节上，与清廷达不成一致意见，便放弃了这次活动。这件事虽然很晚才传到伦敦，但英国政府却捕捉到这一信息，快速做出反应，英王乔治三世决定还是以给乾隆皇帝祝寿的名义，派遣外交官马戛尔尼（George Macartney）率使团访华。

1792 年（清乾隆五十七年）9 月 26 日，马戛尔尼一行携 600 余箱货物作为见面礼，箱中多为科技、工业最新制品及珍奇玩具、车辆、先进仪器等，组成由海军"狮子号"军舰、"印度斯坦号"商船和

---

〔1〕 马士著，《东印度公司对华贸易编年史》，1926 年牛津出版，第 1 卷第 16 页。转引自余绳武、刘存宽主编，《十九世纪的香港》，北京：中华书局，1994 年版，第 24 页。

〔2〕 同上。

"豺狼号"供应船组成的大型船队，从英国朴次茅斯港启航，于次年7月抵达中国。这时的乾隆皇帝已经83岁了，他于9月14日在承德避暑山庄接见、宴请了英国使团。

按照英方的部署，马戛尔尼以照会形式向清政府提出六条要求：

（1）开放舟山、宁波和天津港为通商口岸。

（2）英国在北京设立货栈，买卖货物。

（3）将舟山附近一个不设防的岛屿让给英国，供英人居住和存放货物。

（4）将广州附近"一块类似的地方"让给英国。

（5）英商在澳门、广州之间运载货物免纳过境税。

（6）英商只按清廷公布的税则纳税，不另纳税。[1]

英国提出的上述6条要求，其核心内容是"索地"，这是侵犯中国主权和领土完整的无理要求，理所当然地遭到乾隆帝的拒绝。这次中、英当面交锋，英国使者碰了一鼻子灰，没有达到预期的目的。但英国使团这次来华，却有意外的收获，就是多少摸清了清廷的实力。

使团在返回英国途中，1793年10月7日从北京出发，沿运河南下，途经浙江、江西、广东诸省。从英国船队1793年7月25日到大沽至1794年1月17日从广州回国，在中国南方逗留达半年之久。使团通过晋谒乾隆皇帝的过程，了解了清廷的行政方式和处事理念；船行沿途所见，将沿海地区的防务设施和军事装备以及社会状况、

---

〔1〕 转引自余绳武、刘存宽主编，《十九世纪的香港》，第27页。2012年7月由中国社会科学出版社出版的《简明中国历史读本》也有类似的概括。

风土人情，尽收眼底。随行的使团画匠，将此林林总总，绘于笔端，揭开了庞大天朝帝国的神秘面纱，为英国以后发动对华侵略战争，提供了情报上的支持。

中、英贸易初期，清朝向英国输入的是茶叶、丝绸、瓷器等商品，特别是茶叶，英国的需求量很大，在鸦片战争前，输入量就以千万磅计。而英国输华的是棉毛纺织品、钟表等精密仪品和鼻烟之类。英国和中国的清朝处在不同的社会和经济发展阶段，英国的这些高档商品，相对于以自给自足自然经济为主的清朝而言，只能是极少数人才能享用得起的奢侈品，不可能形成有规模的市场交易，这就造成了中国出超、英国入超的贸易格局，英国要向清朝支付大量白银。这种贸易结构的不平衡对英国来说，是不可能长期忍受的。于是，英国人就盘算必须找到一种成本低、利润高而又能在华打开市场的替代物，以抵销茶叶输英给清朝带来的巨额利润。这种替代物终于被英国找到了，这就是鸦片。

鸦片，英文 Opium 的音译，是从罂粟果内乳汁中提炼出来的干膏状物品，主要成分为吗啡，可药用；如抽吸，就是刺激性很强的麻醉毒品，易成瘾。东印度公司鼓励印度农民种植罂粟，提供了大量货源。英国利用鸦片这种特性，从清朝雍正时期开始经营，并逐年增加对华的输入量。从嘉庆五年（1800 年）进口 2000 箱（每箱重 130 余磅）到道光十七年（1837 年）增至 39000 箱。在"19 世纪 30 年代，鸦片已占英国输华商品总值的三分之二，英国驻华商务总监的首要工作就是保护和继续扩大鸦片贸易"。[1] 英国商人在贩运鸦片中获利，英国和印度政府因此获得大量税收，清朝官员和商家因走私鸦片而获得持续不断的贿赂和佣金。在暴利的驱使下，内外勾结，鸦片走私屡禁不止，导致清朝的白银外流，国库渐虚；社会风气败

---

〔1〕 余绳武、刘存宽主编，《十九世纪的香港》，第 36 页。

坏，国力日衰。

面对上述危机，清廷决定以行动禁止鸦片贸易，道光皇帝于1838年底派林则徐为钦差大臣赴广东禁烟。次年6月，林则徐将收缴的鸦片在广州虎门海滩当众付之一炬，销毁鸦片总量达270余万斤，给了英国鸦片商和英国的对华贸易政策以沉重的打击。随即英国便发动了侵华的鸦片战争，迫使清政府签署了《南京条约》。英国终于实现了自己的战略意图，在中国占领一块地方——香港岛。在长时间的鸦片走私贸易中，香港海域就成了走私鸦片的一个重要据点。港岛的这一功能得到了英国鸦片商的重视；香港作为天然深水良港的自然条件，又使英国海军将领们认识到它的军事价值。这些因素收窄了英国上层对占领中国何处一块地方的分歧。英国人考虑了海南岛、厦门、宁波、舟山，最后选定了香港这块地方。

在19世纪的中英关系史上，中国通过通商渠道向英国输送了绿色饮品——茶叶，满足了英国人优雅地喝下午茶的习惯，而发达的英国，为了扭转英中贸易上的逆差，却向中国非法大量输入黑色毒品——鸦片，让中国人在麻醉中沉沦。这就是当时中英关系的缩影。从此，西方列强打开了中国的门户。

英国占领香港的目的，就是实现早已定下的战略目标，在中国建立一个通商、外交和军事据点，并以此作为继续对华扩张的基地。只是在不同的历史时期或因外部环境的变化，上述三个功能有不同程度的侧重和交集而已。

英国宣布对香港岛实行殖民统治伊始，1843年6月3日，殖民地部大臣斯坦利向璞鼎查发出训令，明确告之踞有港岛"不是着眼于殖民，而是为了外交、军事和商业的目的"[1]，清楚地点明了香港与英国在世界上其他殖民地的不同之处。明了此点，是认识数任港督在任上作为的锁钥。

2. 数任港督在占领香港地区中的作用

英国最后完成对整个香港地区的占领，经过了三个不平等条约，用了56年的时间。从占领的过程看，数任港督就是紧紧围绕上述目的开展活动的，只是所处时期不同而有所侧重而已，其所起的作用举足轻重。

1841年1月26日，英军侵占港岛，英国即派璞鼎查为英国在华全权代表，先在军事上攻城略地，造成威压之势，意在迫使清政府签订《南京条约》。签约后，璞鼎查还执意指名要求清廷钦差大臣耆英来到香港，于1843年6月26日，双方互换了《南京条约》批准文本。同年10月8日，又与耆英签订了《虎门条约》和先前公布的《五口通商章程：海关税则》，使清朝的重大权益进一步受损。至此，璞鼎查在外交上又完成了英国占领港岛的后续工作。正因如此，当时已去职的巴麦尊称《南京条约》为"满意的结果"。新任外交大臣阿伯丁伯爵（Lord Aberdeen）在训令中对璞鼎查的工作"深为赞许"，并"完全认可"。[2]

在外交谈判中，英国人的惯性思维是在决定走出第一步时，必须考虑好第二步如何走；如果第二步，甚至第三步尚未谋略好，则绝不迈出第一步。英方在签订《南京条约》时，其内部对是否同时割占港岛对面的九龙半岛意见纷纭。不赞同者认为时机不成熟，但

---

〔1〕 科林斯著，《香港行政》，第47页。转引自余绳武、刘存宽主编：《十九世纪的香港》，第177页。

〔2〕 《阿伯丁致璞鼎查》，载马士著，《中华帝国对外关系史》第1卷，第758页。转引自茅海建著：《天朝的崩溃：鸦片战争再研究》，北京：三联书店2014年版，第488页。

主张要求清政府不得在九龙半岛设防，以便待时而占。璞鼎查即是这种态度，因此在签订《南京条约》时，未提九龙问题。英国外交部对此"完全赞同"。[1]

此外，璞鼎查还额外完成了其他任务。争取鸦片贸易合法化即是其中一项。巴麦尊曾在训令中指示璞鼎查利用一切机会劝说清政府放弃禁烟法令，但英国政府"并不作任何要求"。据璞后来的报告，耆英曾做出保证，清朝今后将禁烟范围"局限于本国兵民"，也就是说，不再对英国鸦片贩子采取行动，[2]以此保住港英政府的税源。

可以说，"璞鼎查超额完成了英国政府交予的任务"。[3]

《南京条约》签订后，英军仍在舟山驻扎。第二任港督戴维斯就英军交还舟山事宜，于 1845 年 11 月 20 日在香港与耆英谈判，最后，戴维斯与耆英在虎门签了交还舟山的协定。戴维斯还和第三任港督文咸相继谋取英国人进入广州的权利。文咸曾率三艘军舰进入内地威胁广东当局，因遭到珠江两岸人民声势浩大的集会抗议而未遂。

在文咸任内，内地的太平天国反清军事活动攻势凌厉，势如破竹。1853 年 3 月，太平军攻克南京。为了摸清太平军的底细，争取政治周旋空间，文咸乘英国船只"神使号"（H.M.S.Hermes）于同年 4 月底抵达南京访问。文咸以所兼的英国驻华公使身份与南京的太平军领袖人物沟通。他致函太平军，陈述英方的立场，要求太平天国接受《南京条约》内容，并附送一份《南京条约》。太平天国在回复中对此未予理睬，反而将英国视为属国，也相应送给英方一些推介太

---

[1]　余绳武、刘存宽主编，《十九世纪的香港》，第 79 页。
[2]　茅海建著，《大朝的崩溃：鸦片战争再研究》，第 488 页。
[3]　同上书，第 487 页。

平天国的小册子。

　　文咸此行为这个时期英国对华采取的"中立"以观时变的外交政策提供了第一手情报。返港后，针对调研的情况，文咸主持制定了港英政府对太平天国成员在港活动的法律《递解出境条例》，于1854年公布。

　　正如有的评论指出，港督文咸造访南京一事表明，"香港不但是英军在远东的前哨站，亦是英国在华的外交前哨站，地位重要"。[1]

　　在第二次鸦片战争中，时任第四任港督的宝宁和其继任者赫科莱斯·罗便臣（Hercules Robinson）参与了全过程。

　　1856年10月8日，英国驻广州领事巴夏礼（H.S.Parkes）与英国驻华全权代表兼香港总督宝宁共同策划，以"亚罗号"事件为借口，挑起了第二次鸦片战争。

　　是日，停泊在广州黄埔港的"亚罗号"货船被人举报，称船内载有赃物和海盗人员，广东水师在例行检查中，拘捕了两名海盗和10名有嫌疑的水手。"亚罗号"是一艘小型快速帆船，船东是中国人，船长是被雇用的英国人，其余水手均为中国人。该船根据港英政府颁布的《船舶注册条例》于1855年9月27日在香港注册，执照有效期为一年。案发时，已过有效期。因此，中国地方官员在停泊于中国领海的中国船上执法，是一件再正常不过的事情，但在宝宁的支持下，巴夏礼却无理纠缠，坚称"亚罗号"为英国船只，应受英国保护。在宝宁的压力下，广州官方只好将被拘人犯送往英国领事馆，但又遭拒收。这是英方在有意继续制造事端，扩大事态。

　　10月20日，宝宁、巴夏礼和海军上将西马縻各厘（M.Seymour）在香港议决采取军事行动，西马縻各厘率舰队从香港出发，一度

---

〔1〕 蔡思行著，《香港史100件大事（上）》，香港：中华书局（香港）有限公司，2012年版，第73页。

攻入广州城，广东军民在香港中国居民的支持配合下奋起抵抗。第二次鸦片战争爆发。

英国挑起这场战争的目的，是为了在中国夺取下一个扩张目标——九龙半岛，以便掌控具有军事价值的港岛与九龙半岛之间的海域——维多利亚海港。这也是第一次鸦片战争英国的预期目标。战火燃起后，宝宁为了实现这个目标，向英国政府建议增兵，并联合法国共同行动。英国政府采纳了宝宁的建议，于 1857 年 7 月任命额尔金为全权专使，率一支海陆军来华作战。同年 12 月，英、法联军在香港集结。1860 年 3 月 18 日，英国新任侵华陆军司令克灵顿（H.Grant）中将，与罗便臣共同筹划，指挥英军侵占尖沙咀一带。九龙半岛成了英法联军的驻地，香港港口也成了他们的军港。在第二次鸦片战争中，港、九的军事价值被充分彰显出来。同英国用武力强迫清政府割让香港岛一样，这次英国还是故技重施，先占、后谈、再逼迫清廷签约割让土地。割让九龙半岛给英国的《北京条约》（1860 年 10 月 24 日）就是这样强订的。

第 11 任港督威廉·罗便臣更是展拓界址，强租"新界"的积极筹划者和推动者。

1894 年，中日甲午战争爆发。威廉·罗便臣趁火打劫，于同年 11 月致函英国殖民地大臣里彭（Ripon, Lord），以港岛、九龙的"军事防御"需要为由，提出强行占领新界。甲午战争后，外国列强在中国掀起了瓜分狂潮，罗便臣又抓住这一时机，于 1897 年 12 月 14 日再次致函殖民地大臣约瑟夫·张伯伦（Chamberlain, Joseph），重申"拓界"主张，函请立即采取行动。最后，英国决定参与外国列强瓜分中国的行动，于 1898 年 6 月 9 日，中英《展拓香港界址专条》在北京签字。被英方称为"新界"的这块地方，被英国强租 99 年。新界面积占全港总面积的 92%。

在英国人的著述中，第 17 任港督金文泰（Cecil Clementi）"是第一个向伦敦提出所谓'租界问题'的人"。[1] 他发现了"租借"与"永占"的矛盾并试图解决。

金文泰毕业于牛津大学，1899 年经文官考试被招聘为官学生（1960 年代以后称政务官），在广州学习粤语和中国书法两年，并从事新界土地登记工作。后升任助理辅政司、代理辅政司，兼任行政局和立法局官守议员。他因对中国文化的浓厚兴趣以及在香港的工作经历，被委任为港督，处理日益紧张的粤港关系。

金文泰任职港督 5 年（1925—1930），在其就任前后，上海发生了反对帝国主义的"五卅"运动；香港工人为了声援这次运动，在广州工人的配合下，举行了省港大罢工。这两次工人运动的参加者均遭到上海英国巡捕和广州英国水兵射杀，分别死伤数十人，造成震惊中外的"五卅"惨案和沙基惨案，激化了中国工人与英国殖民者的矛盾。在 1926 年至 1927 年北伐战争节节胜利的鼓舞下，汉口、九江人民从英国人手里收回了两地租界。金文泰十分担心租借来的新界在中国南方工人反对英国的浪潮中遭此命运，遂于 1927 年 1 月致函英国殖民地大臣李奥·艾默里（Leo Amery），提出问题的严重性："如果把新界还给中国，这将是对这块殖民地的致命一击。"金文泰就此提出两个建议。

一是英国要求中国永久性地割让新界，作为英国在 1921 年至 1922 年所举行的华盛顿会议上同意从威海卫撤出的交换条件。[2]

所谓华盛顿会议，于 1921 年 11 月至 1922 年 2 月召开，是列强限制军备及远东和太平洋的殖民地以及势力范围再分割的会议。会议期间，由于中国代表的要求和中国人民反对列强的斗争和列强之

---

〔1〕 [英] 罗拔·郭瞳著，岳经纶等译，《香港的终结》，香港：明报出版社 1993 年版，第 30 页。

〔2〕 同上书，第 31 页。

间的矛盾，法国和日本被迫同意撤出或交还各自在中国占据的租借地，英国表示在集体交还租借地时会放弃威海卫。对金文泰所提第一条建议，英国殖民地部远东司司长华达·埃利斯（Walter Ellis）在1927年1月22日的一份香港档案的页边做出这样的批注：

> 令人后悔不已的是，我们在华盛顿会议上同意放弃威海卫，但却没有提出任何交换条件，例如没有要求将租约转为永久占据，现在已没有可能再提出这条件了。[1]

二是建议英国从中国南方的反英情绪中获利。金文泰认为，如果英国觉得有必要采取任何"类似战争的行动"来保护其在中国南方的利益，它就应该把割让新界作为未来与中国"恢复友好关系的一个条件"。[2]

艾默里对上述建议作了这样的答复：

> 考虑到最近要求中国收复主权的运动不断加强，在现时讨论租借问题将是极端危险的……如果让中国人发现我们对新界问题大为紧张而不是向他们表明一切正运作如常，他们将对这一弱点加以利用，这可能会引发一场导致收回租借地甚至整个香港殖民地的运动。[3]

金文泰并未因此停止争取永占新界的活动。1927年，他利用回伦敦休假的机会，继续游说殖民地部官员。他在6月28日的殖民地

---

〔1〕 〔英〕罗拔·郭瞳著，岳经纶等译，《香港的终结》，第47页。
〔2〕 同上书，第31页。
〔3〕 同上书，第32页。

部会议中提出，新界问题不完全是基于防卫香港的理由，也涉及开发新界的公共开支和城镇规划，还有私人投资问题。他认为："香港政府必须对投资者显示其决心，以买卖新界土地超逾九七年之期限作为信心的保证。"[1]1928 年 11 月，金文泰又在伦敦与外交部官员就香港问题举行会议，再度谋求解决新界土地批租问题，但内部意见并不一致。不同意金文泰主张的人认为，如果采纳金文泰的建议，会加剧中国人的反英情绪，惹来其他列强火中取栗，不如按兵不动，以后再说。这种意见占了上风，金文泰的建议也就被淡化了。

历任港督在英国占领香港地区中的作为中，有一点一以贯之：为巩固、发展英国在远东地区这一商贸、军事、外交据点的功能开展活动。为此，英国必须牢牢掌握对香港的直接管治权，维护直辖式的特征。英国人懂得，香港的历史沿革、香港所处的地理位置、香港人中绝大多数为中国人的事实，决定了在香港进行的任何民主改革，都会带来风险，或为他人做嫁衣裳，与英国占领香港的总体战略不符。

3. "二战"后英国对香港政制改革的主张

葛量洪（Alexander Grantham）作为杨慕琦的继任者，于 1947 年 7 月 25 日就任香港第 22 任总督。此时正值第二次世界大战结束不久，英国的殖民体系已处在风雨飘摇之中，仅在亚洲地区，印度、锡兰、缅甸已相继独立。杨慕琦和葛量洪前后在港督位置上所面对的国际环境大致相同，但两人在香港政制问题上却有不同的主张。对杨慕琦提出的市政层面的改革计划，葛量洪持反对态度。

葛量洪认为，香港地方细小，中央政府（即"港英政府"）和有规模的市政府很难并存。他举例说，新加坡的面积和香港差不

---

〔1〕 记载于 CO129，伦敦档案局。转引自《香港的终结》，第 32 页。

多，战前和马来西亚是一个整体时，新加坡设有市政府是适当的，但这两个地方分开后各有政府时，新加坡的市政局便显得没有必要了，保留它会造成架构的重叠和整体行政更多的支出。针对战后英国殖民地部和港英政府进行的政制改革之举，葛量洪提出了不同的见解："香港的问题与其他殖民地不同，因为香港永远不能宣布独立；它只可继续是英国的殖民地，或被中国收回成为广东省的一部分。"[1] 因此，葛量洪发出这样的疑问："我们应否将一个只是适用于其他殖民地的理论用于香港而危害它的未来呢？"[2] "杨计划"最后胎死腹中，实在与葛量洪的反对态度有很大关系。这里还须指出，葛量洪关于香港前途的估计和"香港永远不能宣布独立"的结论，确为明智之见。

香港政制改革的呼声一直持续到 20 世纪 60 年代，致使英方不断就此表态。

1966 年 9 月 2 日，英国殖民地事务大臣弗雷德里克·李（Fredrick Loe）在访问香港举行的记者招待会上和电台广播中说：不能预测香港政制上有任何重大改变的可能，香港的政制发展有明显的限制的，因为香港不能像其他属地的演变一样，希望达成自治或独立的地位。成立民选立法机构的主张是错误的，因为这些政制发展只有最终的目的是要达成自治或独立才会真正有意义。[3]

1967 年 2 月，港英政府"政制改革工作小组委员会"发表的报告书，对此又做了进一步的说明：香港大部分土地既然是租借的，

---

〔1〕　亚历山大·葛量洪著，《葛量洪回忆录》，曾景安译，赵佐荣编，香港：广角镜出版社，1984 年版，第 146 页。

〔2〕　同上书，第 147 页。

〔3〕　李宏编著，《香港大事记（公元前 214 年—公元 1997 年）》，北京：人民日报出版社，1988 年版，第 122 页。

便排除了任何政制改革的可能性。[1]

对英方的上述观点可以做出这样的归纳：英国逐步占领整个香港地区，主要目的是在中国建立、经营具有军事、外交和贸易功能的据点，以推行其扩张政策，同时，又使之成为英国在远东政治、经济势力范围的象征，主要不是为了殖民，更不是为了进行民主改革。依英方的眼光看，香港与英国所属其他殖民地相较，有其不同之处，这就是香港永远不能自治或独立，再加之香港大部分土地是英国租借的，这是不可逾越的历史和现实障碍，这就使得所有的政制改革在他们心目中成为没有实际意义的事情，如果把握不当，还有可能加剧这个敏感地区本来就不平稳的局面。对于有任何民选成分的代议制改革，即使是来自香港社会上层的呼声，而且仅仅是向英籍人士开启，大门最后都被英廷紧紧关上，以保持英国对香港的直接管治。因此，英国于19世纪40年代对香港实行殖民统治伊始，至20世纪80年代前，英国不在香港实行政制改革，以维护维多利亚女王时代建立的政治体制根基，这已成定论。正是由于这个原因，英国政府于1968年9月16日签署《公民权利和政治权利国际公约》，并于1976年5月20日正式交存其对公约的批准书时，专门为香港对公约关于选举的规定（第25条乙款）[2]做出保留，使之不在香港适用。其措辞为："联合王国政府就25条（乙）款可能要求在香港设立经选举产生的行政局或立法局，保留不实施该条文的权利。"正如香港人常说的那样：在百余年的英国管治下，香港有自由，没有民主。

〔1〕 李宏编著，《香港大事记（公元前214年—公元1997年）》，第122页。
〔2〕 此款内容为：在真正、定期之选举中投票及被选。选举权必须普及而平等，选举应以无记名投票法行之，以保证选民意志之自由表达。

第二章 | 匆忙的政改期
（1985—1997）

一、20 世纪 70 年代香港外部环境的重要变化

20 世纪 70 年代，对于香港来说，是一个重要的年代。在 70 年代，香港的内、外情况都发生了重要而显著的变化，特别是香港的外部环境出现了有利于香港问题解决的积极态势。

1970 年 6 月，希思（Edward Heath）出任英国首相。

1971 年 11 月，中华人民共和国恢复在联合国的合法席位，并于同年 12 月被选入非殖民化特别委员会。

1972 年 2 月 27 日，中国和美国发表联合声明，签署了《上海公报》。公报宣布："美国认识到，在台湾海峡两边的所有中国人都认为只有一个中国，台湾是中国的一部分。美国政府对这一立场不提出异议。"1979 年 1 月，中美两国建交。

1972 年 3 月 14 日，中国与英国在北京达成两国互派大使的协定以联合公报的形式公开发表。

1972 年 9 月，中国和日本两国实现了邦交正常化。

1975 年 2 月，中国和葡萄牙两国正式建交。

1978 年 12 月，中国共产党召开了十一届三中全会，中国进入了改革开放的新历史时期。

1978 年 12 月 26 日，第五届全国人大常委会第五次会议讨论通

过《告台湾同胞书》，于 1979 年元旦发布，宣布解决台湾问题、实现和平统一的方针政策。

在中英关系进入新阶段的背景下，香港问题作为中英关系中的一个重要问题应该加以明确。在通常情况下，殖民地是因外国管治而丧失了主权的国家，而香港、澳门地区并不是这种情况。这两个地区虽然被外国管治，但中国从未丧失对港、澳地区的主权，殖民地概念并不适用于香港、澳门。可是，联合国非殖民化特委会却把香港、澳门列入《给予殖民地国家和人民独立宣言》（即《反殖宣言》）适用的《非自治领土名单》之内，受该特委会的监督。为此，1972年 3 月 8 日，即在中英关于互派大使的联合公报发表前夕，中国常驻联合国代表黄华奉命致函联合国非殖民化特别委员会主席萨利姆，重申中国政府对港、澳问题的一贯立场。函件指出："香港和澳门是被英国和葡萄牙当局占领的中国领土的一部分，解决香港、澳门问题完全是属于中国主权范围内的问题，根本不属于通常所谓的'殖民地'范畴。因此，不应列于《反殖宣言》中适用的殖民地地区的名单之内。"联合国非殖民化特委会于同年 6 月 15 日通过决议，向联大建议从殖民地名单中删去香港和澳门的名字。11 月 8 日，第 27 届联大以 99 票对 5 票（美、英、法、葡和南非）的压倒多数通过相应的决议，确认了中国对香港、澳门的立场和要求。

中国对港澳地区的立场得到国际社会的公认，意义重大而深远。联合国这个决议，排除了对香港"国际共管"或联合国对此问题进行讨论的可能性；避免了联合国非殖民化委员会列举的殖民地名单使其"获得独立"的问题；为中国恢复对港澳地区行使主权清除了障碍。

20 世纪六七十年代正值中国内地的"文革"时期，除 1967 年一度失控，但很快得到纠正外，内地千方百计阻止其政治运动波及香港，而且继续采取有效措施，克服内地政治动荡给经济发展带来的严重困难，以优惠的价格，保证对港食品、生活用品的供应。据统计，从 70 年代开始，香港从内地进口的食品价格平均较国际市场低 50% 以上，原料约低 30%，衣服等消费便宜 25%。[1] 这对有效提升香港普罗大众的日常生活水平，对促进 70 年代香港的经济起飞显然是一种助力。

麦理浩就是在这种大环境下，走马上任，就任第 25 任港督的，并任职长达 10 年之久。

二、20 世纪 70 年代英国对香港的战略部署

1968 年，英国将殖民地部与外交部合并为外交及联邦事务部，香港事务由该部管理。英国政府机构的这种变动，为香港总督人选由军人将领和殖民地官员中产生的旧例，改由外交官出任提供了一种可能的选择。事情的进展果然如此。1970 年 10 月 15 日，英国政府宣布将由 1971 年初才卸任的英国驻丹麦大使麦理浩出任香港总督，任期由 1971 年 11 月 19 日开始。这样，麦理浩就成为第一位由外交官身份出任的香港总督。

麦理浩

---

〔1〕 徐日彪，《为顺利解决香港问题奠定扎实基础》，载 1997 年 6 月 24 日《人民日报》第 9 版。

麦理浩（Murray MacLehose，1917—2000）生于苏格兰，在牛津大学修读历史，曾被派往中国福建厦门学习语言。第二次世界大战结束前，曾在汉口、福州任署理领事和署理总领事。1963 年任英国外交部远东司司长，后任英国驻越南、丹麦大使。

麦理浩在就任港督前的准备期间，被外交及联邦事务部有关官员要求提交一份如何履职的参考大纲。1971 年 10 月 18 日，麦理浩将一份自己草拟的名为《香港候任总督的指引》（以下简称《指引》）的文件呈交，并附一函，大意为：

> 该文件是仍未定稿的，只能视之为外交及联邦事务部和他对治港的重点关注事项，以及其因应之道，而确实的行动纲领和建议，就有待到任和经实地考察后才可制定。……这份文件不适宜以目前的形式，展示给香港政府的任何官员，与香港政府联络时，亦不要直接提及这份文件。[1]

从后来解密的这份文件和麦理浩在香港的执政情况看，《指引》确实是 20 世纪 70 年代的英方治港大纲，是这个时期英方对香港的总体战略部署。

《指引》有三点引人注目之处。

一是提出了就香港前途问题英国同中国谈判的大致时间表。由于 20 世纪 70 年代国际形势的变化和中国国际地位的迅速提高，加之新界租约日短不可逆转的趋势，《指引》在 70 年代初始就提出了何时与中国谈判香港问题的建议："在任何情况下，英国必须在租约（《展拓香港界址专条》）届满前的一段时间，又或是早在信心崩

---

〔1〕 李彭广著，《管治香港：英国解密档案的启示》，香港：牛津大学出版社，2012 年版，第 60 页。

溃前，便要和中国进行谈判。"[1]

这是因为香港实行土地批租政策，即由政府主管部门按照一定年限将土地批给个人或法人团体使用。因受"新界"租期的限制，港英政府批租"新界"土地的契约，均于1997年"新界"租约届满之前三日到期，即只批到1997年6月27日为止。一般而言，批租年期的长短与政府收取的地租成正比，随着港英管治"新界"届满期限的临近，政府的土地批租受到了直接影响，从而逐渐产生了投资者的信心问题。

二是对港现行政策。《指引》建议："由于要避免与当时的中国政府谈判，英国便要小心，不要正式或非正式地与中国谈论香港的地位问题，以免引起任何不切实际的期望。英国亦要继续避免在香港有任何行动，引致中国政府重新思考其香港政策，这些行动包括：阻碍中国在香港赚取正当的利润；容许不必要的冲突或引起合理的关注；以及使人有任何迈向代议政府或走向独立的印象。"[2]

麦理浩在70年代初提出的对港上述现行政策时，正值中国内地处在如火如荼的"文革"期间，包括中国外交部在内的众多政府部门已无法正常履行职责，遑论就香港前途问题展开谈判。值得注意的是，在香港政制问题上，《指引》仍强调坚持英方的一贯政策：不进行任何形式的代议制改革。

三是提出对港未来工作目标。《指引》提出："英国必须在香港有意识地制定加强信心的政策，借以争取充分时间，让有利于谈判的条件在中国出现。相反地，英国要避免在香港出现突显租约年期递减的行动和行政程序。"[3]麦理浩的此项建议，在提出之初就有很

---

[1] 李彭广著，《管治香港：英国解密档案的启示》，第61页。

[2] 同上。

[3] 同上。

强的目的性，将他未来的施政措施和所要达到的政治性目标连接起来，以后的实践证明，麦理浩基本做到了过程和目的首尾对接。

从麦理浩草拟的这份70年代治港大纲和对其的处理方式，可以看出英方对香港问题的老谋深算和操作上的周密细致。以下，对此作一番粗略的考察。

三、麦理浩的施政与英国对港战略的对接

麦理浩将《指引》递呈外交及联邦事务部后一个月，即赴港履新。这时的香港，港英政府财政上已有了盈余，而其前任戴麟趾（David Clive Crosbie Trench）已启动的一些改革，奠定了初步的改革基础。这些有利条件，使麦理浩甫一上任，即以强政励治的态势，对香港的各项工作进行了大刀阔斧的改革和快速推进。他以改善民生为切入口，以争取民意、民心为立足点，优先处理房屋、教育、公共交通和反腐倡廉等市民关心的四大热点问题。

在住房问题上，1972年10月，麦理浩提出了"十年建屋计划"，即在10年内新建供180万人居住的公共房屋单位，为此，由政府成立了直属港督领导的房屋委员会。港岛没有足够的土地满足如此大的建屋量，只能另辟蹊径，向新界求地，为此，政府又成立了"新界拓展署"，制订新市镇发展计划。在此之前，香港没有较长远的房屋政策和建房计划。自1940年代末起，为了应付人口的快速增长，港英政府建了一批寮屋以救急，在港九各区形成了多处寮屋区。1953年的圣诞夜，石硖尾寮屋区一场火灾，使五万余人顿失居所。港英政府又紧急兴建徙置区安置寮屋居民，衍生出不少管理、卫生、安全等棘手问题。麦理浩提出的计划和采取的有效行政举措，对于处在恶劣居住环境下的居民，无疑是雪中送炭。从1973年至1983年10年间，港府共花费68亿港元，包括改建早期徙置居民的屋村，

1953 年 12 月 24 日圣诞节前夕，石硖尾木屋区发生火灾

解决了 150 万居民的住房问题。[1] 在新市镇初具规模时，1976 年，麦理浩又推行"居者有其屋"计划，即在香港居满 7 年，无力购买私人楼房且家庭收入不超过一万港元者，可买政府兴建的公屋，售价低于市场价的 20%—40%，为不能负担私人楼宇的低收入家庭解决居住需要。此举很受欢迎。截至 1993 年 3 月 31 日，受惠于此计划的人数达 520800 人。[2]

　　在公共交通和城市建设上，麦理浩主政的十余年中，开通了穿越维多利亚海峡的海底隧道，兴建了香港地铁等大型交通设施，从根本上改变了香港的交通。与此同时，1974 年落成的康乐大厦（1988 年易名怡和大厦）高 52 层，为当时东南亚最高的建筑。1980 年建成

---

[1]　张连兴著，《香港二十八港督》，香港：三联书店（香港）有限公司，2012 年版，第 351 页。

[2]　港英政府年报《香港 1994》中文本，第 441 页。

的合和中心，高 66 层，为当时香港的最高建筑物。以后形态各异的建筑物拔地而起，成为香港壮观的景象。

在教育方面，实施 9 年免费强迫教育制度。从 1971 年开始，政府为每一位适龄儿童提供学位，实现了小学全部免费教育。1978 年，又把免费普及教育延展至初三。麦理浩在到任后的第一份施政报告中就提出："我们的最终目标当然是要为本港 12 至 14 岁的全部儿童提供三年中等教育。"[1] 适龄儿童没有充分理由而不就读者，其家长要负法律责任，从而实现了 9 年免费强迫教育。此项改革为香港中、小学教育的普及和提高产生了广泛而长远的影响。

强力打击贪污，成立廉政公署。这是麦理浩施政中事先没有料到的一场"遭遇战"，后来成为他施政的亮点。1973 年 6 月 8 日，香港发生了一件轰动大案，总警司葛柏（Peter Godber）在接到反贪机构要求他说明额外财产来源的通知后，于该日乘飞机逃回英国。在此之前的调查显示，葛柏的财产至少有 430 万港元，是他过去 20 年薪俸总额的 6 倍，在 6 个国家的银行分存。此事引起全港激愤，一时"反贪污、捉葛柏"的呼声，盈满于市。麦理浩委派一个调查委员会进行调查，调查的初步结果令人吃惊，可以说当时香港社会贪污成风，潜规则盛行，警察贪污尤为突出，几乎成为一种生活方式。"用一句英文俗语来形容当时贪污的广泛性，就是'from womb to tomb'（从生到死）。"[2] 这种情况的出现，与当时反贪的执法机关——警务处反贪污部自身也陷入贪腐关系极大。

根据调查结果，1973 年 10 月 17 日，麦理浩在立法局力陈成立新的反贪机构的必要性，他指出："非常明显，公众更相信一个完全

---

〔1〕 转引自曾荣光著，《香港特区教育政策分析》，香港：三联书店（香港）有限公司、香港浸会大学当代中国研究所出版，2011 年版，第 9 页。

〔2〕 郭文玮，《ICAC 成立 40 周年的反思》，载 2014 年 2 月 15 日《明报》A20 版。

独立的、与任何政府部门（包括警察队伍）都没有关系的单位。"[1]
在麦理浩的主导下，1974 年 2 月 15 日，在《总督特派廉署专员公署条例》生效的同日，香港廉政公署正式成立。麦理浩开创了香港廉政肃贪的新模式。

廉政公署设执行处（调查、打击贪污）、防止贪污处（提出建议、防范措施）和社区关系处（负责宣传、教育），三管齐下，肃贪倡廉，再配之以香港各行各业的行为规范，使香港逐渐成为延续至今的世界上廉洁的国际性城市之一。

在政制方面，麦理浩除了恪守不进行代议制改革外，却根据社会结构的变化，不断大幅度调整立法局的构成与之协调，促成港英立法局百余年的第三次演变。前有专述，此处不赘。

麦理浩的施政，正如他在候任时草拟的《指引》中所设计的那样，在外交、政治的框架内考虑施政问题，将香港建成"模范城市"，与政治目的构成无缝的联结。对此麦理浩并不回避。这在他上任一年后提交给伦敦的周年报告中表露无遗：

> 政府（即港英政府——作者）在 1972 年间计划及宣布了长远的计划：……这些项目全部是顺着现存各项措施的逻辑而发展出来的。但它们同时出外宣布，以传达一个信息，五六十年代大量难民涌至而造成的不确定环境已成过去，乃一经过计算的举动，旨在令市民的注意力聚焦于香港乃他们的家，而香港政府是他们的政府。[2]

---

[1] 《香港立法局议事录，1973 年》，第 17 页。转引自余绳武、刘蜀永主编，《20 世纪的香港》，香港：麒麟书业有限公司，1995 年版，第 45 页。

[2] 转引自吕大乐著，《那似曾相识的七十年代》，香港：中华书局（香港）有限公司，2012 年 8 月版，第 160 页。

《指引》等英国档案资料的解密，使人们了解到 20 世纪 70 年代英国在处理香港问题上的战略与部署；了解到隐藏在"麦理浩时代"背后的动机：以解决香港社会关注的热点问题为治港举措，推动香港社会进步，拉大香港与中国内地的生活水平差距，增强港人对港英管治下的香港的认同感和归属感，从而为英国增加与中国谈判香港前途的资本。正如麦理浩所言，这是一个"经过计算的举动"，英国在管治后期实行的怀柔政策笼络了人心，为香港回归祖国后的人心回归增加了难度。历史进程已表明，香港回归祖国的仪式可以在一夜之间完成，但人心的回归却需要一个不短的路程。

四、麦理浩访京：投石问路

历史常有惊人的巧合之处。麦理浩在《指引》中提出的英国就香港前途问题与中国谈判的时间表，正好由提出者本人在任港督 8 年之后的 1979 年启动了。由中可以推测出，至少在外交及联邦事务部与港督麦理浩这一层面就此达成了共识，然后再行报批。为使麦理浩在港督位置上有足够时间执行这一计划，英女王罕见地于 1977 年 1 月 17 日，1978 年 3 月 22 日，1979 年 3 月 20 日、9 月 25 日 共四次批准延长他的港督任期，延任的新闻一般由港英政府新闻处在香港发布。麦理浩是 28 任港督中任期最长的一位，长达 10 年零 6 个月（1971 年 11 月 19 日至 1982 年 5 月 8 日）。

1979 年的香港，距"新界"租约期满只有 18 年了。"九七"大限给这座商业高度发达的城市带来了不确定感。一种显见的现象呈现出来：长线投资裹足不前了；银行抵押贷款的信用出现了不确定的因素，也对银行借贷期限产生影响。香港弥漫着惶惑不安的气氛，人们对此议论纷纷、七嘴八舌，急于寻求解套之策。归纳起来，大致有如下几种：

第一种是"以不变应万变"，或称"以静制动"。香港大学法律系彼得·威士利史勿夫（Peter Wesley-Smith）提出："1997 年这类问题如果不加理会，就会自然而然地过去。"[1]

第二种是"试探摸底"。汇丰银行董事会主席沈弼主张，派一名有地位的非政府人员前往北京先行试探。[2]

第三种可称为"浑水摸鱼"。有人出主意说：由政府土地处一个低级官员将一份使用期限超过 1997 年的土地租约批予一家中国公司，看看中国政府的反应。如果第一份地契没有什么反效果，可以接着批下去。"渐渐地，租期就会被弄得不太清楚，整件事情也就给搅浑了。"[3]

前国务院港澳办主任鲁平后来在《鲁平口述香港回归》一书中，忆述了"一个小插曲"，对上述"浑水摸鱼"之策，作了注脚：

> 那个时候，我们外贸部在香港有个华润公司。有人替港英出了一个馊主意，把新界有个叫天水围的地方，批了一块地给华润公司，很便宜。这个地契上的期限就是跨越 1997 年的，这是不合法的，他们偷偷干的。我们知道以后，把华润公司批了一顿，说，你一定要把这个契约退回去，不能要这块地！再便宜你也不要，这是立场问题。后来华润把地退了。所以说，当时英国人是千方百计想把这个事就这么糊弄过去。这个事情已经逼到我们头上了，逼着我们决策了。[4]

---

〔1〕 引自［英］罗拔·郭瞳著，《香港的终结》，第 64 页。

〔2〕 同上书，第 65 页。

〔3〕 同上书，第 66 页。

〔4〕 鲁平口述、钱亦蕉整理，《鲁平口述香港回归》，香港：三联书店（香港）有限公司 2009 年版，第 10 页。

由此看来，情势如此，"新界"租约是谁都绕不过去的坎儿，此时，中方也认为应该研究解决这个问题。中英双方正在等待一个合适的时机。

麦理浩首先就新界租约届满的解决办法向中方摸底。1978 年 11 月，麦理浩宴请新到任的新华社香港分社社长王匡，席间就此问题向中方做出试探："1997 年快到了，'新界租约'怎么办？希望你们中方有个较正面的表态，使投资者可以放心。"[1] 这就是说，中英双方在此时就开始非正式地接触这一问题了。这一信息报到北京后，11 月 25 日，中央批准了国务院港澳办、外交部《关于王匡同志应邀出席香港总督麦理浩宴请的有关问题的请示》中的表态口径：

> 18 年是一个很长的时间，国际上将会发生什么变化尚难预料。中国政府对香港问题的政策是一贯的，你们也很清楚。目前我们双方关系很好，这种状态对双方都是有利的。你们从投资者的角度来考虑今后如何稳定香港局势问题，这是可以理解的。但与其谈遥远将来，不如现实一点谈些有利于稳定当前局势和鼓舞人心的工作，对双方似更为有益。[2]

同年 12 月，中国对外贸易部部长李强访问了香港。这就自然出现了一个契机，作为回访，港督麦理浩收到了李强部长的邀请函。麦理浩认为："这是在中国进行现代化计划的背景下，发出的一个严肃邀请。大家都同意我应该去。我们希望了解中国的经济计划——交通、资源、能源、工业化程度等，以及香港能够帮助做些什么。

---

〔1〕 鲁平口述、钱亦蕉整理，《鲁平口述香港回归》，第 5 页。
〔2〕 同上书，第 201—202 页。

我期望能对所有这些事深入理解，这也正好合乎中国此次邀请我访华的动机。"[1]

1979 年 3 月 24 日，港督麦理浩夫妇、港府政治顾问[2] 魏德巍（David Wilson，即后来的港督卫奕信）夫妇、行政局首席议员简悦强夫妇等，乘油麻地小轮公司一艘飞翔船抵广州转赴北京。这是香港总督首次正式访问内地，是一次就香港前途问题对中方的试探之旅。

3 月 29 日上午 10 时，国务院副总理邓小平在人民大会堂苏州厅会见了港督麦理浩一行。麦理浩的随行人士简悦强、魏德巍和英国驻华大使柯利达（Percy Cradock）会见时在座。中方出席的官员有廖承志、李强。廖承志时为全国人大常委会副委员长、国务院港澳办主任，同时也是国务院侨务办的主任。国务院港澳办这一机构于 1978 年成立，当时尚未公开。

邓小平这次会见麦理浩的谈话，已于 2004 年 7 月内地出版的《邓小平年谱》中做了记述。鉴于这个谈话当时并未全部公开，香港和海外媒体只有零碎及猜测性报道，故现原文照录（包括过渡式提示用语）如下：

　　3 月 29 日　上午，会见香港总督麦理浩，明确提出 1997 年中国收回香港后，香港还可以搞资本主义。指出：现在有人开始担心香港将来的前途和地位问题。对这个问题，我们有一贯的立场。我们历来认为，香港主权属于中华人民共和国，但香港又有它的特殊地位。香港是中国的一部分，这个问题本身不

---

〔1〕　［英］罗拔·郭瞳著，《香港的终结》，第 58 页。
〔2〕　政治顾问是借调到香港政府任职的英国外交部的高层人员，负责就香港对外关系的政治问题向港府提供建议。

能讨论。但可以肯定的一点，就是即使到了 1997 年解决这个问题时，我们也会尊重香港的特殊地位。现在人们担心的，是在香港继续投资靠不靠得住。这一点，中国政府可以明确地告诉你、告诉英国政府，即使那时做出某种政治解决，也不会伤害继续投资人的利益。请投资的人放心，这是一个长期的政策。在会见中，明确表示不同意麦理浩提出的在 1997 年 6 月后新界仍由英国管理的意见。指出：中国政府的立场不影响投资者的投资利益，这就是：在本世纪和下世纪初相当长的时期内，香港还可以搞它的资本主义，我们搞我们的社会主义。就是到 1997 年香港政治地位改变了，也不影响他们的投资利益。在回答大陆居民去港人数太多的问题时指出：现在应该采取两个途径解决：一方面采取一些措施，减少一些人进入香港，减轻香港的压力；另一方面，香港要鼓励私人资金来广东进行投资，提供更多的就业机会。从长远来说，随着我们经济的发展，这个问题能够逐步得到解决。中国最大的问题，就是人口太多，这对我们是个压力。我们要考虑多种因素。比如上海，连郊区在内有一千万人口，发展到香港这样的水平，单独一个上海是可能的。但如果那样，人们都会往上海挤，上海也会像香港一样受不了。所以，我们不能采取仅仅发展上海的政策。有些问题的解决需要时间，我们不得不采取既要有重点，又要照顾到各个方面的政策。麦理浩的这次来访，传达了英国政府希望与中国政府接触、了解中国政府对确定 1997 年后香港地位的态度的信息。这次谈话后，中国政府把解决香港问题提上了议事日程。[1]

---

〔1〕 录自中共中央文献研究室编，《邓小平年谱 一九七五——一九九七（上）》，北京：中央文献出版社，2004 年版，第 500—501 页。

邓小平的上述谈话有 4 个要点：一是明确提出 1997 年中国收回香港地区，不同意英国在 1997 年 6 月后继续管理新界；二是重申香港主权属于中华人民共和国，这个问题本身不能讨论；三是香港和内地已分别实行的社会制度不变；四是请香港的投资者放心。

邓小平这次会见麦理浩的谈话，为以后中方制定对香港的方针政策奠定了基础。此后，中国政府把解决香港问题摆上了议事日程。

五、快速启动的代议制改革

麦理浩结束访京后，于 1979 年 4 月 6 日在港府新闻处举行记者招待会，讲述他的北京之行。当时香港媒体报道的中心点是：港督带来了邓小平副总理令人鼓舞的信息："叫香港的投资者放心。"于是，香港社会紧绷的神经才有点松弛下来。与此同时，英方在获悉中方于 1997 年收回整个香港地区后，开始紧锣密鼓地进行两手准备，在两条战线上开始同中方较量。

1. 英国企图延长新界的租期

一条战线是在外交方面，英方通过外交渠道谋求延长新界的租期，继续管治香港。

1979 年 7 月 5 日，英国驻华大使柯利达向中国外交部递交了一份关于新界土地契约问题的备忘录，旨在法律上悄悄延长新界租约。备忘录不仅要取消新界土地租约不能超过 1997 年的限制，还提出要取消 1997 年后总督在法律上不能再管理新界的限制。为此，英方打算通过一项香港土地租约的法律，并将发布一项枢密院敕令。英方解释说，这些步骤纯粹是为了解决本地法律上的问题，它们不会侵害中国对香港的立场。柯利达在递交备忘录时还表示：中方对这个备忘录可以不答复。当有人问起时，英方准备回答，他们已将此事知会了中方。

中方认为，英方的以上说辞和准备采取的步骤是完全不能接受的，直接回复英方说："中国政府奉劝英方不要采取所建议的行动，否则势将引起对中英双方都不利的反应。"[1]

几年后，英国仍然坚持这种立场。1982 年 8 月，英国首相撒切尔夫人访华前，中国驻英大使柯华设宴为撒切尔夫人饯行，这次轮到英国首相亲自试探了。她问中国大使：香港问题对双方都是敏感的，中国政府所说的主权问题，是不是指香港整个地区？柯大使明确告诉她：正是，中国要收回的不仅是新界，而且包括香港岛、九龙等全部地区。撒切尔夫人接着说：租借新界的条约到 1997 年就要期满，现在香港人和英国人都比较着急，最好的办法是继续保持目前同中国合作的办法，保留英国的行政管理，香港的地位不变，维持现状 30 年到 50 年，请中国注意英方的主张和意见。[2]

后来，在中英关于香港前途的谈判桌上，英方所坚持的"三个不平等条约有效""以主权换治权"以及续约、另定新约、中英共管等种种主张，都是这种思路的延伸。总之，英国不肯轻易放弃香港。

另一条战线是在香港本地。英方在谈判桌外，也做了撤离香港的准备和相应的部署，这就是利用手中的管治权，彻底告别香港政制的停滞状态，立即实行战略转轨，抢在中英关于香港前途问题谈判之前，快速启动自下而上的代议制改革。港英在香港实施的政制改革，虽然匆忙而急迫，但却部署周密，上下联结，相互交集，一气呵成。

---

〔1〕 袁求实编著，《香港回归大事记（1979—1997）》，香港：三联书店（香港）有限公司 1997 年版，第 3 页。

〔2〕 参见黄华著，《亲历与见闻——黄华回忆录》，北京：世界知识出版社，2007 年版，第 349 页。

2. 代议制改革的切入点——设立区议会

1980 年 6 月，港英政府公布《香港地方行政的模式》绿皮书。[1] 这份绿皮书由职位仅次于港督的布政司姬达（Jack Cater）草拟，可见港英对开启政改的重视。

据当时一位新闻工作者撰文记述，在 20 世纪 80 年代以前，香港还没有"地方行政"的概念，"管理整个香港行政的，是立法局、行政局、政府，较低层次的唯一组织，是管理整个香港岛和九龙市政卫生工作的市政局。中央层面的政府和立法议局负责五百万人的行政事务，市政局亦负责了市区三百多万人的行政事务，以下的各分区则不论地理与人口结构情况，统一推行中央所订的政策，巨细一致。"[2] 因此，当记者们拿到这份绿色封面的建议书时，都感到一头雾水，心头自然发出这样的疑问：什么是地方行政？香港有地方行政吗？一位晚报的采访主任听说有关地方行政的"重大决策"将于 1980 年 6 月 6 日下午公布，即时反应竟是"还以为有什么了不起的事，原来是地方的行政，不是大事"。[3]

新闻从业人员做出的上述反应在港人中有相当的代表性。它至少说明，港英快速启动的地方行政改革的必要性、急迫性成疑，相当多的人对此举不明所以，就更谈不上对这次改革的分析与预测了。

从学术研究的角度看，香港学者一般认为，香港的地方行政源于洁净局的建立。19 世纪 80 年代，香港人口增长很快，但公共卫生条件很差，致使多种疾病流行，并严重威胁到驻港英军士兵的健

---

〔1〕 在英国式行政常规中，专门为重大决策而收集民意的文件，称为绿皮书；根据绿皮书内容再形成政府的最后建议，称为白皮书，交议会通过。

〔2〕 黄国华，《地方行政制度》，载郑宇硕编：《香港政制与政治》，香港：天地图书有限公司 1987 年版，第 119 页。

〔3〕 同上。

康。1881 年，英国派皇家工程师柴维克来港对此进行调研，1882 年他提交了《柴维克卫生调查报告书》。据此，1883 年 6 月，立法局通过《卫生修订条例》，设立洁净局，负责处理香港市区的环境卫生事务。1936 年 1 月 1 日洁净局改组为市政局，引入民选议员的席位。市政局负责为港岛、九龙市区居民制订各方面市政政策和方针，交由其行政机构市政总署执行。有学者认为："香港的地方行政早在 1883 年已展开。"[1] 而新界的地方事务，则由新界理民府负责。至于区域市政局，1986 年 4 月才成立。区域市政局为新界及离岛区服务。其行政部门是区域市政总署，由区域市政总署署长掌管，负责推行区局的政策。为了称呼上的简便，港人把市政局、区域市政局这两个法定咨询组织统称为"两个市政局"。区议会设立后，"两个市政局"又被习惯称为"三级架构"中的"中层架构"。

《香港地方行政的模式》绿皮书 7 个月的咨询期过后，政府于 1981 年 1 月 24 日推出《地方行政》白皮书，主要内容有：

（1）1981 年底前在港九市区和新界地区分别成立共 18 个地区管理委员会和 18 个区议会。[2] 前者由政府各部门官员组成，负责协调和监督政府各部门的工作。后者由民选议员、委任区议员和当然议员组成，负责就区内事务向政府提供咨询意见，利用有限的政府拨款推行区内小规模的康乐文娱活动。新界地区区议会于 1982 年 3 月举行首次选举，市区区议会于同年 9 月首次举行选举。区议会主席开始由民政署或新界民政署官员出任，以后将由区议会成员选举产生。

（2）选民和候选人资格：凡居港达 7 年以上、满 21 周岁人士，不

〔1〕 陈曙峰著，《香港政制常识解难101》，香港：商务印书馆（香港）有限公司2011年版，第119页。
〔2〕 计港岛4、九龙6、新界8。1985年3月7日举行第三届区议会选举，从4月1日起，在葵涌及青衣区设立区议会，使区议会总数增至19个，后又改为18个。

论国籍，均享有选举权。

（3）采用划分选区的方法选举，即将每个地区再划分为若干选区各自选出区议员。

（4）由于香港环境特殊，需要一个稳定的局面，因此行政、立法两局作为"中央政府的组织无须改变"，政府的主要计划仍由"中央统筹"。[1]

白皮书公布才 3 个月，港人对此还处在朦胧之中，代议制改革的车轮就匆忙启动了。1981 年 4 月，第一个区议会在观塘成立；10 月，深水埗区议会成立。1981 年成立的区议会属过渡安排，尚来不及选举。1982 年的 3 月 4 日和 9 月 23 日，新界和港九市区分别进行了地方行政新制度下的首次区议会选举。[2] 这次选举共设 490 个议席，全港共设 18 个行政区，122 个选区。选举结果为：民选议席 132 个、委任议席 132 个、官守议席 169 个、当然议席 57 个。[3]

区议会自首次选举产生后，其后的每一次选举都涉及内部构成的变动，可以说是频繁而迅速，让人有点眼花缭乱。

第二次区议会选举于 1985 年 3 月 7 日在新界和港九同时举行。此次选举共设 426 个议席，全港共设 19 个行政区、145 个选区。取消全部官守议席，民选议席增至 237 个，委任议席 132 个，当然议员的数目不变。自此，区议会主席原由政务专员出任改为区议员在首次会议时自行推选产生。本次选举，民选议员的数目差不多为委任议员数目的两倍。更重要的是，从本次区议会开始，"区议会选举

〔1〕　参见袁求实编著，《香港回归大事记（1979—1997）》，第 5—6 页。

〔2〕　对香港回归前区议会届数统计现有两种表述：一般学者认为 1981 年成立的区议会为第一届，1982 年选举产生的区议会为第二届；但港英政府出版的历年年报将 1982 年首次选举产生的区议会列为第一届，以此类推。本书以区议会选举的次数为准做出统计，可能更符合实际情况。

〔3〕　57 个当然议席是指 27 个乡事委员会主席和 30 名兼任港九市区区议员的市政局议员。

团作为香港代议政制发展的一环，选出 10 名议员进入业经扩大的立法局"。[1] 这就意味着，香港代议政制的发展，使"地方行政"终于开通了向"中央议会"——立法局进军的道路，攻进了香港政制的核心地带。

对 1985 年的这次区议会选举，时为行政局首席议员的钟士元一针见血地指出："这次选举，是殖民地政府移政于民的第一步。"[2]

在香港回归祖国以前，区议会还经历了 1988 年 3 月 10 日举行的第三次选举、1991 年 3 月 3 日举行的第四次选举和 1994 年 9 月举行的第五次选举。第五次选举是港英管治香港的最后一次区议会选举。关于这次选举的变化是：三层议会选举的投票年龄由 21 岁降至18 岁，取消区议会和两个市政局的委任议席，增加两个市政局的直选议席数目。[3]

港英管治时期区议会议员构成变化一览表[4]

年份	民选议员	官守议员	委任议员	当然议员	总数
1982—1985	132	169	132	57	490
1985—1988	237		132	57	426
1988—1991	264		141	57	462
1991—1994	274		140	27	441
1994—1997	346		0	27	373

从上表可以大致看出港英时期区议会发展的轨迹：从第二次选举开始，港英即自动下放权力，一次性全部取消了官守议员，逐步

---

〔1〕《香港 1986》，版权属政府所有，第 18 页。

〔2〕 黄国华，《地方行政制度》，载郑宇硕编：《香港政制与政治》，香港：天地图书有限公司 1987 年版，第 177 页。

〔3〕 详见《香港 1995》第 22 页。版权属政府所有。香港回归后，为精简机构、节约成本、提高效率，在公众咨询的基础上，1999 年 12 月 2 日，立法会通过特区政府提交的《提供市政服务（重组）条例》，正式撤销两个市政局，由政府成立"环境食物卫生局"专责处理有关工作。香港社会对此举亦俗称"杀局"。

〔4〕 资料来源于香港历年年报。

增加民选议员，到英国管治的最后一次区议会选举，又全部取消委任议席，除了保留 27 名新界乡事委员会主席为当然议员外，区议会议员全部由选举产生。仅就此一制度设计而言，就可明了港英的政治意图，即不把"委任制"这份遗产留给将来的特区政府，防止特区政府利用委任制挑拣人才，强化行政主导。在以后的两个市政局、特别是在立法局的政改中，英方也是循着这个思路进行的，不把英国管治下的香港政制蓝图原封不动地留给"九七"后的香港。回顾这一段政改历程，给人一种突出的感觉，就是英方竭力将"还政于中"快速演变成"还政于港"。

中英联合声明载明："中华人民共和国政府决定于 1997 年 7 月 1 日对香港恢复行使主权"；"联合王国政府于 1997 年 7 月 1 日将香港交还给中华人民共和国"。根据英方自己在联合声明中的承诺，英国只能将香港交还给中国，即"还政于中"，而不能搞"还政于港"。在这个问题上，在整个过渡时期，中方对英方进行了约束，甚至是斗争，强调过渡时期港英的代议制改革必须与《香港基本法》的框架衔接，以利香港的平稳过渡。

正如前述，香港百余年来处在政制发展的停滞状态，加之英方否决了所有的政制改革建议，并剥夺了香港绝大多数中国人的民主权利，造成了香港普罗大众政治上的长期冷感。这种局面当然对港英快速发动的代议制改革十分不利，而在全港设立区议会，区议会中的民选议员再由划分为一百几十个区议会选区的选民选出，这就在全港基层点燃了民主之火，容易很快在全港形成燎原之势，倒逼中层（两个市政局）和上层（立法局）的民主改革，使这场起于基层、成于上层的政制改革取得了一体化的快速进展。

区议会的设立，使原有的两层架构有了基础底座，但还必须解决上下贯通的环节，否则，香港原存的地方行政机构、咨询组织和行会团体等叠床架屋、利益多元和业务相互牵扯的矛盾会继续扩大。

为协调理顺这方面的问题，从区议会首次选举产生部分民选议员开始，就安排 30 名市政局议员作为"当然议员"成为港九市区的区议员。市政局和立法局的联系早已通联，1973 年，港督麦理浩已委任一名市政局议员进入立法局。至于区议会和立法局的关系，最为明显的是 1985 年第二次选举后产生的区议会，由区议会选举团选出 10 名议员直通立法局。关于代议制三级架构之间的这种通联安排，是与港英"自下而上"的代议制改革相契合的。

本章节用了些篇幅介绍、分析区议会成立前后的基本情况，是因为区议会的设立不但是 20 世纪 80 年代港英进行的代议制改革的起点，而且关系到十多年后中英关于 1994/1995 年选举安排谈判的一个重要议题——区议会委任制的存废问题。有了上述的简介铺垫，届时就用不着再花费笔墨回顾区议会成立及变化的历史了。

"地方行政"改革起步不久，港英政府很快转向中央层面——立法局的改革。

3. 立法局结束全部议员委任的历史

1983 年 1 月 28 日上午，在英国首相撒切尔（港译"戴卓尔"）夫人和大臣、官员及港督举行的会议上，撒切尔夫人直率地说出了她"反复思考的我们的目标"："我们必须发展香港的民主架构，使她能在短时间内达成独立或自治。"[1] 从香港出版的《戴卓尔夫人回忆录》这句中文译文看，十分令人惊奇的是，撒切尔夫人的这个"目标"及所用词语的表述，正是英方百余年来多次否决的建议和主张。

1984 年 4 月 20 日，英国外交及联邦事务大臣贺维（Richard Howe）在香港发表声明，说明英国政府所采取的谈判方针，并宣

---

[1] 戴卓尔夫人著，《戴卓尔夫人回忆录》（下），香港：博益出版集团有限公司，1994 年版，第 362 页。

布："今后的日子，香港政府将会继续朝着代议制的路向发展。"[1] 这就意味着，除了区议会、市政局继续朝着代议制的路向改革外，立法局的选举改革也进入了这个路向。

1984 年 7 月 18 日，港英政府发表名为《代议政制在香港的进一步发展》的绿皮书，对 1985 年的立法局选举提出建议：由选举团和功能组别两种选举方式各选出 6 名议员，至 1988 年选举时再各自增加至 12 席。同年 11 月 21 日，即在中英联合声明签署前夕（12 月 19 日签署），港英政府发表同名的白皮书，对绿皮书的建议做出重要的修改，主要是将上述两种间选方式产生议员的数目扩大了一倍，将绿皮书建议的 1988 年实现的间选目标，提前至 1985 年实施。

白皮书建议的 1985 年立法局选举的要点是：

（1）立法局由 56 名议员组成，其中官守议员 10 名（包括 3 名当然官守议员），委任议员 22 名，功能组别选出的议员 12 名，选举团选出的议员 12 名。

（2）在功能组别中，共分 9 个组别，其中商界、工业界和劳工界各有 2 席；金融界、社会服务界、医学界、教育界、法律界、工程师及有关专业界各有 1 席。

（3）选举团由"两个市政局"和全港区议会的所有议员组成。在选举团选出的 12 席中，10 席由区议会议员选出，将现时的 18 个区议会按地区人口组成港岛东、港岛西、观塘、黄大仙、九龙城、深水埗、九龙南、新界东、新界西和新界南等 10 个组，各组 1 席，每组代表大约 50 万人；两个市政局的成员各成 1 组，各自推选 1 人为议员。

---

[1] 袁求实编著，《香港回归大事记（1979—1997）》，第 20 页。

1985 年立法局成员比例列明如下：

1	由选举团选出	12
2	由按社会功能划分的选民组别选出	12
3	由港督委任	22
4	官守议员	10
总人数		56 [1]

白皮书设计的 1985 年立法局产生办法，在香港政制发展历程中，有以下几个关注点：

首先，在立法局产生的历史中，白皮书开创了两个先例：一是在 1985 年之前，立法局全体议员是由港督委任的，自此以后，才有了首批间接选举产生的议员，共有 24 名。从立法局议员的委任制过渡到立法局部分议员的间接选举制，其间走过了 142 年（1843—1985）的路程；二是首次将功能组别选举提升为一个正式的选举制度。白皮书写道："根据现行办法，立法局非官守议员是从按社会功能划分的组别中甄选出来的，而这个甄选办法是无明文规定的。绿皮书建议将这个甄选办法发展成一个正式的代议制度，以便从每个按社会功能划分的选民组别中选出一名或多名代表，出任立法局议员。"[2] 这是对历史经验的总结。深究其源，功能组别这种选举元素早就存在。立法局历史上首次两位非官守议员人选就来自太平绅士团的甄选，再由港督委任。1872 年正式启用的由华人集资兴办的第一家大型福利机构——东华医院，其主席和总理就是由各行业推举代表，然后由坊众投票选举产生，有学者认为是"功能组别和地区选举的混合体，颇有开创时代的意义"。[3] 实际情况是，委任非官守议员要来自香港总商

---

〔1〕 以上内容据《代议制在香港的进一步发展》白皮书归纳整理。白皮书载《香港1985年》，版权属港英政府所有。

〔2〕 《香港1985年》，第34页。

〔3〕 刘智鹏著，《香港早期华人精英》，香港：中华书局（香港）有限公司，2011年版，第7页。

会和太平绅士甄选实行了很长一段时间。白皮书建议首批为 9 个界别选出 12 名立法局非官守议员，就是把这种惯例系统化、制度化了。

其次，明确提出香港财经界和专业人士应在立法局有代表权的主张。白皮书指出："鉴于本港财经界及专业人士对维系香港前途的信心和繁荣关系重大，故绿皮书强调这些人士应有充分的代表权。"[1] 这是功能组别选举制度建立的理论基础。

第三，白皮书对功能组别的选民资格和选举办法做出原则建议。与经济和社会有关的选民组别，以全港性而为各界承认的主要组织、社团和机构为基础，如商界的香港总商会、香港中华总商会；工业界的香港工业总会、香港中华厂商联合会；金融界的香港银行公会；劳工界的所有注册职工会；社会服务界的香港社会服务联会；医学界的香港医学会等。如这些组织的成员以法团为单位，则这些法团可提名代表为投票人。由专业人士组成的选民组别，则由政府承认的专业资格为依据，按成员、职员名单投票。简而概之，功能组别有 3 种投票方式，即团体（公司）票、个人专业资格票和两者兼而有之的混合票。

第四，对有关政制发展的问题提出意向性建议或给出时间表。

关于立法局直接选举。白皮书的结论是："总括来说，大多数人赞成直接选举，但极少人希望在短期内便实行。""在 1988 年逐步开始，先直接选出很小部分的议员，然后按次递增，至 1997 年便应有相当多的议员通过直接选举选出。"[2]

关于政制检讨。绿皮书建议在 1989 年进行，最后决定提前于 1987 年进行。

关于港督担任立法局主席一职的问题。绿皮书提出一项建议：

---

〔1〕《香港 1985 年》，第 34 页。

〔2〕 出处同上，第 36 页。

在将来适当时候，由立法局非官守议员自行互选一人为议长，代替港督出任立法局主席的职位。白皮书认为应在1987年进行政制检讨时再重新考虑。

香港人喜欢对一些热点问题做出公开、透明的说明，以便根据自己的阅历进行判断和选择。这是香港的一种文化。白皮书对有关政制发展的几个问题做出意向性指引和发出预告，符合公众的心理期待，是港英常用的一种推销策略，也是一种放气球式的试探：把有关意见引出来，以便及早谋算。

1985年9月26日，根据白皮书的制度性设计，立法局在历史上第一次举行了间接选举，产生非官守议员（当时亦称民选议员）。9个功能组别和选举团分别推选出12名议员。选举团由区议会、市政局和临时区域议局的成员组成。在选举团中，共有39人获得提名为候选人；其中1人因无对手而自动当选，其余38名候选人竞逐其他11个议席。选举团共有409名选民，有404名选民投票。在功能组别中，共有25人获得提名为候选人，其中5人因无对手而自动当选，其余20名候选人，竞逐余下的7个议席。在需要竞逐的功能组别中有43076名选民，其中有24806名投票。[1]选举当日，从早9时到翌日凌晨4时，共有25000余人投票，除6人因无竞争对手自动当选外，选举团选出11人，功能组别选出7人，共选出议员24人，占新一届立法局56个席位的43%。

走笔至此，本小节的内容已叙述完毕，应该"翻篇儿"了。但由于近年来，香港社会在讨论立法会普选模式时，对功能组别的存废发生了很大的争议，存废各执一端，极有可能成为实施立法会普选的一大难题。借此机会，发点议论，仅为一家之言。

港英政府20世纪80年代公布的《代议政制在香港的进一步发

---

〔1〕 以上统计数字源自《香港1986年》，第20页。

展》的绿皮书和白皮书，正式把功能组别选举提升为一项制度安排，同时确认功能组别在议会的代表权，是对百余年立法会演变历史的尊重。如本书第一章所述，港英立法局三次重大变化表明，缴税义务和议会代表权的平衡，是资本主义条件下的必然产物，是本性使然，规律所在，功能组别绝不是招之即来、挥之即去之物。

为什么立法局首次引进两位英商的代表为非官守议员？因为英商当时是香港的纳税大户；为什么19世纪80年代华人首次可以被港督委任为非官守立法局议员？因为那时华商已取代英商成为纳税主体；为什么20世纪70年代，立法局的构成走向多元化？因为70年代香港经济开始多元化，带来社会结构的多元，特别是专业界别和中产阶层的涌现，需要立法局有更多的席位安排各行各业的代表。麦理浩主政时期立法局席位增加得最快、最多，为的是容纳各行各业的代表入局。从这个意义上讲，处理好缴税义务和议会代表权的关系，使之协调、平衡，又是治港之道。说到底，功能组别选举是对缴税主体和对社会做出贡献的专业界人士一种政治补偿和政治权力的合理分配，同时也满足了人各有好、术有专攻的社会需要，让工商界、金融界、专业界等纳税主体成员和在社会上有影响的劳工界、宗教界及原政界等选出代表进入立法机构，补分区直选人才选拔之不足，依规彼此制约，共谋稳定繁荣之大计，有何不可？香港是一个多元社会，议会代表权的合理、妥善分配对香港社会的稳定和和谐发展至关重要。功能团体选举就体现了均衡参与的原则，也是对香港原有政制中行之有效部分的承继。现在立法会传统功能团体涵盖了整个香港28个行业界别，所创造的财富占GDP的90%。有香港人主张，立法会普选时，必须废除功能组界别，以实现"真普选"。这就意味着，也将缴税义务与议会代表权的平衡彻底废除，这种做法有可持续性吗？

功能组别是间选而非普选，功能组别的组成还有待改善，使某些界别更加合理和符合业界的实际，这些都应在心平气和中进行讨论，达成共识。讨论应聚焦在：如何落实《香港基本法》的规定，将功能团体选举制度由间选转变为普选。

附：2012 年功能组别议席分配情况一览表[1]

功能团体名称	议席数	功能团体名称	议席数
（1）乡议局	1	（16）商界（二）	1
（2）渔农界	1	（17）工业界（一）	1
（3）保险界	1	（18）工业界（二）	1
（4）航运交通界	1	（19）金融界	1
（5）教育界	1	（20）金融服务界	1
（6）法律界	1	（21）体育、演艺、文化及出版界	1
（7）会计界	1	（22）进出口界	1
（8）医学界	1	（23）纺织及制衣界	1
（9）卫生服务界	1	（24）批发及零售界	1
（10）工程界	1	（25）资讯科技界	1
（11）建筑、测量及都市规划界	1	（26）饮食界	1
（12）社会福利界	1	（27）原区议会	1
（13）地产及建造界	1	（28）劳工界	3
（14）旅游界	1	（29）新增的区议会议席	5
（15）商界（一）	1		

六、中英磋商政制衔接的七份书面信息

当中方起草《香港基本法》的工作进入尾声时，在 20 世纪 90 年代初，中英两国以外长交换书面信息的方式，就 1997 年前后香港的政制发展衔接问题，进行了一种特殊形式的磋商。

1. 中方强调：香港政制改革必须同《基本法》衔接

如前所述，英方在中英关于香港前途的谈判之前，即匆忙启动

---

[1] 陈曙峰著，《香港政制常识解难 101》，香港：商务印书馆（香港）有限公司，2011 年版，第 83 页。

了代议制改革，这就必然产生与《基本法》所设计的香港特区政制发展之间的衔接问题。所谓衔接，是 1997 年前香港政制的变化要同《基本法》的有关规定衔接，使政制"直通车"顺利开通。

中方酝酿、筹备《香港基本法》的起草工作，起步很早，所以能在中英联合声明签署时即昭告天下：中国对香港的基本方针政策和《中英联合声明》附件一对基本方针政策的具体声明，全国人民代表大会将以《香港基本法》规定之，50 年内不变。

《基本法》起草工作启动不久，针对香港政制快速变化的现实，《基本法》起草委员会主任委员姬鹏飞于 1985 年 10 月 19 日会见香港人士时表达了对此的关切：中国不希望香港在过渡时期内出现急剧的变化，过渡时期的政制改革应考虑同《基本法》的衔接；按照中英协议，香港特区的政制由《香港基本法》规定。[1] 随后，中方向英方提出将香港政制改革与《基本法》衔接问题列入中英联合联络小组议程。同年 12 月，在中英联合联络小组于北京举行的会议上，中英双方就此达成共识。

1985 年立法局首次间接选举产生 24 名议员后，香港又要求进一步加快民主步伐，主张 1988 年即进行首次立法局部分议员直接选举产生，史称"88 直选"。但另有意见反对，担心引起社会不稳。当时英方取态慎重。1987 年 4 月 9 日，第 27 任港督卫奕信在就职典礼的演讲中说："政制改革宜审慎从事，珍惜安定，循序渐进，维持独特制度，有利吸收投资。"[2] 卫奕信的表态受到邓小平的赞许。同年 4 月 16 日，邓小平会见香港特区《基本法》起草委员会委员时说："最近香港总督卫奕信讲过，要循序渐进，我看这个看法比较

---

〔1〕　王凤超主编，《"一国两制"的理论与实践》，北京：经济科学出版社，1998 年版，第 113 页。

〔2〕　转引自国务院港澳事务办公室香港社会文化司编著，《香港问题读本》，北京：中共中央党校出版社，1997 年版，第 177 页。

实际。"[1]

1987 年 5 月 27 日，港府正式公布《1987 年代议制发展检讨》绿皮书，其中一项检讨内容是，要考虑 1988 年立法局部分议员是否开始直选产生。对香港代议制发展检讨一事，当时新华社香港分社发言人重申：这是港英政府的事，我们不予置评。关于中国政府对香港政制发展的态度，一贯认为必须同《基本法》衔接，这是人所共知的。[2] 11 月 4 日，港府公布收集到的 13.4 万份香港市民对绿皮书的书面意见，结果是：有 67% 的人不赞成"88 直选"。[3]

1988 年 2 月 11 日，港英政府发表题为《代议政制今后的发展》白皮书。白皮书在《引言》中表述了港英政府对政制改革的 4 项目标：

（甲）政制应继续演变，以适合香港的情况；（乙）政制的发展应该是审慎和循序渐进的；（丙）任何改革都应获得尽量广泛的支持，以求得到社会人士整体的信心；（丁）在 1997 年前存在的制度，应可促成在 1997 年顺利过渡，并在其后保持高度的连续性。[4]

关于"88 直选"，白皮书的结论为："1997 年以前在立法局内加入若干名由直接选举产生的议员，将会是香港代议政制发展进程中一个合理和可取的步骤"，鉴于社会人士对实行直接选举的时间有十分明显的分歧，"在 1988 年实行这样重大的宪制改革将不会是正确的做法"，"政府因此决定在 1991 年采用直接选举选出若干名立法局

〔1〕《邓小平文选》（第三卷），北京：人民出版社，1993 年版，第 220 页。
〔2〕 袁求实编著，《香港回归大事记（1979—1997）》，第 55 页。
〔3〕 同上书，第 55 页。
〔4〕 同上书，第 62 页。

议员"。[1]

以上是港英在香港过渡时期推行代议制改革进程中，"88 直选"延迟至"91 直选"的历史真相。"88 直选"未能进行的主因是当时社会意见对此分歧极大，只有 28% 的人支持。时序推移，26 年过去，到了 2014 年，一位香港学者在报纸上发表公开信，回顾自己在大学学生时代亲身参与争取"88 直选"的往事，然后说道："香港政府在北京政府的大力反对下，最后从一轮经政府严格操控的政改咨询后，在明显支持'88 直选'的民间声音下，还是强行搁置于 1988 年在立法局引入地区直选议席，而要延迟至《基本法》公布后的 1991 年，才第一次在立法局引入地区直选议席。"[2] 这种说法，不是记忆有误，就是罔顾历史事实、主观臆想的产物。以上引述的英方官方文件已表明了"88 直选"不能进行的原因，中方当时已表态：对 1987 年香港进行的政制改革检讨不予置评。到了 1990 年初，中英双方才对"91 直选"的议席数目进行了磋商。这是后话。

早在 1987 年 4 月 1 日，时任国务院港澳办副主任、《基本法》起草委员会秘书长的李后在北京举行的中外记者会上，公开了《香港基本法》制订的时间表。李后说：现在《基本法》正在制订，要到 1988 年初拿出初稿，1989 年形成草案，1990 年的第一季度提交全国人大通过。我们的时间表是这样排的。我们的意见是：要等到《基本法》确定了以后，再来进行政制改革也不晚。[3]

这就是说，中方起草《基本法》的工作将在 1990 年第一季度内完成，特别是《基本法》中难度较大的政制发展部分也必须在此时定案，以便《香港基本法》能在每年一度春节后召开的全国人大全

---

[1]　袁求实编著，《香港回归大事记（1979—1997）》，第 62 页。

[2]　戴耀廷，《给林郑月娥司长的公开信》，载 2014 年 8 月 1 日《信报》。

[3]　袁求实编著，《香港回归大事记（1979—1997）》，第 52 页。

体大会上审议。本来，起草香港特区《基本法》完全是中国的内政，但考虑1997年前后政制衔接和立法机构"直通车"的设计安排，将港英正在进行的代议制改革与中方正在草拟的未来特区政制设计进行沟通，达成协议和谅解，是十分必要的，有利于政权的顺利交接和香港的平稳过渡。在这种背景下，中英双方通过外交渠道进行了磋商，即中国外交部部长钱其琛和英国外交及联邦事务大臣道格拉斯·赫德（Douglas Hurd，港译"韩达德"），于1990年1月18日至2月20日交换了七份书面信息。有时根据书面信息所述内容的需要，还附有关资料。例如，1990年2月6日，英方除转交书面信息外，还将三份书面材料转交中方《基本法》专家。这三份材料是《香港特别行政区立法会成员的中国国籍要求》《香港宪制发展：特别行政区立法机构的表决程序》《香港宪制发展：大选举团或选举委员会》。

中英两国外长的书面信息，由时为外交部港澳办主任的陈滋英和英国驻华大使阿伦·唐纳德相互转交，[1] 主要围绕香港政制发展中1997年前后立法机构衔接的一些紧迫问题进行书面磋商，包括1991年首次引进直选议席的数目、1995年成立的选举委员会（英方称大选举团）的组成成分以及特区立法会涉及的其他问题。

2. 立法局首次引进直选议席的数目

立法局部分议员首次分区直接选举产生，是继1985年立法局首次间选24名议员后的又一次重要政制改革，涉及1997年前后立法机构民主进程的衔接和循序渐进发展民主的问题，必须经中英双方磋商，达成共识，才能实施。

---

[1] 笔者时任国务院港澳办副司长，中英两国外长交流信息的情况和达成的共识，由笔者呈报给当时在广州召开《基本法》草委会政制专题小组会议的国港办副主任、《基本法》草委会副秘书长鲁平先生。

在《代议政制今后的发展》白皮书中，英方提出"91直选"的议席数目为10席。在《基本法》定案前夕，1990年1月11日，港督卫奕信访问北京时提出，"91直选"从原定的10席增加到20席，1995年选举增加至24席。就中方起草《基本法》而言，已经有了香港回归后政制上10年稳定期的设计，即对1997年至2007年的民主进程做出安排，以稳定人心。因此，中方不能只对"91直选"的议席数目表示意见，更重要的，还要与以后几届立法会的直选议席数目连贯起来考虑，一揽子展示立法机构的直选进程。为此，中方于1月15日对卫奕信的建议表示："91直选"议席数目限制在15席，1997年为20席，1999年为24席，2003年增至30席。沟通至此，这个问题就上升到中英两国外长书面磋商的层次。

1990年1月18日，赫德外交大臣致函（第一份）钱其琛外长，开头即说："香港总督已向我汇报了他上星期访问北京的情况。我认为，访问十分重要，因为它使双方增进了对对方观点的了解，尤其是有关政治[1]发展问题上的观点"。[2] 赫德外交大臣在第一份信息中，反复强调"将中方建议的1999年席位的数额（24席）提前至1997年实现"，这就意味着，1995年港英立法局直选的数额为24席。

钱外长于1990年1月20日在第二份信息中明确答复赫德外相：

中方于1月15日就香港政制发展问题提出了一项新建议，这是我们在此问题上所做的积极努力和重大让步。考虑到各种因素，中方不能同意外交大臣阁下关于将1997年香港特别行政

---

[1] 当时的中文译文对"政治"和"政制"尚无严格的区分。这里把"政治"译为"政制"会更好。

[2] 《中英有关香港问题七个文件》，载袁求实编，《香港过渡时期重要文件汇编》，香港：三联书店（香港）有限公司，1997年版，第193—206页。此后关于"七个文件"的引文均出于此，不再注明。

区第一届立法机构直选部分比例定为百分之四十的建议。但是若英方同意中方在 15 日建议中所提的 1997 年及其后各届立法机构的直选部分比例（即：总数 60 名，1997 年占百分之三十三点三，1999 年占百分之四十，2003 年占百分之五十），为了实现 1997 年前后政制上的衔接和政权转移的平稳过渡，中方愿意考虑英方把 1991 年立法局的直选议员从 15 名增至 18 名的想法。

对中方的让步，赫德外交大臣在 1990 年 1 月 31 日的第三份信息中，仍然重弹老调，坚持 1991 年直选议席必须达到 20 个，1997 年的直选议席增加至 20 个以上。

对此，钱外长在 2 月 3 日的第四份信息中坚定地表示：

> 正如外交大臣所知道的那样，香港特别行政区《基本法》起草委员会即将召开会议，做出最后的决定。如果英方不能接受 1 月 20 日我向你转达的信息中所提出的建议，那么《基本法》起草委员会就只能按原方案做出决定。我想外交大臣非常清楚地了解，《基本法》的起草完全是中国的内部事务。

随后，外交部港澳办主任陈滋英于 2 月 8 日傍晚紧急约见唐纳德大使，奉命重申了中方的立场：

> 中方早已明确表示，如英方承诺 1991 年香港立法局的地区直接选举议席不超过 18 席，中方可以考虑使特区第一届立法会的直选议席增至 20 席。对此，中方希望英方以书面形式在《基本法》起草委员会第九次全体大会前予以确认。否则，中方将按《基本法》起草委员会政制专题小组已通过的 18 席定案。

在这种情况下，赫德外交大臣与 1990 年 2 月 12 日在第七份信息中，终于接受了中方的建议：

> 我现在准备就以下文字同中国政府确认一项谅解。如果《基本法》最后文本中规定香港特别行政区立法机构中的直选席位在 1997 年为 20 个，在 1999 年 24 席，在 2003 年 30 席，英国政府准备将于 1991 年实行直选时把直选议席限制在 18 席。

这就是说，从 1991 年到 2007 年，从港英管治下的立法局到中国香港特区的立法会，在各届立法机构直选议席的数额上，中英双方达成了协议和谅解。

中方信守这一书面协议，将香港特区第一、第二、第三届立法会直选议席的数额和构成，分别写入《全国人民代表大会关于香港特别行政区第一届政府和立法会产生办法的决定》（简称《决定》）第六项和《香港基本法》附件二《香港特别行政区立法会的产生办法和表决程序》第一项第 1 款中。具体措辞分别为：

> 《决定》六，香港特别行政区第一届立法会由 60 人组成，其中分区直接选举产生议员 20 人，选举委员会选举产生议员 10 人，功能团体选举产生议员 30 人。

> 附件二　一、立法会的产生办法
> 香港特别行政区立法会议员每届 60 人，第一届立法会按照《全国人民代表大会关于香港特别行政区第一届政府和立法会产生办法的决定》产生。第二届、三届立法会的组成如下：
> 第二届
> 功能团体选举的议员　　　　　　　　　　　30 人

选举委员会选举的议员	6 人
分区直接选举的议员	24 人
第三届	
功能团体选举的议员	30 人
分区直接选举的议员	30 人

中英两国外长在外交层面就 1991 年至 2007 年香港立法机构在直选名额上达成的协议和全国人大的《决定》以及《香港基本法》对此做出的规定，在香港政制发展中具有重要意义。"91 直选"是香港政制迈向衔接《基本法》的第一步。如果 1991 年直选是 18 席，1995 年增至 20 席，就可循序衔接《基本法》对 1997 年首届特区立法会直选议席（20 席）的规定。这个政制发展的突破，并不是港英政制的必然发展，而是由香港回归祖国的现实决定的，由《香港基本法》赋予的。

按照中英上述协议，1991 年 9 月 15 日，香港举行了"91 直选"，这是英国管治香港 150 年来首次由直接选举产生 18 位立法局议员。在符合选民条件的 369 万人中，有 190 万人登记为选民，其中有 75 万人投票，投票率为 39.15%。在此之前的 6 月 12 日，港督卫奕信宣布委任立法局议员施伟贤在新一届立法局出任副主席，这种史无前例的做法，是为以后港督不再担任立法局主席做准备。[1]

3. 1995 年选举委员会的组成

1990 年 1 月 11 月，时任香港特区《基本法》起草委员会的正、副秘书长李后与鲁平在北京会见了港督卫奕信，就《基本法》中有

---

[1] 从 1993 年 2 月 19 日开始，过去由港督出任的立法局主席改由全体立法局非官守议员互选产生。

关特区政制章节的起草事宜提出了中方的设想。关于 1995 年选举委员会的组成就是在这种场合提出来的。从香港特区第一届立法会选举产生开始，除分区直接选举和功能团体选举两种选举方式外，增加一种选举委员会选举产生议员的方式。中方对此原意的说明是：《基本法》起草委员会政制专家小组已经采纳了关于香港特区立法机构的一定比例的议员由一个选举委员会选举产生的建议，采取这种选举方式，会使香港一些有名望但又不希望参加直选的人经选举委员会选举进入立法机关发挥作用。英方也希望在管治期内最后一届，即 1995 年立法局的当选议员都能继续工作到 1999 年，因此，英方原则上同意中方的设想。在当时的香港政制中，没有一个选举委员会选举立法局议员的先例。英方表示，愿意同中方合作，将该选举方式介绍给 1995 年选举产生的立法局。英方在 1990 年 2 月 6 日第五份信息中，对建立选委会的框架提出 5 点原则：

（1）鉴于选举委员会的目标是选举一部分立法机构的成员，它本身不应作为一个政府机构，一旦选举立法机构成员的主要任务完成，它就应该停止活动。每一次新的选举都将编制新的选举名册。

（2）选举委员会的构成应该尽量避免与选举立法机构成员的其他组别的当选成员直接重复。

（3）选举委员会应尽可能具有代表性。

（4）选举委员会向立法机构提名候选人的程序应简单、公开并在选举法中做出规定。

（5）选举应以无记名投票的方式进行。

中方在 1990 年 2 月 8 日第 6 份书面信息中，对英方做出答复：

中方同意英方在文件中所提的关于选举委员会的 5 点原则。但对选举委员会组成的比例，中方认为只能按照《基本法》（草案）附件一第二项所规定的成分和比例[1]，因为附件一在起草委员会第八次全体会议上已获全体委员三分之二的多数通过。中方认为，上述成分和比例的规定是适当的，不宜再改。

在 1990 年 2 月 12 日第七份书面信息中，赫德外相就选举委员会问题致函钱外长，对中方的上述提议做出答复：

> 我原则同意你提出的成立选举委员会的安排。这一选举委员会可于 1995 年成立。此项安排的详细细节可由双方在适当的时间进行讨论。同时，我希望你已同意的五项原则能在《基本法》中得到反映。

至此，中英双方就选举委员会组成成分和比例这一原则安排达成了协议，即选举委员会由四部分组成，各占四分之一。在选举委员会问题上，英方同意了中方的安排。

4. 立法会议员的国籍限制

在中英两国外长交换的七份书面信息中，英方还对《香港基本法》拟定中的某些制度性设计提出了意见和建议。对英方的这些意

---

[1] 《基本法》附件一第二项所规定的选举委员会的成分和比例为：

工商、金融界	200 人
专业界	200 人
劳工、社会服务、宗教等界	200 人
立法会议员、区域性组织代表、香港地区全国人大代表、香港地区全国政协委员的代表	200 人

见，中方予以关注，并在《基本法》定案时予以体现。

这方面的问题主要有两个。

一个是关于香港特区立法会议员的国籍限制问题，另一个是立法会分开计票的问题。

赫德外相于 1990 年 1 月 31 日在致钱外长的第三份信息中提到："我看到报告说《基本法》将有一新的条款，将立法局成员的外籍人士数字限制在总数的百分之十五，这在香港引起了关注，将给连续性设置严重障碍，也很难实施。"2 月 6 日，英方在第五份信息中对此要求澄清："如立法会中外籍候选人超过百分之十五，如何取舍；只在香港享有居住权的非华人永久性居民是否受此限制，英方认为此类人应视为香港人。"

香港是一个以金融、贸易而闻名于世的国际性城市，有不少外籍人士在这里长年工作和生活，对香港的社会发展做出了贡献，况且将来特区政府和法院也可继续任用外籍人士。在香港永久性居民的构成中，就包括持有效旅行证件在香港居住 7 年及以上的非中国籍人士。特区立法会容纳一定比例的外籍议员，是适合香港永久性居民构成状况的一种安排，但一定要有一个限额。《基本法》起草委员会政制专题小组建议，规定香港特区的非中国籍或拥有外国居留权的香港特区永久性居民被选为立法会议员的人数不能超过全体议员的 15%。英方从传媒的报道中获悉这一安排后，对此提出了种种问题，中方在 1990 年 2 月 8 日第六份书面信息中予以明确的答复：

关于非中国籍的和在外国有居留权的香港永久性居民在特区立法会的席位限额问题，中方的立场早已十分明确，《基本法》必须对下列两种人在特区立法会的席位数目加以限额规定：一种是外国人，即非中国籍的香港特别行政区永久性居民，另一种是在外国有居留权的香港特别行政区永久性居民中的中国公民。采取后一种人包括在内的措施，完全是由于英国单方面公布给予五万个家庭以"完全的英国公民地位"所引起的。[1]英方自称在香港立法局没有国籍限制的说法是与香港的历史事实不符的。至于限额幅度，起草委员会第九次全体会议将会做出决定。

对此，1990年2月12日，由英驻华大使唐纳德转交的英国外交大臣赫德给钱外长的第七份信息中，赫德外相表示："如果你继续认为有些限制极为重要的话，我希望你能考虑增加名额以减少这种风险。"中方经过慎重考虑，听取了英方的意见，在《基本法》定稿时，对非中国籍和在外国有居留权的香港永久性居民在特区立法会中所占比例的限制从原订的15%扩大为20%。从中英两国外长交换的七封书面信息中，可以看出这一磋商的过程以及中英双方在这个问题上达成的谅解。

最后，《香港基本法》正式公布时，此点纳入立法会议员的资格规定中，即《基本法》第67条：

> 香港特别行政区立法会由在外国无居留权的香港特别行政区永久性居民中的中国公民组成。但非中国籍的香港特别行政区永久性居民和在外国有居留权的香港特别行政区永久性居民也可以当选为香港特别行政区立法会议员，其所占比例不得超过立法会全体议员的百分之二十。

---

[1] 指英国1989年单方面决定给予部分香港居民完全英国公民地位的事件。此事容后详述。

《基本法》的这一规定，既体现了国家主权原则，又适应了香港本身的特殊需要。1997 年后，香港成为直辖于中华人民共和国中央人民政府的特别行政区，特区立法会作为主权国的地方立法机关，全部由中国公民组成是理所当然的。但考虑到香港的历史背景和现实状况，并且从有利于香港的稳定繁荣出发，《基本法》对特区立法会议员的国籍问题做了上述规定。

5. 立法会的分开计票

《基本法》起草委员会的政制专题小组于 1990 年 1 月同意在《基本法》草案中加上一条有关分开计票的新条款。所谓"分开计票"，是指将以 3 种方式产生的立法会议员分成二组：功能团体产生的议员为一组；分区直选和选举委员会产生的议员为另一组[1]，对法案付诸表决时，采取分组计票的办法。

英方对这一制度设计提出 5 点意见，其中包括英国政府无法在英国管治下的 1995 年采纳此项表决程序。中方在 1990 年 2 月 8 日第六份信息中对分开计票及英方对此规定的意见做出回复：

> 中方认为，此种表决方式有利于发挥立法会本身的制衡作用，从而保障香港各阶层的普遍利益，对香港的稳定繁荣有好处。至于分开计票的具体方法将由最近召开的起草委员会第 9 次全体会议讨论、决定。中方认为，英方不打算在 1995 年的香港立法局中实行分开计票的办法，中方亦无意坚持此点。从 1997 年特区第一届立法会开始实行此项表决办法，对政制衔接

---

[1] 随着香港特区民主的发展，到特区第三届立法会，选举委员会选举产生议员的方式就不存在了，其名额全部拨给分区直选。从第三届立法会开始，立法会全体议员由功能团体选举的议员和分区直选的议员构成，此两种选举方式产生的议员各占一半议席。

并无影响。

《基本法》的最后文本，将立法会分开计票的方法写入《香港基本法》附件二《香港特别行政区立法会的产生办法和表决程序》第二项。内容为：

> 立法会对法案、议案的表决程序
>
> 除本法另有规定外，香港特别行政区立法会对法案和议案的表决采取下列程序：
>
> 政府提出的法案，如获得出席会议的全体议员的过半数票，即为通过。
>
> 立法会议员个人提出的议案、法案和对政府法案的修正案均须分别经功能团体选举产生的议员和分区直接选举、选举委员会选举产生的议员两部分出席会议议员各过半数通过。

《基本法》的这项表述，将政府提出的法案与立法会议员个人提出的议案、法案和对政府法案的修正案做了区分，体现了行政主导的原则，而且在措辞上表达得更加简练、明确，也照顾到英方在书面信息中表达的关注。

香港特区立法会中"一会两组"的计票设计，显然源于世界上多数发达国家议会所采用的"两院制"的顶层设计，是议会本身的一种自我约束机制，起到议会内部权力制衡的作用。美国有人将参、众两院比喻为咖啡和杯子的关系，他们认为，只有把众议院的热咖啡倒到参议院的杯子里，冷却一下，才好喝。英国有人把下议院比作汽车的发动机，把上议院喻为刹车闸，只有有了这两样东西，汽车才能平稳高速行驶。香港不是一个独立的政治实体，地域狭小，不宜在立法机构中完全照搬西方的"两院制"。香港特区实行资本主义制度，在《香港基本法》起草过程中，曾有人提出过"一会两局"的设想，就是现在实行的"一会两组"投票机制的最初蓝本。当时，提倡最力者为香港政法界名人罗德丞先生。他于 1989 年 9 月 13 日在香港工联会所做的一次讲演中，详尽讲解了他的"一会两局"这个两院制的方案。他认为，当时社会上提出的多种一院制方案均达不到香港人要求的立法机关应具均衡代表性的要求。港英时期的立法局，是通过港督委任制来调整立法局议员的构成，使其达到均衡代表性的。而香港特区立法会完全取消了委任议席，"届时立法机关内只剩下功能界别及普选（分区直选）产生这两种议席。所以，在这样的情形之下，我们实无法保证在加入普选这个不可预测的成分后，立法机关仍能维持其均衡的代表性。事实上，如按一院制的方式发展下去，届时立法机关出现不均衡是必然的"[1]。罗先生认为，立法会中的功能局和地区局这两类议员的产生方法不同，他们观察事务的角度不同，提出解决问题的办法也会不同。因此，罗先生提出，"这两类议员就某一个问题的意见的统计，也应分别统计，而整体决定则由这两类人经过协调后做出"[2]。这就是香港当时"一会两局、分开计票"设计者的初衷。由此可以看出，《香港基本法》的"一会两组，分组计票"的规定，是吸纳了香港社会对此讨论的成果，参考了外国主要发达国家两院制议会设计的做法，又根据香港特区政制运作的实际而做出的制度性设计，是立足本地、博采众长的产物。

　　中英两国外长在《香港基本法》起草的最后阶段，就香港政制1997 年前后衔接的原则和环节，相互交换了七份书面信息，最后达

---

[1]　详见罗德丞，《为什么要一个二院制》，香港：新香港联盟编辑、出版，《新香港联盟言论集》，1992 年版，第 294—300 页。

[2]　同上。

成了协议和谅解。中方信守这些协议和谅解，把它们写入《香港基本法》的最后文本，于 1990 年 4 月 4 日在全国人大通过、颁布。

正是在两国外长七份书面信息达成协议的前提下，为使 1995 年产生的港英立法局议员过渡为香港特区第一届立法会议员，在《香港基本法》颁布的同日，全国人民代表大会还通过了《关于香港特别行政区第一届政府和立法会产生办法的决定》，其中第六项规定：

> 香港特别行政区第一届立法会由 60 人组成，其中分区直接选举产生议员 20 人，选举委员会选举产生议员 10 人，功能团体选举产生议员 30 人。原香港最后一届立法局的组成如符合本决定和香港特别行政区《基本法》的有关规定，其议员拥护《中华人民共和国香港特别行政区基本法》、愿意效忠中华人民共和国香港特别行政区并符合香港特别行政区《基本法》规定条件者，经香港特别行政区筹备委员会确认，即可成为香港特别行政区第一届立法会议员。

这清楚地表明，所谓"直通车"有一个前提，即 1995 年选举产生的立法局在组成上要符合上述规定，并符合《基本法》第 67 条关于非中国籍和在外国有居留权的议员所占比例不得超过全体议员的 20% 的规定。在这个前提下，如果 1995 年当选的立法局议员，符合人大决定所规定的三项条件，经过特区筹委会确认就可过渡成为特别行政区第一届立法会议员。

这就是人们俗称的立法机构"直通车"的安排。

"直通车"原意是指来往于内地广州和香港九龙之间的直达火车。乘客在九龙上车前验票并办妥出境手续后，列车行经深圳与罗湖之间的边线时，无须下车，直达广州。

香港特区立法会本来应在中国对香港恢复行使主权的 1997 年

后产生。为了实现香港的平稳过渡，中英双方经过磋商，同意港英1995 年产生的最后一届立法局议员，若符合上述规定，就可以成为香港特区首届立法会议员。这种安排类似穗港"直通车"。人们以此喻为香港政制"直通车"。

七、英方改变对华对港政策

1. "苏东波事件"

从中英联合声明于 1984 年 12 月 19 日正式签署到 1997 年 6 月30 日英国对香港行政管理终止之日，史称"香港过渡时期"。[1] 在中英联合声明签署后的头 5 年，中英在香港问题上以合作为主，虽常有争论，终能经过磋商予以解决。中英在总体上合作的标志性产物，是中英联合声明的签署和《香港基本法》的诞生。当时，英方对这两个文件都给予了很高的评价。

英国首相撒切尔夫人来北京出席中英联合声明的签字仪式致辞时说，中英联合声明"在香港的生活史上，在英中关系的历程中以及在国际外交史上都是一个里程碑"。"'一国两制'的构想，即在一个国家中保留两种不同的政治、社会和经济制度，是没有先例的。它为香港的特殊历史环境提供了富有想象力的方案。这一构想树立了一个榜样，说明看来无法解决的问题如何才能解决以及应该如何解决。"[2] 在苏联解体之前，1990 年 4 月，《香港基本法》颁布后，英国外交及联邦事务部公开发表讲话表示欢迎。在此之前，英国外交大臣杰弗里·豪在英国国会外事委员会评论《基本法》时说：

---

〔1〕　也有人主张以 1990 年 4 月《香港基本法》颁布为界，香港过渡期可划分为前半段和后半段。

〔2〕　《撒切尔（戴卓尔）夫人签署仪式致辞》（1984 年 12 月 19 日）。

"我们能在《基本法》这份中国宪法文件中获得95%我们所熟知的法例，可算是奇迹。"[1]

几年之后，英方就从上述立场急速倒退了。导致英方急转直下的主因是：20世纪80年代末、90年代初，国际上和中国内地出现了"大、小气候"。"大气候"就是香港传媒概称的"苏东波事件"。这是借用中国宋朝大文豪苏东坡的名字来概括苏联解体、东欧剧变和波兰团结工会在选举中获胜这一国际连串突变事件。"苏东波"发生后，社会主义——共产主义思潮转瞬陷于低谷。"小气候"是指发生在北京的1989年春夏之交的那一场政治风波。英方受到大、小气候的影响，基于老殖民主义者的惯性，严重误判了形势，开始改变对华对港政策。特别是在1991年苏联解体后，英国做出了更加错误的判断。1994年4月18日，英国下议院外交事务委员会在题为《1997年前后的英中关系》的报告中讲得非常清楚："如果我们认为北京政权自然会维持到1997年的话，那是不明智的。"[2]

英国参与了美国、欧洲共同体等西方国家和集团对中国的制裁，在香港更是动作频频。英国先是单方面推迟中英联合联络小组的工作日程和土地委员会的工作，连定好的1989年7月份举行的第13次会议也推迟两个月举行。随后，其他的大小举动接踵而来，连续打出"两局共识""居英权计划""人权法案条例""新机场建设"和"政改方案"5张牌。中英在过渡期后半段这场斗争，时间长，涉及面广，多个领域和议题交错进行，齐头并进；斗争、交涉、磋商起伏跌宕，令人目不暇接，在香港这个弹丸之地，演出了一幕幕人间活剧。

英方抛出在香港问题上与中方对抗的政策和措施，成为英国政府改变政策的实证。中方从政权的顺利交接和香港整体的平稳过渡

---

[1] 1989年8月25日《信报》。

[2] 转引自钱其琛，《关于香港回归的若干问题》，载1997年第12期《求是》杂志。

大局出发，同英方进行了有理、有利、有节的斗争，维系中英关系斗而不破，将损失减低到最小程度。

2. "两局共识"

所谓"两局共识"，即是港英行政、立法两局关于香港政制发展达成"共识"的方案，它们企图在此基础上形成"全港共识"，加快立法机构的直选速度。

1989 年 2 月，第七届全国人大常委会第六次会议经过审议，决定公布《香港基本法》（草案）第 2 稿进行公众咨询，委托《基本法》起草委员会主持征求意见工作，对《基本法》（草案）做出进一步的修改，并计划于 1989 年 7 月底结束咨询期。为在香港广泛征求各界人士意见，起草委员会委托咨询委员会具体负责在香港的咨询，王汉斌副主任委员于同年 4 月率部分内地委员赴港听取意见。因受北京政治风波的影响，全国人大常委会又将咨询期延长至 10 月 31 日，以便有更充裕的时间让香港各界人士发表意见。

同年 5 月底到 6 月初，立法局也对《基本法》（草案）第 2 稿进行了辩论。立法局首席议员李鹏飞在发言时表示，行政局和立法局两局议员已就香港特别行政区政制问题达成共识方案，其中关于立法机关的产生和成员组成的建议为：1997 年第一届立法会有半数议席由直选产生，即在全部 60 席中，直选和功能组别各占 30 席。1999 年第二届立法会的直选议席增至 60 个，而功能组别的议席维持不变。换言之，立法会共设有 90 个议席，其中 2/3 议席由直选产生。到 2003 年第三届立法会，直选议席再增加 30 个，即由 60 席增至 90 席，等于立法会全部议席都由普选产生。"两局共识"还主张，行政长官最迟于 2003 年由普选产生[1]。

---

[1]　袁求实编著，《香港回归大事记（1979—1997)》，第 73 页。

4个月以后，以行政、立法两局议员办事处名义派发的《基本法（草案）意见书》在香港市面上出现。这份意见书是赶在《香港基本法》（草案）第二次咨询期结束的当天于1989年10月31日公开发表的。据意见书自白，这是由两局"熟悉法律或宪制事务的议员"组成的《基本法》专家小组，在研究了两局宪制小组对《基本法》（草案）的初步结论之后起草出来的，然后由两局议员内务会议隆重推出。这份意见书体现了"两局共识"，涉及《基本法》（草案）的主要条款，包括对1997年前后政制发展，主要是立法机构直选议席的数目提出了具体方案。"两局共识"的其他内容是早已在中英关于香港前途问题的谈判和《基本法》起草过程中就被中方驳斥过的奇谈怪论。

港英行政局和立法局本是港英建制的组成部分，根据确立港英对香港管治的基本法律《英皇制诰》和《皇室训令》规定，他们分别是港督决策和立法的咨询机构。如果两局对《香港基本法》（草案）条文有意见和建议，按理应向港督提出，再由英方循外交渠道向中方表达。但两局以议员办事处的名义不仅把意见书径自寄送给《基本法》起草委员，还在香港市民中散发，企图用所谓"两局共识"作为社会民意向中方施压，造成中英双方磋商的问题要受制于港英两局意向的既成格局。两局的这种"横空出世"的姿态，说明他们完全摆错了自己的位置，其"共识"理所当然地被中方拒绝。两个多月后，1990年1月，中英两国外长就1997年前后立法机构直选议席的衔接问题，通过外交渠道最后达成了协议和谅解。正如前述，1991年至2003年立法机构直选议席的数目为：1991年18席，1995年（1997年）20席，1999年24席，2003年30席。《基本法》的最后文本即按中英双方的上述谅解，经《基本法》起草委员会通过后，规定了1997年至2003年特区立法会直选议席数目，即香港特区三届立法会民主发展的步伐。当时，英方表示，赞同1997年前后两个立法机构在政制发展上的衔接，从而实际上打掉了"两局共识"，迫使英方回到同《基本法》衔接的轨道上来，确保了《基本法》起草工作的如期完成。

3. "居英权计划"

"居英权计划"（又称"英国国籍计划"）是英方打出的第二张牌。

在英国管治时期，定居在香港的相当数量的中国同胞具有"英国属土公民"（British Dependant Territores Citizens，简称 BDTC）身份[1]，他们中的大部分人持有"英国属土公民"护照。1984 年，中英联合声明签署，英国将于 1997 年 7 月 1 日把香港交还给中华人民共和国，香港也不再是英国的"属土"，于是英国于 1987 年 7 月 1 日签发"英国国民（海外）"[British National（Overseas）] 护照（简称 BN(O)）作为其过渡性的替代护照。这两种护照的持有人均无居英权。BN(O) 护照持有者在其有生之年前往海外时，该护照作为旅行证件可继续使用，但此项权利不得传给在 1997 年 7 月 1 日或该日期后出生的子女。这就是说，BN(O) 护照将逐渐自然消失。

除上述两种护照外，港英政府还给香港居民签发《香港身份证明书》（简称 CI）、《香港签证身份书》（简称 DI）、《香港回港证》、《香港海员身份证》和《海员国籍及身份证明书》等旅行证件。其中 CI 和 DI 是签发给无资格取得任何国家护照和旅行证件的香港居民前往海外旅行时使用的国际旅行证件。CI 签发给在香港有居留权的永久性居民；DI 签发给在香港受条件限制居留和不受条件限制居留这两种人，前者需要得到回港签证才可以返回香港，后者则在其持有

---

〔1〕 这是英国国籍法中规定的五种国籍身份之一，其余为英国公民、英国海外公民、不列颠臣民和英联邦公民。这种国籍身份的护照持有者，在英国本土没有居留权，只可在英属之地居留。

英国国民（海外）BN（O）护照

的 DI 上加注持有人可不需签证返回香港。其余旅行证件属专用证件。

由于英国承认双重国籍，定居在香港的中国同胞比较容易取得英国以外的外国国籍。这种情况又加重了香港居民国籍身份的复杂性。

按照中国国籍法，所有香港同胞，不论其是否持有 BDTC 护照，都是中国公民，英国政府无权将他们改为英国国籍；英国政府也承认这部分香港同胞是中国公民，不继续发给他们 BDTC 护照，但作为一种旅行证件，将给他们换发 BN（O），不给予在英国的居留权。这原是中英双方在签署《中英联合声明》时达成的谅解，并以互换备忘录的形式作了确定。但英方以所谓"挽救港人信心"为由，违背自己的承诺，推出了"居英权计划"。

1989 年 12 月 20 日，英国外交大臣赫德首次在英国下议院提出赋予部分香港居民居英权的方案。主要内容为：（1）给 5 万名香港"精英人士"，包括其家庭成员在内共 22.5 万人完全的英国公民地位，发给英国护照，而无须离开香港；（2）获发居英权的人士包括：专业界、工商界、从事教育及卫生服务人士、有特殊工艺及管理技术人士、公务员、纪律部队人士；（3）此计划只适用于香港；（4）有部分护照押后发出，使一些稍后会晋升高位的人士取得；（5）不会修改 1981 年英国国籍法案。赫德在宣布中还声称，香港是一个国际中心，有很多国际方面投资，最重要的贸易伙伴亦希望香港能够继续保持安定繁荣。英国政府推行这项计划"也希望贸易伙伴会跟从英国作榜样"。[1]

据最终的方案，这 5 万份英国护照分配如下：纪律部门（警察和海关）7000 份，"敏感部门"（资深公务员和媒体人士）6000 份，关键性岗位工作人士（专业和商界人士）36500 份，主要的投资者500 份。[2] 显然，这个"计划"的主要对象是中、上层公务员、专业人士和在敏感部门工作的人士及其家属。

同年 12 月 30 日，针对英国宣布的"居英权计划"，中国外交部发言人发表谈话，表明了中国政府对此计划的立场："英方的这一做法，严重违反了它自己的庄严承诺。5 年前，在香港问题谈判中，有关香港居民的国籍问题，原已取得协议，双方并在此基础上交换了备忘录。英方的备忘录明确规定：'凡根据联合王国实行的法律，在1997 年 6 月 30 日由于同香港的关系为英国属土公民者，从 1997 年7 月 1 日起，不再是英国属土公民，但将有资格保留某种适当地位，使其可继续使用联合王国政府签发的护照，而不赋予在联合王国的居留权。'英方的上述备忘录的内容和措辞，同中方的备忘录一样，都是经过双方商定的。"但现在英方"却出尔反尔，不顾中英双方有关协议，单方面决定给予部分香港居民以完全的英国公民地位。英方还宣称，他们将在上述 5 万户中保留相当数额，以便在临近 1997年的'稍后的年代中'给'那些可能在香港进入关键岗位的人以机会'，并号召英国的'伙伴和同盟国'追随英国之后，依法炮制，公然将香港的中国居民'国际化'。英国政府的决定，势必在香港居民

---

〔1〕　袁求实编著，《香港回归大事记（1979—1997）》，第 82—83 页。

〔2〕　参见 [英] 弗兰克·韦尔什著，《香港史》，第 573 页。

1995 年 10 月 16 日，国务院港澳办在北京举行新闻发布会，宣布香港特别行政区护照样本的设计和制作工作已经完成（作者提供）

中制造矛盾，导致分化和对立。事实上，自决定公布之后，已经在香港居民中引起相当的混乱。这一切显然不利于香港的稳定和繁荣"。

"中国政府要求英方以大局为重，改变上述做法，否则必须承担由此而产生的一系列后果。中方保留对此采取相应措施的权利。"[1]

次日，英国外交部和英国副首相杰弗里·豪对中国外交部发言人的上述评论做出回应，强调给予一些港人居英权目的是为了使他们留在香港，英国的目标是"鼓励他们继续作为香港具活力的催化剂"。[2]

1990 年 4 月 4 日，在第七届全国人民代表大会第三次会议通过《香港基本法》的同一天，英国政府将《1990 年英国国籍（香港）法

〔1〕 袁求实编著，《香港回归大事记（1979—1997）》，第 83 页。
〔2〕 同上书，第 84 页。

中华人民共和国香港特别行政区护照
截至 2018 年 3 月，共有 162 个国家和
地区给予香港特区护照持有人免签证
或落地签证待遇

案》提交英国下议院，而后三读通过，7 月 26 日英女王签署生效。

　　1989 年时，香港人口约 570 万，其中 97% 以上是中国人。由于上述原因，他们当中约有 330 万人持有"英国属土公民护照"。根据 1981 年修改的英国《国籍法》，这些人不具有英国本土居留权。关于持有"英国属土公民护照"的香港中国居民的国籍和居留权问题，中英两国政府于 1984 年 12 月 19 日以互换备忘录的形式表明了各自的立场。中国政府申明："根据中华人民共和国国籍法，所有香港中国同胞，不论其是否持有'英国属土公民护照'，都是中国公民。"英国政府也在备忘录中作了确认。

　　《1986 年香港（英国国籍）枢密院令》亦规定，拥有英国属土公民权的华裔香港居民和其他非华裔的香港居民，在 1997 年 7 月 1 日后，将分别转为"英国国民（海外）籍"和"英国海外公民"籍，两者均无居英权。总之，英国政府单方面制定的"居英权计划"并付诸实施，完全违背了中英两国政府就香港居民的国籍问题所交换的备忘录和英国政府一直奉行的国籍政策，是英国改变对港政策的明显例证。

　　兵来将挡，水来土掩。中方针对"居英权计划"，采取了相应对策。

《香港基本法》做出规定，香港特区行政长官、特区政府主要官员、行政会议成员均由在外国无居留权的香港特区永久性居民中的中国公民担任。《基本法》第 67 条还对立法会议员的国籍和在外国有居留权者做出限制：非中国籍的和在外国有居留权的香港特别行政区永久性居民在立法会全体议员中所占比例不得超过 20%。

1996 年 5 月，八届全国人大常委会第 19 次会议通过《全国人民代表大会常务委员会关于〈中华人民共和国国籍法〉在香港特别行政区实施的几个问题的解释》中的第三条，对此又作了明确的规定：

> 任何在香港的中国公民，因英国政府的"居英权计划"而获得的英国公民身份，根据《中华人民共和国国籍法》不予承认。这类人仍为中国公民，在香港特别行政区和中华人民共和国其他地区不得享有英国的领事保护的权利。

4."香港人权法案条例"

港英当局从 1989 年 10 月开始酝酿制定人权法，1991 年 6 月 6 日由立法局通过并经港督签署，《人权法案条例》生效，这是英方打出的第 3 张牌，也是英方改变对港政策的产物。这是一项对香港的过渡时期和 1997 年后香港特区均有重大影响的立法，此法在很大程度上改变了香港当时的法律制度，与中英联合声明和《香港基本法》的规定不符。

香港回归祖国前，英国将其参加的 300 余项多边国际条约扩展到香港适用。这些条约除少数因政治原因或年代久远而不适合香港特区外，大部分条约继续适用，对香港特区保持金融、贸易、航运中心地位和与外国在许多领域的合作关系，保持香港原有社会、经济制度和生活方式、法律基本不变等，至关重要。为此，《香港基本

法》第 153 条第一款以法律规定提供了保障："中华人民共和国尚未
参加但已适用于香港的国际协议仍可继续适用。中央人民政府根据需
要授权或协助香港特别行政区政府做出适当安排，使其他有关国际协
议适用于香港特别行政区。"经中英双方清理、协商，共有 200 多项
条约可以继续适用于香港特区，其中，我国未参加的达 80 余项。[1]

　　两个基本而重要的国际人权公约——《公民权利和政治权利国
际公约》和《经济、社会与文化权利的国际公约》就属上述之列。
本小节主要讲前者，简称"人权公约"。

　　人权公约于 1966 年由联合国大会通过，1976 年生效。英国于
1968 年签署，1976 年批准，除保留条文外，人权公约亦扩展至香港
适用。中国于 1998 年签署了该公约，至今尚待批准。

　　在中英关于香港前途问题谈判时，中国还不是人权公约的签署国，
这就产生了一个实际问题，这两个人权公约 1997 年后在香港是否
适用？中英双方对此专门进行了讨论。英方当时介绍说，无论是英
国还是香港，两个人权公约都不是直接适用，而是通过当地法律予
以实施。香港已有的各种法规已保障了公约所确认的各项权利，自
1976 年批准公约适用香港以来，港英从未就人权公约的规定专门立
法。也就是说，香港当时并没有人权法，而是通过当地的法律来践
约。当时，英方充满了自信并向中方做出保证：香港的法律完全符
合两个人权公约的规定，对人权有充分的保障。1978 年，英国在向
联合国人权委员会提交的报告中对此即做了说明：

　　　　英国的法律制度是在符合公约规定下运行的，它通过现
　　行的法律来实现公约规定的义务，……人人都可以从法律
　　中找到保障权利的规定，没有必要把公约变成英国法律的一

---

[1]　参见王凤超主编，《"一国两制"的理论与实践》，第 208 页。

部分。[1]

中方接纳了英方的上述介绍和申明，在中英联合声明附件一《中华人民共和国政府对香港的基本方针政策的具体说明》中载明："《公民权利和政治权利国际公约》和《经济、社会与文化权利的国际公约》适用于香港的规定将继续有效。"《香港基本法》第39条也做了同样的规定，并根据香港适用两个人权公约的历史和现实状况，比中英联合声明附件一在行文上又加了进一步明确实施方式的措辞："通过香港特别行政区的法律予以实施。"这就在中国当时没有参加两个人权公约的情况下，依循惯例妥善解决了人权公约在香港特区的适用问题。

英国自1968年9月16日签署，并于1976年5月20日批准两个人权公约以来，一直到90年代，并未制定专门的人权法。在香港进入过渡时期的前半段，英方也未就中英联合声明两个人权公约在香港的适用问题表示过异议，也未提出过与两个人权公约相冲突的任何一个香港原有法例。

1990年3月16日，港英政府突然自食其言，公布了《1990年香港人权宣言条例草案》，声称将两个人权公约之一的《公民权利和政治权利国际公约》"收纳入"香港法律。港英当局还在人权宣言内加入一条释义条款，要求法官尽可能按照人权宣言的原则解释现行和将来的法例。条例草案公布后，将有两个月的咨询期，预计于7月提交立法局审议，在获得通过后，将有两年的"冻结期"，借以修改现行所有与法案有所抵触的条例。[2]

1991年6月5日，英方不顾中方的多次交涉和反对，一意孤

---

[1] 转引自新华社评论员，《捍卫中英联合声明的必要措施》（1997年1月29日播发）。

[2] 参见袁求实编著，《香港回归大事记（1979—1997）》，第88—90页。

行，将草案定名为《香港人权法案条例》，在立法局三读通过，6月8日起生效。7日，港府宪报公布，《英皇制诰》将增加一项条款，"规定《公民权利和政治权利国际公约》内适用于香港的规定须通过香港法律实施"；同时在这项修订生效后，"香港新制定的法律均不可违反《公民权利和政治权利国际公约》内适用于香港的规定，剥夺在香港可享有的权利和自由"[1]。6日，我国外交部发言人对此表示：英方不顾中国政府多次申明的原则立场，执意要在香港制定一个将对香港特别行政区《基本法》的贯彻执行产生不利影响的"人权法案"，对此，中方表示遗憾。中方保留在1997年后适当时候按《基本法》的有关规定，对香港的现行法律包括"人权法案"进行审查的权利。中方重申，保障香港居民的权利和自由是中国对香港基本方针政策的重要组成部分，这一内容已写进《中英联合声明》，并庄严地载入香港特区《基本法》，相信通过《基本法》的实施，香港居民的权利和自由一定会得到充分而有效的保障。[2]

《香港人权法案条例》（以下简称《人权法案》）存在的最大问题是被英方赋予了凌驾于香港原有法律之上的地位。《人权法案》第3条规定，所有先前法例凡与《人权法案》抵触的，予以废除；第4条规定，以后制定的所有法例都必须符合《人权法案》的规定。赋予《人权法案》这种凌驾地位，是不符合《中英联合声明》和抵触《香港基本法》的。

《中英联合声明》附件一第2条载明："香港特别行政区成立后，香港原有法律（即普通法及衡平法、条例、附属立法、习惯法）除与《基本法》相抵触或香港特别行政区的立法机关做出修改者外，予以保留。"《基本法》第8条也做了同样的规定。《基本法》第11

---

〔1〕 参见袁求实编著，《香港回归大事记（1979—1997）》，第103页。

〔2〕 同上。

条第二款规定："香港特别行政区立法机关制定的任何法律，均不得同本法相抵触。"1990 年 4 月 4 日，全国人大关于《中华人民共和国香港特别行政区基本法》的决定中指出："香港特别行政区设立后实行的制度、政策和法律，以香港特别行政区《基本法》为依据。"这些规定清楚地表明，只有《香港基本法》才具有凌驾香港原有法律之上的地位，无论是先前已存在的原有法律还是以后特区立法机构制定的法律，其唯一的对照标准只能是《香港基本法》。

英方采取偷梁换柱的手法，把人权公约的各项规定稍微改头换面，以单一成文法形式纳入《条例》，再赋予《人权法案》以凌驾地位，这等于在《基本法》与香港现行法律之间放置了一块"绝缘体"，将《基本法》架空，并在 1997 年前覆盖香港所有法律，以《人权法案》为准，审查并大幅修改香港的现行法律，这就直接违背了中英联合声明关于"法律基本不变"的原则。在此仅举港英对《社团条例》和《公安条例》的修改为例。1992 年 7 月 17 日，立法局通过了《社团条例》的修订案，对香港现行社团管理制度做出三项重大改变。一是将社团注册登记制度改为通知制度。原规定香港所有社团在其成立后的 14 天内必须向兼任社团注册官的警务处长申请登记或豁免登记，否则为非法团体；而港府向立法局提交的修订草案规定香港所有社团只要在其成立后的一个月内通知社团事务主任（仍由警务处长兼任）即可。但如不通知，社团成员则可能被处以罚款或监禁，而有关社团却不必然成为非法社团。二是取消有关限制香港本地社团同海外政治性团体发生联系和在学校成立政治性社团的规定。原《社团条例》规定，对两类社团，经社团登记官征询布政司意见后有权不予注册登记：一类为该社团是在香港以外成立的政治性团体或组织的分会，或与这类团体或组织有联系；另一类为该社团曾经或还在企图以任何方式影响学校的管理，或影响教师或学生，而这种影响是带有政治性的，或妨碍了学校的良好秩序。修订案废除了上述规定，只保留了当社团事务主任认为某社团的活动将损害香港的治安或公共安全或公共秩序时，他可以通知保安司令颁发禁令的规定。三是削弱政府部门管理社团的权力。如废除总督解散社团的权利；废除社团登记官传召任何人士做证的权利；限制社团事务主任和警察的搜查权；等等。仅以对《社团条例》的修订就可以看出，港英在撤离之前，以推行《人权法案》为名，放宽对社团的管理，为各种政治势力在港活动提供空间，违反了《基本法》有关"禁止外国的政治性组织或团体在香港特别行政区进行政治活动，禁止香港特别行政区的政治性组织或团体与外国的政治性组织或团体建立联系"的规定。依据《条例》，港英 1995 年 7 月 27 日以来对《公安条例》的修改，主要是在集会游行方面，将集会游行须申请并获批准的制度改为通知制度；限制总督及警方管制游行的权力。原《公安条例》赋予政府部门管理集会和游行的权力，有利于保障社会秩序和市民的安居乐业，保障交通顺畅，对可能发生的过激行为，警方有所防范，避免造成不好的影响，有什么不可以呢？

对英方打出的这种"人权牌"，1996 年全国人大设立的香港特区筹委会法律小组提出了如下的处理办法：将不符合《中英联合声明》、抵触《香港基本法》的《条例》中的凌驾条款不采用为香港特区的法律；《条例》中照搬人权公约的条文，因《中英联合声明》和《香港基本法》均规定该公约适用于香港的有关规定继续有效，可采用为香港特区法律，而不是废除整个《条例》。对于依据《条例》的凌驾地位所修改的原有法律，法律小组建议只对修改过的《社团条例》和《公安条例》宣布不采用为香港特区法律，余等已修改的法律交由香港特区自行处理。法律小组的建议，既捍卫了《中英联合声明》关于"法律基本不变"的原则，又体现了对特区高度自治的尊重，是合理、合法、合情的。

香港回归祖国前夕，全国人大常委会采纳了筹委会法律小组的上述建议。1997年2月23日，第八届全国人大常委会第24次会议通过了人大常委会根据《基本法》第160条处理香港原有法律的《决定》。《基本法》第160条第一款规定："香港特别行政区成立时，香港原有法律除由全国人民代表大会常务委员会宣布为同本法抵触者外，采用为香港特别行政区法律，如以后发现有的法律与本法抵触，可依照本法规定的程序修改或停止生效。"

据此，《决定》在附件二载明：

> 香港原有法律中下列条例及附属立法的部分条款抵触《基本法》，不采用为香港特别行政区法律：
>
> 7.《香港人权法案条例》（香港法例第383章）第2条第（3）款有关该条例的解释及应用目的规定，第3条有关"对先前法例的影响"和第4条有关"日后的法例的释义"的规定；
>
> 9. 1992年7月17日以来对《社团条例》（香港法例第151章）的重大修改；
>
> 10. 1995年7月27日以来对《公安条例》（香港法例第245章）的重大修改。

上述全国人大常委会的《决定》和对附件二所列7、9、10三项"条例"的处理，打掉了所谓人权法案凌驾于香港现行法律之上的地位，使港英当局以此改变现行法律、架空《基本法》的目的成为泡影。

5. "新机场建设"

1989年10月11日，港督卫奕信在立法局所做的施政报告中，公布了一项庞大的跨越1997年的世纪工程，即在香港兴建港口和新机

启德机场旧貌

场，别称"玫瑰园计划"。其要点是：港英政府决定在赤鱲角兴建新的香港国际机场。新机场有两条跑道，全日 24 小时运行，每年接待的旅客数量达 8000 万人次，是现有启德机场最高接待旅客量的 3 倍以上。为了确保旅客从四面八方快捷抵达机场，还计划兴建一套高速铁路系统和一条 6 线行车的公路等配套设施。在东涌兴建能容纳至少 15 万人的新市镇。这是一个集客运、货运、道路和铁路交通、住宅、商场及办公室建筑于一身的新机场核心计划。以公布此计划的 1989 年价格计算，预计到 2006 年，全部工程费用达 1270 亿港元（以下除另有标明外，均为港元）。[1]

　　香港原有唯一机场是由香港华人大律师、早期立法局华人议员何启和华商区德修建的，故名启德机场，它原计划为大型住宅区，后被改为建机场。启德机场曾经为世界第 4 大客运和第 5 大货运机场。到 20 世纪 80 年代，启德机场的载客量已趋饱和，而且地处九

---

〔1〕　资料来源：区志坚、彭淑敏、蔡思行著：《改变香港历史的 60 篇文献》，第 338—342 页。

龙湾，周围高楼林立，是城市中的大型国际机场，也是世界有名的危险机场。启德机场所处的地理位置，决定了它绝无任何扩展的可能性，只有另觅新址建新机场，才是唯一的出路。

为了保持香港国际航运中心之一的地位和香港的长期繁荣，中方在20世纪80年代初，还是尤德（Edward Youde）任港督时，就建议港英政府及早考虑新机场的建设问题，但当时港英的态度并不积极，直到《中英联合声明》签署3年以后，1987年7月才开始进行港口和机场发展策略的研究。1989年英国改变对华政策后，港英以维系港人信心为由，未同中方磋商，港督卫奕信于1989年10月11日在立法局突然宣布在大屿山的赤鱲角兴建新机场和港口，把这一计划作为一张牌打了出来。

这是一张立体牌。从经济上看，港英在撤离香港前要把历年的积蓄花光用尽，而且有可能给特区政府留下巨额的财政负担。从政治上看，港英利用其管治权，单方面决定跨越1997年的事项，以造成既成事实，由特区政府别无选择地承担其后果。在赤鱲角兴建的这个现代化的大型机场，可以把英国的影响留下来，也符合英国"光荣撤退"的整体部署。

使操盘者没有预料到的是，该计划公布后，英方却陷入了孤掌难鸣、无人喝彩的境地。在这个计划的公布方式上，英方犯了一个常识性错误，被中方逮个正着。世人皆知，根据《中英联合声明》，英国对香港的行政管理到1997年6月30日止，港英的法人地位也在此日终结，他们有何权力自行决定批出跨越1997年的这一大型基建项目呢？按常理，此事应由香港特区政府做出许可和承担，1997年前由港英政府签署的文书、合同和有关协议在1997年后才能继续有效，但特区政府当时并不存在，代表其利益的只能是中华人民共和国的中央政府。没有中方的认可，"新机场计划"根本行不通。

国际上的投资者、银行家、香港各界人士自然地关注、重视中方对此的反应。于是，上述人士和团体，络绎于途，前来国务院港澳办探个究竟。[1]鲁平副主任明确地告诉来访的客人：港英提出的新机场建设计划事先没有告诉我们，我们是从香港报纸的报道中知道这个信息的。姬鹏飞主任针对香港人建议中方应支持新机场建设计划时说："我们什么情况都不知道，怎么支持？我们总不能闭着眼睛支持吧？"

中方对"新机场计划"及其引起的反应，在内部作了分析研究。国港办前主任鲁平在口述回忆录中作了记载：

> 研究分析以后，我们说我们不采取主动，稳坐钓鱼台。为什么呢？因为你这个工程是跨越 1997 年的，你这么大的工程，肯定要向银行借贷款的，大部分贷款要在 1997 年以后才偿还。那么，1997 年以后谁来还这个钱？如果没有我们的承诺，银行不会贷款的，银行肯定不会借你钱。所以说我们不担心，现在他不理我们，到时候一定来找我们。后来果然这些外国银行，汇丰啊，花旗银行，都来找我们，要求我们承诺将来特区政府一定能够偿还这笔债务。因为那个时候特区政府还没有成立，当然要我们中央政府替特区政府来承诺，我们说我们不能承诺，我们根本不了解这件事情，英国人根本没有跟我们商量，我们怎么能够承诺？所以他一个钱都借不到。[2]

果然不出鲁平主任所料，在香港内外投资者裹足不前、机场融资遇到意想不到困难的情况下，英方才回过头来要求中方表态支持

---

[1] 一般香港大型团体由时为国务院港澳办主任姬鹏飞会见，余多为鲁平副主任会见。笔者陪于末席并做记录。

[2] 鲁平口述、钱亦蕉整理，《鲁平口述香港回归》，香港：三联书店（香港）有限公司，2009 年版，第 75—76 页。

新机场建设，这才有了香港大型基建专家的会谈。

1990 年 10 月 10 日，由时为国家计划委员会顾问的勇龙桂率中国专家一行 8 人抵港，应邀与以港英经济司陈方安生为首的专家小组举行会议，磋商新机场建设计划。就在中国专家成行的前 5 天，即 10 月 5 日，港英政府突然宣布将自资兴建青马大桥。青马大桥是连接市区和大屿山的大桥。英方此时为什么采取这样一个动作呢？这是因为港人当时对新机场的选址有不同意见，争执不下。在中方专家抵港前，港英要一锤定音，表明新机场建在赤鱲角这一决定是不能更改的。后来专家组会谈的实际状况显示，英方把专家会谈只是当作港英兴建新机场的知会场所。从 1990 年 10 月至 1991 年 2 月，专家小组分别在香港和北京举行了三轮会谈，毫无进展。英方一方面寻求中方对新机场建设的支持，并且建议由双方专家进行论证，同时匆忙决定将有关项目拍板上马，单方面宣布启动兴建青马大桥和 12 项工程项目的招标，使会谈陷入僵局。

1991 年 4 月 3 日至 8 日，英国外交大臣赫德应钱其琛外长邀请访华，其间两国外长重点谈了新机场建设问题。

针对中英专家小组会谈陷入僵局所反映出的问题，钱外长强调，保持香港的繁荣稳定，是中英双方共同的利益所在，中国无意干涉在过渡期内香港的日常行政管理事务，因而不存在所谓的"共管""控制"和"否决权"的问题。关于新机场建设，钱外长说："我们已对此阐明了中方的立场，我们希望既把香港机场建起来，又对香港 600 万居民和香港未来的稳定和繁荣负责。"[1] 赫德在离京前（6 日）的记者会上说，双方都表示要遵守联合声明，虽然在这方面没有取得"完全的一致"和"突破"，但"消除了一些相当严重的误解"，"缩小了分歧"，"取得了进展"。他表示，虽然在 1997 年之前

---

[1] 袁求实编著，《香港回归大事记（1979—1997）》，第 102 页。

英方要保持对香港事务"全面有效的控制"，但将有关跨越 1997 年的重大问题向中国提供充分的信息，欢迎并会考虑中国的看法。[1]作为赫德这次访华所取得的一个成果，双方同意把关于新机场建设的谈判升格为两国政府工作小组层面的谈判。英方决定由随赫德访华的英国外交部负责亚洲事务的助理国务次官伯恩斯牵头组成政府工作小组，留在北京与中方重开谈判。英方工作小组成员还包括英国驻华使馆政务参赞、港督政治顾问、港府财政司等。中国政府工作小组由国务院港澳办负责联系香港经济事务的一司副司长陈佐洱任组长。[2]

1991 年 4 月 7 日至 13 日、5 月 18 日至 22 日，中英双方工作小组在钓鱼台国宾馆举行了两轮会谈，其中第二轮最后一天的会谈从 16 时一直谈判到 24 时，谈了整整 8 个小时，除了进一步增进对所谈问题的了解外，没有什么突破性进展。

中英双方关于新机场建设在工作层面谈判所处的胶着状态，也使得英方骑虎难下。英国首相梅杰（港译"马卓安"）直接过问此事，派出自己的外事顾问、前驻华大使"中国通"柯利达，完全避开传媒的视线，秘密前来北京寻求解决问题之道。从 1991 年 6 月 27 日开始，英国特使柯利达与中国国务院港澳办主任鲁平在钓鱼台国宾馆闭门谈了 4 天。两位"高手"过招，终于就新机场问题基本达成了共识。

这次问题的基本解决，主要是基于两个原因：一是英方亲身体验到新机场计划对外宣布后，没有中方的支持合作确实难以实施，只好同意就香港过渡时期内跨越 1997 年的重大事项听取中方的意

〔1〕　袁求实编著，《香港回归大事记（1979—1997）》，第 102 页。
〔2〕　笔者时为国港办二司副司长，也参加了中英双方工作小组的会谈。从第二轮谈判开始，陈佐洱先生和笔者均升为司长。

见。二是经过中方多次讨价还价，在财政储备上，英方起初预算为50亿，最后同意留给香港特区250亿港元。

根据《中英联合声明》附件三《关于土地契约》的规定，自《中英联合声明》生效之日起，在香港成立中英土地委员会，监察港英每年卖地的数量并依规定加以限制。卖地的收入，在扣除开发成本后，均等平分，分别归港英政府和日后的特区政府所有。港英所得，只能用于土地开发和公共工程。特区政府所得的部分要存入在香港注册的银行。由于香港银行利率较低，只存入银行很难保值，由中国政府成立为未来特区政府理财的土地基金代为保管，1997年7月1日以后全部移交给特区政府。值得一提的是，中英土地委员会中方代表、土地基金受托人和工作人员的所有开支，全部由中央政府负担，没有动用属于特区政府的土地收入一分钱。根据当时土地基金的运作情况及前景看好，中方估计到1997年时可以累计到700亿至800亿港元，[1] 再加上港英的250亿，特区政府成立时能有一千多亿的财政储备，可以勉强过日子了。中方研究后认为，为了尽快解决新机场建设问题，遂接受了这项财政储备安排。

万事俱备，只待草签。这当口，却发生了惊险而精彩的一幕，请看当事者鲁平主任的生动忆述：

> 最后我们要草签了，但有一条规定：这个《新机场谅解备忘录》，要两国政府的首脑在北京正式签署以后才生效。谈到这一条他（柯利达）不干了，说不行，我们首相不能到北京来。我说你来的时候曾经透露过将来可以考虑马卓安到北京来，你怎么现在出尔反尔。他就"啪"一拍桌子跳起来，说："我没有

---

[1] 实际上，香港特区政府土地基金的运作实现了安全、保值和增值，并超过了预期的目标，到1996年3月底，土地基金净资产总额已达1112亿港元。

说过。"我也跳起来了，我说："柯利达先生，我要不要把记录拿出来给你看？你还想不想谈？如果你不想谈的话，现在就请你回去。"那个时候我是估计到他不会走的。他绝不会功亏一篑、空手而归的，因为现在首相亲自插手了。他为什么会跳起来说不同意呢？因为 1989 年以后西方对我们封锁，这些国家的首脑一个都不来。所以我要马卓安来，打破这个僵局，备忘录不仅要解决香港机场问题，还要解决西方对我国封锁的问题。他看我态度这么坚决，马上软下来了。"鲁平先生，对不起，我刚才态度不好。请您坐下来，我们坐下来再好好谈。"他说能不能采取另外一个办法，我们两国政府的首脑到欧洲哪个第三国去签。我说这像什么话，什么叫第三国？这个事情跟第三国没有关系。这是我们两个国家的事，跑到第三国去不伦不类，怎么跟外界解释这个问题。最后，他说这个我定不了，我要请示首相，但首相现在不在伦敦。我说不在伦敦，你找他呗，你是他顾问，你知道他在哪里。"你打电话，"我说。他出去了一会儿，不知道真打还是没打，结果灰溜溜地回来了，他说首相同意了。

草签完已经是半夜，开香槟酒相互祝贺，柯利达向我敬酒："你是中国利益最好的捍卫者。"我也说："柯利达阁下，你也是英国利益最好的捍卫者。"[1]

就这样，1991 年 6 月 30 日，国务院港澳办主任同英国首相特使经过秘密会谈，终于在《中英联合声明》的基础上，本着互谅互让的精神，在北京草签了《中英两国政府关于香港新机场建设及有关问题的谅解备忘录》（以下简称《备忘录》）。同年 9 月 3 日，李鹏总

---

[1]　鲁平口述、钱亦蕉整理，《鲁平口述香港回归》，第 77—78 页。

理和梅杰首相在北京人民大会堂正式签署了《备忘录》。香港和国际舆论对此给予了高度评价。

有人可能会产生这样的疑问：在英方改变对华政策的情况下，英方作为一张牌打出的"新机场建设"，为何最终能达成谅解并予以解决呢？

可能正因为这张牌综合性太强，涉及经济、政治、金融和香港过渡时期事务以及未来特区政府所要承担的责任和义务，多种矛盾纠结在一起，各种因素相互制约，反而有可能找到一条出路。

同英方这个时候打出的其他牌不同，中英双方的决策层都认同香港迫切需要另建一个新机场。这是能解决新机场建设问题的大前提。

英国撤离香港前所余历年财政结余，是香港纳税人的血汗钱，从理论上讲，"九七"后不能随英国人的撤离而带往英国，当然，英国也不可能将之全部留在香港，一定会尽可能消耗掉。在赤鱲角建新机场，是用尽财储的最好出路。众所周知，搞大型建筑，容易把一个人的名字长期保存下来。在港英看来，庞大的、现代化的赤鱲角机场具有象征性意义，可以使其影响得以长久地保留。

从中方的角度讲，如果不把这笔财储用在香港急需的机场建设项目上，港英也可能用这笔钱大派福利，以另一种形式实现"光荣撤退"的战略部署，这将给未来的特区政府形成难题。还有一种情况是，如果不让新机场快点建起来，可能又会出现人们最不想看到的景象：钱用得差不多了，机场未按期完工，成了半拉子工程，如同鸡肋，食之无味，弃之可惜，造成巨大浪费，亦不可取。

当新机场建设问题摆在中英面前时，双方的关注点是不同的：中方关注的是建新机场不能不讲成本效益，将财政积累花光用尽，并使未来特区背上沉重的财政负担，影响香港的长期繁荣稳定；英方关注的是中方能否借此机会参与此事，在"九七"前干预英国的行政管理，冲击港英的管治权，使港英政府成为"跛脚鸭"政府。明了了彼此的关注点，只要在两者之间找到平衡，顾及彼此的关注，合法、合理、合情地予以处置，新机场建设问题是可以得到解决的。

《备忘录》的成功之处，就是紧紧围绕新机场建设，列出技术上务实的规定，来满足中英双方的关注。

关于中方的关注点，《备忘录》载明："机场项目应符合成本效益，而且在 1997 年 6 月 30 日以后不应在财政上给中华人民共和国香港特别行政区造成负担。"[1] 由于新机场建设是一个跨越"九七"的项目，必然涉及未来特区政府所要承担的责任和义务，英方不能单方面做出决定。《备忘录》为此做出规定："关于跨越 1997 年 6 月 30 日的与机场项目有关的重要事宜，中英两国政府将本着合作的精神并根据《中英联合声明》进行磋商。"并规定了磋商机构（成立一个由中英联合联络小组领导的机场委员会，中英双方成员人数相等）、途径、具体项目和目标。关于财务安排及其运作问题，《备忘录》规定："港英政府在安排财政计划时，将以于 1997 年 6 月 30 日留给香港特别行政区政府使用的财政储备不少于 250 亿港元为坚定目标。""如果在 1997 年 6 月 30 日以后偿还的债务总额不超过 50 亿港元，港英政府将根据需要自行举债，并通报中国政府。超出 50 亿港元总额的举债，须由双方对该举债建议取得一致意见后方可进行。"

关于英方的关注点，《备忘录》亦载明："港英政府将在 1997 年 6 月 30 日以前对包括在本谅解备忘录中的项目建设负责。"这严格体现了中英联合声明的有关规定，即"自本联合声明生效之日起至 1997 年 6 月 30 日止的过渡时期内，联合王国政府负责香港的行政管

---

[1] 以下所引《备忘录》，载袁求实《香港过渡时期重要文件汇编》，香港：三联书店（香港）有限公司 1997 年版，第 189—191 页，不再注明。

理，以维护和保持香港的经济繁荣和社会稳定；对此，中华人民共和国政府将给予合作。"对英方关注的中方对新机场建设的态度和未来香港特区政府对此的承担，《备忘录》的规定是："中国政府对新机场及其有关项目的建设将予以支持。中方将按照本谅解备忘录所载明的原则，向感兴趣的潜在投资者表明，港英政府所承担或担保的与机场项目有关的义务将从 1997 年 7 月 1 日起继续有效，并将得到香港特别行政区政府的承认和保护。"

此外，从中英磋商解决香港新机场建设的实例出发，举一反三，对中英双方临近 1997 年 6 月 30 日就香港问题加强磋商和合作机制也纳入了《备忘录》："作为加强磋商的一部分，中国外交部长和英国外交大臣将每年会晤两次来讨论共同关心的问题，中国国务院港澳办公室主任和香港总督也将进行定期会晤。"

总之，在当时条件下，《备忘录》是实现中英双方将香港新机场建起来的共同目标的务实文件，文件最终经中英两国政府首脑正式签署生效，也是现实主义的胜利，是中方以香港福祉为长远目标，以斗争求合作的一个范例。

1991 年 9 月 3 日，《备忘录》签字生效，港英政府按照已经达成的谅解，可以展开新机场建设了。可是，好事多磨，一波数折。在中方的多次催询下，港英政府才于 1992 年 3 月底提出了一个大大超出《备忘录》规定的财务安排方案，使将来特区负担的债务大幅度增加。仅半年时间，新机场成本预算就从签署《备忘录》时的 986 亿提高到 1122.2 亿（以 1991 年 3 月不变价格计，且不包括通胀因素及 25 亿元应急款项，竣工时价格为 1753 亿），升幅 13.8%，其中的机场铁路成本由 125 亿升至 221.6 亿，升幅高达 77%。特别令人关注的是这个财务方案还提出了"或有负债"的概念，即当出现机场管理局和地铁工程延误、成本上升、收入低于预测、通胀高企等不利情况，港英政府需向这两个机构追加注资 225 亿港元。"或有负

债"有可能在 1997 年前后出现，当出现时就成了实际债务，只能由
特区政府承担。此外，方案还存在港英变相担保的有关机构大量举
债、加大未来特区政府承担所有风险责任的问题。

这个财务安排公布后，在香港引起了普遍的质疑和批评，更使
不少投资者望而却步。在《备忘录》签署生效之后，中英双方关于
新机场建设的分歧点又聚焦在财务安排上。为了走出困局，尽快使
机场建设开工，中英双方又再开以新机场建设财务安排为中心议题
的高层会谈。

1992 年 7 月 3 日至 6 日，国务院港澳办副主任陈滋英同英国首
相特使、英国外交部副次官科尔斯（John Coles）在北京钓鱼台国宾
馆 3 号楼举行了三轮会谈。中方与会人员还有：中英联合联络小组
中方首席代表郭丰民、国务院港澳办一司司长陈佐洱、二司司长王
凤超，外交部港澳办主任赵稷华，中英联合联络小组机场委员会中
方委员胡厚诚；英方与会人员还有：英国驻华大使麦若彬、中英联
合联络小组英方首席代表高德年、香港政府库务司杨启彦、英国外交
部香港司副司长郭乃杰、香港政府副宪制事务司黎庆宁、英国驻华大
使馆参赞寇大伟等。

中英双方围绕机场建设财务安排中的成本上升、"或有负债"和
占用未来特区政府正常收入这三个问题，进行了认真的讨论，各自
阐述了自己的观点，没有取得实质性进展。双方同意在机场委员会
正式商谈。

从 1992 年 4 月至 1994 年 2 月，英方曾先后提出过四个新机场
财务安排方案。在最后一个方案中，英方做出较大调整，港英政府
对新机场和机场建设道路的注资不少于 603 亿港元，两项工程完成
时的债务，不超过 230 亿港元，且由机场管理局和地铁公司承担。
机场整体成本由 1992 年估算的 1122 亿港元调整到 1080 亿港元。中
英双方终于就此达成了共识，于 1994 年 11 月 4 日，由中英联合联

络小组中英双方首席代表赵稷华和戴维斯签署了会议纪要。

1995 年 6 月 30 日，中英联合联络小组关于新机场两个财务支持协议的联合公报公布，为中英双方争论了长达近六年之久的新机场问题画上了句号。联合公报指出，中英联合联络小组机场委员会根据《备忘录》的规定及关于赤鱲角新机场和机场铁路总体财务安排会议纪要的决定，对港英政府拟与机场管理局及地铁公司签订的具体协议进行了讨论，并达成共识。双方同意港英政府现可根据中英机场委员会达成的共识，分别与机场管理局、地下铁路公司订立财务支持协议。英方重申，根据机场核心工程的进度，港英政府直接斥资兴建的七个工程项目和西区海底隧道工程将于 1997 年 6 月 30 日前完成，而赤鱲角新机场和机场铁路在 1997 年 6 月 30 日前将最大程度地完成。中方重申，对新机场及其有关项目的建设予以支持，并再次确认，港英政府所承担或担保的与机场项目有关的义务，将从 1997 年 7 月 1 日起继续有效，并将得到香港特别行政区政府的承认和保护。双方表示有决心和信心，使新机场和机场铁路的建设全速进行，尽快全部完成。

1997 年 2 月 21 日，香港新机场第一条跑道落成。

6. "政改方案"

这是英方撤离香港前打出的最后一张牌，也是香港最后一任总督（第 28 任）彭定康（Christopher Francis Paten）上任后的最大动作。

彭定康（1944— ）曾就读于牛津大学贝利奥尔学院历史系，大学毕业后到美国学习，1966 年加入保守党研究部，1972 年成为当时保守党主席卡灵顿（Peter Carington）的私人助理及政治秘书。1979 年 5 月当选巴斯选区的下议院议员。1989 年晋身内阁，出任环境大臣。1990 年出任保守党主席。在他的谋划下，保守党赢得了

1992 年大选，而他自己却在巴斯选区落选。同年 4 月 24 日，英国首相宣布委任保守党前主席彭定康为香港总督，7 月 9 日抵港赴任。3个月后，即 10 月 7 日，彭定康在立法局发表题为《香港的未来：五年大计展新猷》的首份施政报告。报告以发展香港民主为名，公布了对香港现行政制做出重大改变的一套政制改革方案，简称"政改方案"或"宪制方案"。

政改方案的主要内容包括两个方面：一是关于香港的政制发展；二是对港英管治下 1994—1995 年最后一届三级政制架构（区议会、两个市政局、立法局）的选举提出了一套具体安排。

方案公布之前，9 月 26 日，英国驻华大使麦若彬送来一份彭定康致鲁平主任的书面口信，通报了施政报告中有关香港政制的主要内容。10 月 3 日，鲁平主任也以书面形式回复彭定康，对政改方案有关香港政制的主要内容表达了中方的原则立场和意见，明确表示未经中英双方磋商前，英方在政改方案中单方面宣布 1994—1995 年的选举建议是十分不合适的。但是，彭定康一意孤行，容不得商量，还是照本宣科，原样公布了施政报告。

关于政制方面，政改方案建议：行政局和立法局彻底分家，两局议员不重叠；强化立法局的功能，使之发展成为一个"有效地代表市民""制衡政府的独立组织"；立法局主席由议员互选产生，港督不再兼任立法局主席，而以行政机关首长身份向立法局负责；在立法局会期内，港督每个月至少一次与立法局议员会面，答复议员的问题及讨论政府的政策及建议，并就港督出访或其他重要发展向立法局汇报；为建立立法局与政府之间的有效工作关系，建议成立政府及立法局事务委员会。

关于 1994—1995 年的选举安排，报告提出以下几点：①投票年龄由 21 岁降低至 18 岁；②分区直选采用"单议席单票制"；③把现有功能组别的法团投票改为个人投票，新增 9 个功能组别以行业划分，界定范围包括全港的工作人口——上述措施将使 30 个功能组别的选民范围扩大至全港 270 万工作人口中所有符合资格的选民；④加强地方行政，扩大区议会的职能，使区议会在处理影响区内居民的问题上负起更大的责任。1994 年起，除了新界的区议会的当然议员外，所有区议员由直接选举产生，取消区议会和两个市政局的委任议员制；⑤1995 年立法局选举的选举委员会由直选区议员组成；⑥成立独立及直接向港督负责的选区分界及选举事务委员会。[1]

施政报告发表后，英国首相梅杰当天发表声明表示全力支持彭定康的施政取向。英国外交大臣赫德赞扬彭定康"透过有技巧性的途径加快和伸延香港的民主步伐"。[2]

彭定康发表施政报告的第二天，国务院港澳办发言人发表谈话指出：在香港发展民主是中方的一贯主张；民主的发展应循序渐进；目前香港的政制不应大变，而且必须与《基本法》衔接，这是保证香港顺利过渡的基本前提；否则，将引起混乱。然而，彭定康在施政报告中提出的一系列决定，对当时的政治体制做了重大的变动。关于 1995 年立法局选举的所谓"建议"，事先既没有同中方磋商，更无视香港社会的各种不同意见，因而更无法谈起同由特区筹委会所要决定的第一届立法会产生办法相衔接。至于改变区议会职能和取消区议会、两个市政局的委任制度也是不合时宜的。现在英方无视中方的合理要求，未经与中方磋商，即单方面公布其所谓"建议"，是蓄意挑起一场公开争论。显然，这样做同联合声明有关中英两国政府要在后过渡期加强合作、共同审议为平稳过渡所要采取的措施的规定是相违的，其后果只能是给香港的平稳过渡和政权的顺利交接造成障碍。中方不能不严肃地指出，假如香港在后过渡期发

---

[1] 袁求实编著，《香港回归大事记（1979—1997）》，第 119—120 页。

[2] 同上书，第 120 页。

生的任何改变不能同《基本法》衔接，其责任完全不在中方。届时，香港特别行政区及其有关机构将按《基本法》和全国人大的有关决定加以设立。同一天，外交部发言人也发表了内容相同的评论。[1]

简言之，彭定康的政改方案是一个违反中英联合声明精神、违反与《香港基本法》衔接的原则、违反中英在香港政制发展问题上已达成的协议和谅解的"三违反"的政改方案。

按常理来说，有了1984年中英签署的联合声明，1990年初中英两国外长为香港政制发展衔接问题进行磋商交换的七封外交函件和1990年4月《香港基本法》的正式颁布，香港最后一任总督应在上述的大框架下，与中方密切合作，细化落实各项规定和中英业已达成的共识，为香港的平稳过渡和政权的顺利交接铺平道路。这完全符合香港的利益，也符合中英双方的共同利益。可是彭定康却反其道而行之，抛开已有的规定、协议、共识和承诺，另搞一套。当然，这也不完全是彭定康的个人行为，更是当时的英国保守党政府改变对华政策的直接反映。

外交部和国务院港澳办发言人已对政改方案的要害是"三违反"做出了评论，这里再不厌其详地作些具体说明。

中英联合声明及其附件一规定：香港的现行社会、经济制度不变；生活方式不变；现行的法律基本不变；香港特别行政区成立后不实行社会主义的制度和政策，保持香港原有的资本主义制度和生活方式，50年不变。正是在这些规定颁布之后，1985年7月，中方正式启动草拟《香港基本法》的工作，而《基本法》总体上是把"一国两制"的各项方针政策以法律的语言做出规范，并以香港原有的资本主义制度和港英有成效的管治做法作为重要的参照。

以立法局功能组别（亦称功能界别）选举为例。这种选举制

---

[1] 袁求实编著，《香港回归大事记（1979—1997）》，第120—122页。

度是港英政府根据香港的具体情况从议员的委任制演变而来的，自
1985 年实行以来已为香港各界所接受，从未引起歧义。从功能组
别演进的情况看，这种选举有三种投票方式：有些界别只有团体票
（如金融界），有些界别只有个人票（指专业资格界别，如法律界），
有些界别既有团体票也有个人票（如资讯科技界）。中方认为这种选
举方式适合香港的实际情况，有利于均衡参与，中方在听取了香港
社会意见后，在《香港基本法》中对这种选举方式予以保留，以其
主要特征为据，称之为"功能团体选举"，并在全国人大 1990 年 4
月通过的《决定》和《基本法》中规定了香港特区第一、二、三届
立法会中由功能团体选举的议员各为 30 人。这部分立法机构的议员
是由各法定的功能团体选举产生的。1984 年 11 月，港英政府在《代
议政制在香港的进一步发展》白皮书中也对此做出了说明："鉴于本
港财经界及专业人士对维系香港前途的信心和繁荣，关系重大，故
绿皮书[1] 强调这些人士应有充分的代表权。"白皮书的这个说明意味
着设立功能组别选举的作用和目的，是吸收在经济和专业方面的代
表进入立法局。白皮书还提出了选举功能组别议员的准则：第一条
是"与经济和社会有关的选民组别，将会以全港性而为各界承认的
主要组织、社团和机构为基础。""如这些组织的成员以法团为单位，
则这些法团可提名代表为投票人。"第二条是"由专业人士组成的选
民组别，则以某种职业的从业员资格为依据；这些职业应具有悠久
而当局承认的专业地位。"上述规定表明，功能组别选举的选民不
仅要具有一般选民资格，而且必须是与规定组别有密切关系的法团
或专业人士，显然，这种选举是一种间接选举。2011 年香港出版的
《改变香港历史的 60 篇文献》一书中，在对 1984 年的白皮书进行解
读时，也明确认为，"根据白皮书对立法局选举的改革建议，1985

---

[1] 港英政府于 1984 年 7 月 18 日发表。

年的立法局选举，是首次通过间接选举的方式选出立法局非官守议员"。[1] 到 1991 年才用直接选举的方式选出部分立法局议员。由此可以看出，功能组别的选举是间选，该书作者对间选和分区直选作了清楚的划分，反映了香港社会的普遍理解。就连英国政府当时也认为功能组别选举是间接选举。《英国政府提交国会 1985 至 1986 年度香港事务年报白皮书》中写道："自 1985 年起，以间接选举的方式选出 24 名议员加入立法局。其中 12 名是由各区议会、市政局及区域市政局全体议员组成的选举团选出，而另外 12 名则由代表社会各主要阶层的功能选民组别选出。"《英国政府提交国会 1990 年度香港事务年报白皮书》中写道："功能组别的间接选举于 1985 年开始推行。"《英国政府提交国会 1991 年度香港事务年报白皮书》中写道："现时，立法局内有接近 2/3 的议员是由直选或间选产生的。"

"政改方案"提出功能团体选举全部取消法团投票，改为个人投票，即使是法团的代表，也只能以个人的名义投票。新增 9 个功能组别，以行业划分，界定范围包括全香港的工作人口。这就从根本上改变了英方当初设置功能组别选举的原意，把功能团体选举变成分行业的直选。1985 年，港英立法局首次引入功能界别间接选举制度，其原意是确保香港财经界及一批有特殊作用的团体和专业人士能有代表进入立法局。因此，这种选举方式必须以团体选民（包括团体成员）为基础，而不能以某种形式的分行业就业人口为基础。由于"政改方案"对功能团体间接选举的性质做出了改变，使功能团体的选民人数由 1991 年的不足 10 万人，一下子扩大到 270 万人，违背了香港民主发展要循序渐进的原则，造成这一部分选举不能与《基本法》的规定衔接。

---

〔1〕 区志坚、彭淑敏、蔡思行著：《改变香港历史的 60 篇文献》，第 315 页。

　　"政改方案"提出的有关选举委员会组成的建议，违反了中英两国在这个问题上所达成的协议和谅解。早在 1990 年初，中英两国政府曾就此进行过多次磋商，当时的中国外长钱其琛同英国外交大臣赫德有过多次信件往来，最后达成了协议。[1] 英方原则同意中方提出的选举委员会按照《香港基本法》附件一第二项所规定的成分和比例组成，即由 1.工商金融界，2.专业界，3.劳工、社会服务、宗教等界，4.立法会议员、区域组织代表、香港地区全国人大代表、香港地区全国政协委员的代表四部分人士组成，每部分人士各占 25%。但"政改方案"无视中英双方达成的协议，另提选举委员会的组成，即全部或大部分由直选产生的区议员组成。彭定康的建议不但直接违背了中英两国已达成的协议，而且不符合设立选举委员会选举的原意。

　　在"政改方案"中，彭定康还提出取消区议会和两个市政局的委任议席，所持唯一理由是 1995 年立法局议员完全由选举产生后，就没有理由继续实行区议会的委任议员制度，两个市政局的委任议席也应废除。实际上，区议会和两个市政局委任议席的存废，与立法局的选举制度没有关联性。如果"直通车"的安排得以实现，特区的立法会将是特区的立法机关，是特区政权架构的一个组成。区议会和两个市政局则是非政权性的区域组织，接受特区政府就有关地区管理和其他事务的咨询，或负责提供文化、康乐、环境卫生等服务。立法局选举制度的民主发展同区议会和两个市政局委任议席是否存在没有必然联系。如要取消全部委任议席，不仅不符合《基本法》规定的政制发展要循序渐进的原则，也不符合区议会和两个市政局运作的实际需要。联想到彭定康提出 1995 年的选举委员会由直选产生的区议员组成，可以推测出 1994 年所有区议会议员应由直

---

[1]　详见本书第二章中之六·3"1995 年选举委员会的组成"。

选产生，以此倒逼扩大 1995 年立法会的直选议席，突破《基本法》关于 1997 年第一届立法会分区直选 20 席的规定。

"政改方案"对香港现行政治架构产生根本性变化的一些所谓"改革设计"，诸如两局分家、彭定康提出立法局"已拥有发展本身的委员会架构所需的权力"等，均涉及行政和立法关系的变化，有的变化可能导致与《基本法》的规定不符。根据《基本法》第 72 条的规定，立法会主席行使的职权之一是"决定议程，政府提出的议案须优先列入议程"；第 74 条规定，涉及公共开支或政府体制或政府运作的议案，只能由政府提出，议会提出的法案如涉及政府政策者，提出前必须得到行政长官的书面同意。要落实这两项规定，立法局的委员会就不能对议案具有否决权、搁置权，也不能对政府提出的法案的原则、要旨进行修改。"政改方案"中对立法局委员会制语焉不详，中方担心立法局委员会制度在权力方面会向某些国家国会委员会的方向发展，这将与《基本法》的有关规定相抵触。

在"政改方案"提出前，港英立法局曾讨论过实行委员会制的问题，但意见不统一，先后提出过几种方案。有的方案主张将现行的专责小组"正式化"，是一种温和的委员会制方案；有的方案是在"三权分立、互相制衡"原则下设计的一种注重制约行政权力的议会体制，不适应以"行政主导"为特点的香港政制。1992 年 1 月 18 日，立法局就夏佳理方案、陈坤耀 – 梁智鸿方案和谭耀宗提出的维持现状的"零方案"分别进行表决。最后，夏佳理方案，即温和的委员会制方案以 28 票胜出。7 月 8 日立法局据此方案修订立法局议事常规，于 9 月 1 日新会期开始后正式实行，但对立法局委员会制的讨论仍未完结。这个问题也涉及 1997 年后香港特区立法会的运作。

关于行政立法两局分家。英国管治香港时长期实行行政、立法两局议员兼任制或部分兼任制。这种兼任制是行政主导的体现，有利于两局的沟通，可以基本保证政府提出的法案在立法局顺利通过。

彭定康改变这种传统做法，提出两局彻底分家，其目的是实现政改方案中提出的让立法局"发展成为一个制衡政府的独立组织"。

关于立法局分区直选的投票制度，彭定康认为："最佳的办法，是在单议席选区中，让每一名选民投一票，选出一名由直接选举产生的代表。"这就是"单议席单票制"。这是一个值得商榷、不是可以被普遍接受的直选方案。如果每区设一席，20个席位分20区，照此发展，最终达到60个席位全部直选时，全港就要划分为60个选区，这很难说成是民主的发展，而是民主的倒退。选区过小，当选者必然缺乏代表性，也影响广大市民对当选议员的认受性，容易使立法局成为一个为各种局部利益而争吵的场所。

以上的具体说明，反映了当时彭定康"政改方案"公布前后中、英对此看法分歧的情况。中英双方围绕"政改方案"争论的实质，绝非1994—1995年选举安排的一些具体内容，也不是要不要在香港发展民主或民主步伐快慢的问题，而是英方守不守信义的问题，即中英联合声明还要不要履行、香港政制发展还要不要同《基本法》衔接、中英双方过去所达成的协议和谅解还要不要遵守和执行的原则问题。

彭定康公布"政改方案"后，于1992年10月20日抵达北京访问。这是港督彭定康首次访问北京，也是他在港督任上最后一次访京。彭定康的这次北京之行，可以用一句中国俗语来形容，这就是："话不投机半句多。"

10月21日一整天，分上、下午两个半天，国港办主任鲁平同港督彭定康在钓鱼台国宾馆举行了两轮会谈。中方参加会谈的还有国港办副主任陈滋英、外交部港澳办主任赵稷华、国港办一司司长陈佐洱、国港办二司司长王凤超和副司长徐泽。英方参加会谈的还有英国驻华大使麦若彬、参赞寇大伟、港英政治顾问欧威廉、港督私人秘书贺理等。

1992 年 10 月 21 日鲁平在北京钓鱼台国宾馆同彭定康会谈
左起：鲁平、陈滋英、笔者；右起：麦若彬、彭定康

　　上午的会谈系一般性会谈，下午主要谈香港政制发展问题。下午会谈伊始，鲁平主任就单刀直入，直奔主题，对"政改方案"的主要之点逐条据理做出驳斥。在谈到立法会选举委员会的组成问题时，彭定康轻描淡写地笼统提到他也看过当年中英两国政府来往的信件，并具体说在 1990 年 2 月的信中，由于当时中国政府拒绝了英方的建议（即"5 点建议"），所以他不得不重新考虑委员会的组成。听到彭定康的这一辩解，出席会谈的中方人士举座皆惊，因为他们都是那次两国外长书面磋商的知情者，完全有理由怀疑他是否看过中英两国外长 1990 年初交换的七封外交信件，以及他所说的看过中英两国政府来往的信件是否包括这七封信。在这种情况下，鲁平主任只得当场读出当时赫德外交大臣给钱外长信件中的有关内容："我原则同意你（钱其琛外长）提出的成立选举委员会的安排。这一选举委员会可于 1995 年成立。"鲁主任同时强调指出：文件白纸黑

字，证明你们英方已经同意了《基本法》规定的方案，而不是中方没有同意英方的建议，你的说法是不符合事实的；中国政府向来遵守两国政府达成的协议，希望英方也能尊重这些协议。鲁平主任还表示，过去中英双方磋商的情况都已存档，相信你们也有档案，如果有必要我们可以公布双方过去来往的文件，这样就可以澄清事实。

在彭定康访京期间，钱其琛外长还同他坦率地交换了意见。钱外长明确指出："政改方案""三违反"，这种做法损害了香港的繁荣与稳定，并为香港 1997 年的平稳过渡和政权顺利交接设置了障碍；我们希望合作，不希望对抗，港英当局的做法实际上是对合作的挑战；要解决问题还是应该回到按《中英联合声明》的规定进行认真磋商的轨道上来。[1]

10 月 23 日下午，彭定康结束了访京活动，登机赴港，鲁平主任随即在港澳中心举行记者招待会。面对大批留京的香港记者，鲁主任严厉批评了彭定康的政改方案，指出：如果彭定康完全不考虑中方的意见，到时中方将按照《基本法》的规定组成香港特别行政区立法会、第一届政府和司法机关。鲁主任还对中英双方目前存在的分歧做出评论：目前双方分歧的实质不是加快不加快香港的民主步伐问题，而是究竟要合作还是要对抗。中方不希望对抗，因为这对香港不利；但英方一定要对抗，中方也只能奉陪。[2]当香港记者提出"中方是否要另起炉灶"的问题时，鲁主任回应说，现在是英方在搞"三违反"，另起炉灶，在这种情况下，我们不排除也会考虑另起炉灶，目的是反对他们另搞一套，以坚持《中英联合声明》和《香港基本法》，保证 1997 年的平稳过渡。

彭定康返港后于 10 月 25 日在立法局报告北京之行时，仍坚持

---

〔1〕 袁求实编著，《香港回归大事记（1979—1997）》，第 123 页。
〔2〕 同上书，第 124 页。

说，"至今中方仍未能提出令他信服的论据，证明他的建议的任何部分违反《基本法》"。[1] 关于七份外交书面信息，彭定康说，如果中英双方同意，他不反对将两国有关香港政制问题的来往信件公开。

7. 公布七份外交函件

1992 年 10 月 28 日，中英双方在同一天（中方稍晚）公布了 1990 年 1 月 18 日至 2 月 20 日中英两国外长就香港政制衔接等问题进行磋商及达成协议和谅解的七份书面信息。在公布时，来自英方的说法都竭力否认七封信的协议性和权威性。英国外交部及港督府发言人则表示，上述文件显示中英双方在 1995 年选举的选举委员会问题上，从来没有达成协议。[2] 据英国下议院外交委员会的报告《从现在到 1997 年及 1997 年后的英中关系》（1994 年 4 月）披露，外交委员会征询的三名独立律师（法律证人）认为，1990 年的信件"只不过是双方外交书信的交换"。在三位专家证人中只有佩里·凯乐先生认为这些信件接近于法律协议。

来自英方的上述观点，涉及 1990 年中英两国外长所交换的七份书面信息的性质。从英方看来，这七封信函仅是"书信的交换"，除此之外，别无他意。如是这样，当时中英双方为何多此一举呢？为什么中方在两年前，即 1990 年 4 月 4 日正式颁布《香港基本法》时，英方不但没有提出这方面的问题反而予以正面评价呢？英方后来改变对华政策造成了自陷不能自圆其说的境地。

七份书面信息是正式、严肃的外交文件，其协议性、权威性不容置疑。书面信息的传递方式、原件的具体内容和《基本法》的有关规定均有力证明了这一点。

---

〔1〕　袁求实编著，《香港回归大事记（1979—1997）》，第 124 页。

〔2〕　同上书，第 125 页。

七封书面信息是通过中英正式外交渠道相互交换的。

中国外交部港澳事务办公室主任陈滋英代表中方，英国驻华大使唐纳德代表英方，相互转交七份书面信息。例如在第 6 份信息中，陈滋英主任对唐纳德大使说："大使先生于 2 月 6 日代表英方向中方传递的信息，我已报告给钱外长……"有时，陈滋英先生作为中方的代表，还紧急约见唐纳德大使，奉命向英方转述对英方有关信息的答复。

英国外交大臣赫德与中国外交部长钱其琛相互交换的信息，就香港政制发展与中方正在草拟的《香港基本法》衔接问题进行磋商，不是以个人名义在发表意见或交换看法，而是分别代表两国政府在进行磋商，这可以从行文的表达方式和具体措辞中彰显出来。例如，赫德外交大臣 1990 年 2 月 12 日致钱外长的书面信息中，就使用了"政府"的提法："我极为重视我们两国政府就香港未来的政治制度达成谅解，重建相互信任的气氛。""我现在准备就以下文字同中国政府确认一项谅解"，等等。

关于七份书面信息中中英双方所达成的四点协议和谅解，即关于直接选举的比例问题、关于选举委员会问题、关于分开计票问题、关于非中国籍的和在外国有居留权的香港永久性居民在特区立法会的席位限额问题，已分别列入《香港基本法》的正文、附件和《全国人民代表大会关于香港特别行政区第一届政府和立法会产生办法的决定》之中，于 1990 年 4 月 4 日公布。这里仅就上述要点再做一重申与归纳：

关于立法机构直选议席数目逐届增长的问题，中英双方达成共识：英方在一定条件下同意把 1991 年港英立法局的直选议席限制在 18 席。关于港英最后一届立法局（1995 年）和香港特区第一届立法会（1997 年）直选议席数目，英方的说法是"不少于 20 个"，中方的态度是"可以考虑增加到 20 个"，双方的表述虽不尽相同，但并无矛盾。

关于选举委员会的组成，经过磋商，英方最后也同意中方的安排，为了衔接，英方明确表示"这一选举委员会可于 1995 年成立"。

关于香港特区立法会议员的国籍限制问题，中方最后吸纳了英方"考虑增加名额"的要求，在《基本法》公布时，限制的名额由原来的 15% 扩大到 20%。

关于分开计票问题，英方表示 1995 年的立法局不能采取分组表决程序。中方对此采取了灵活的态度，表示"无意坚持此点"，认为"从 1997 年特区第一届立法会实行分开计票的办法，对政制衔接并无影响"。

透过七份书面信息的磋商而达成协议的当事人——国务院副总理兼外交部长钱其琛先生在后来撰写的回忆录中写道：

> 七份外交文件表明，在《基本法》定案时，双方就香港政制发展的进度正式达成了协议和谅解。此时，英方还不得不遵守同中方磋商一致和与《基本法》相衔接的原则。
>
> 我同赫德外相尚未谋面，便通过交换信件达成了一项重要协议。这也是我任外长期间与英方达成的唯一的书面协议。没有想到的是，它后来竟被英方所毁弃。中英双方以及大众传媒还就这七份外交文件的内容和形式到底算不算是双方的协议和谅解、有没有约束力，展开了一场辩论。其实，任何具有外交常识的人，更不用说熟悉中英谈判历史的人，对此不难得出正确的结论。[1]

关于七份书面信息的性质，钱外长做了上述肯定的回答。钱外

---

〔1〕 钱其琛著，《外交十记》，香港：三联书店（香港）有限公司，2004 年版，第 295 页。

长提到由此还展开了一场辩论。在这场持续时间不短的辩论中，有些情况还是值得提一下的，因为它们确有使人眼界大开的功效。

中方批评彭定康的方案"三违反"，其中一个"违反"是指英方违反了中英已经达成的协议和谅解，重点指中英两国外长为此交换的七份书面信息。其中关于选举委员会的组成和成立的时间，赫德外相作了明确无误的答复，白纸黑字，铁证如山，连斧头都砍不掉，这就是在中英两国外长的层次上达成了"直通车"安排的协议。英方改变对华政策后，这件事成了英方的最大软肋，只有彻底否定中英在这个问题上有过协议，才是英方唯一的出路，这可以解释英方为什么对选举委员会的组成似乎有种偏执，总是不厌其烦地在各种场合提及此事。英方在公布七份书面信息时，英国外交部及港督府发言人如是说，彭定康与鲁平主任会谈时也说因为在这个问题上没有协议而自己另提组成建议与中方讨论。最出人意料的是英国下议院外事委员会砌辞为"政改方案"辩解的理据竟然是这样的：

> 我们的法律证人，总督和英国政府认为，1992年香港总督提出的建议（指"政改方案"——作者）与《基本法》的条款绝无不一致之处，而且我们的法律证人也找不出任何认为该等建议与《基本法》不一致的国际法律权威。特别是《基本法》并没有包括1995年选举的选举委员会的组成。中方认为彭定康的建议违反了《基本法》或联合声明的"精神"。这种概念在国际法上是没有地位的。[1]

当然，彭定康先生早就持这一论调。他在一次外国记者俱乐部的午宴上说："我所提出的政制方案与中英联合声明和《基本法》一致。

---

[1] 《从现在到1997年及1997年后的英中关系——英国下议院外交委员会第一份报告》。

《基本法》中并没有说明 1995 年的政制模式，亦没有说明有关新增的九个功能组别或选举委员会。"[1]

这是一种缺乏政治常识和无视不同法律体系存在的欺人之谈。《香港基本法》的全称是"《中华人民共和国香港特别行政区基本法》"，是中国对香港恢复行使主权时的 1997 年 7 月 1 日实施的全国性的法律。由于政治程序和 1997 年 7 月 1 日前后两部法律的性质不同，怎么能要求《基本法》对 1995 年的选举委员会的组成做出规定呢？《基本法》可以对香港特区成立后的第二、第三届立法会直选议席数目做出规定，但不可能包括 1991 年和 1995 年立法会直选议席数目的内容。无论如何，1997 年前的选举属于港英管治的政治行为。这其中涉及的 1997 年前后政制衔接的问题，中英正是通过七份书面信息的沟通才达成"直通车"协议的。在此前提下，全国人民代表大会才做出关于香港特区第一届政府和立法会产生办法的决定。"决定"清楚地说明了特区首届立法会与 1995 年港英最后一届立法局的关系："原香港最后一届立法局的组成如符合本决定和香港特别行政区《基本法》的有关规定，其议员拥护中华人民共和国香港特别行政区《基本法》、愿意效忠中华人民共和国香港特别行政区并符合香港特别行政区《基本法》规定条件者，经香港特别行政区筹备委员会确认，即可成为香港特别行政区第一届立法会议员。"正是因为中英双方已有约在先，而且英方同意选举委员会于 1995 年成立，所以在 1997 年 7 月 1 日起实施的《香港基本法》自然不宜再作此规定。以字面上"《基本法》并没有包括 1995 年选举的选举委员会的组成"为由，为彭定康的方案没有违反《基本法》做出辩解，是可笑的。

《香港基本法》颁布在前（1990 年 4 月 4 日），"政改方案"发布于后（1992 年 10 月 7 日），时间相差两年半，是后者违反了与前

---

[1] 1992 年 11 月 3 日《联合报》。

者衔接的原则，但香港有极少数人在为彭定康方案辩护时，却提出"逆向衔接"的思路，要求修改《基本法》使之向"政改方案"靠拢、衔接、契合。当中方严正指出，《基本法》在实施前，香港方面不能修改时，他们振振有词地反问道："什么法律都可以修改，为什么《基本法》不能修改"，以此误导视听。

《基本法》当然是可以修改的，但一定要按照《基本法》规定的程序进行。《基本法》于 1997 年 7 月 1 日起实施，在此之前，香港方面不能提出修改提案。在 1997 年 7 月 1 日之前，香港提出修改《基本法》的条件根本就不存在。

《基本法》第 159 条规定：本法的修改提案权属于全国人民代表大会常务委员会、国务院和香港特别行政区。香港特别行政区的修改议案，须经特区的全国人民代表大会代表 2/3 多数、香港特区立法会全体议员 2/3 多数和特区行政长官同意后，交由香港特区出席全国人大的代表团向全国人大提出。对《基本法》的修改议案在列入全国人民代表大会的议程前，先由香港特区《基本法》委员会研究并提出意见。

从上述规定的修改程序可以看出：香港特区于 1997 年 7 月 1 日才能成立；所涉机构如特区立法会、特区《基本法》委员会，所涉人士如行政长官、特区的全国人大代表、特区的立法会议员，均为 1997 年 7 月 1 日才能正式运作的机构和正式履职的人员。因此，《基本法》的修改程序和环节决定了《基本法》在实施以前，香港方面不能提出修改。

在钱其琛外长提到的关于七份外交文件性质的辩论中，大众传媒一直在追问一个问题：彭定康在设计、提出他的"政改方案"时，到底看没看过七份书面信息？传媒对此有过不少揣测性报道和深度分析，想弄个明白。鲁平主任在与港督彭定康北京会谈中，对此也有个人感受：

那个时候我压了一张牌没打，什么牌呢？这个"直通车"方案是我们跟英国互相经过外交途径磋商达成的协议，这里面有两国外长交换的七封信件为证明，有文字为据的。我估计他不知道有这七封信，因为他跟外交部关系不好。最后我就把这张牌打出来了，我说，彭定康先生，有个中英两国外长交换的七封信件，你知道吗？他听了，问旁边的人，有吗？旁边的人说，有。他真不知道。[1]

钱其琛外长也有这样的印象：

当时，我们得出的印象是，彭定康本人似乎还不大了解上述中英两国外长 1990 年已达成的有关协议和谅解。[2]

中方的估计是有道理的。弗兰克·韦尔什也写道："彭定康先生不会跟着外交部的指挥棒转，他可以直接与外交大臣乃至首相一起把事情安排妥当。"[3]

再请看陈滋英副主任关于同一现场情景的生动描述：

鲁平主任问他：彭定康先生，有个中英两国外长交换的七封信件，你知道吗？他听后，似乎一无所知，转身问他的陪同人员，有吗？陪同人员说，有。于是从公文包里掏出，放在彭的面前。彭看了很久，长时间不语，后突然说，你们不能公布这些秘密文件！鲁主任坚定地回答，你坚持不改，我们就要公

〔1〕鲁平口述、钱亦蕉整理：《鲁平口述香港回归》，第 85—86 页。
〔2〕钱其琛著：《外交十记》，第 299 页。
〔3〕[英] 弗兰克·韦尔什著：《香港史》，第 586 页。

布。数小时的激烈争论就此不欢而散。[1]

时隔 4 年后，1996 年 6 月 28 日，彭定康接受香港有线电视访问时，首次公开承认，他在提出政改方案前，并没有看过中英两国外长谈判香港立法局选举问题时互通的七封函件。看过七封函件的，是他的顾问。[2]

如果彭定康先生这次讲的是真话，那么事情则是常人难以理解的。诞生在公元前的孔子都知道"温故而知新"的道理，难道提出牵动香港政制全局的"政改方案"，居然未看过曾为此方案涉及的重要内容磋商过的外交文件？不知何故。

八、从春暖花开到雪压青松
——中英关于 1994/1995 年选举安排的谈判

1. 会谈的缘起

中英两国外长七封书面信息公布后，关心此事的公众终于有机会一窥其"庐山真面目"，在香港和伦敦政商界人士中引起了广泛反响。香港各界人士在了解事实真相后，对英方的立场和态度表示了强烈不满和批评。他们中的一些人主动推动中英双方继续坐下来，围绕已经达成的协议和谅解，就港英最后一届三级架构的选举，即 1994/1995 年选举安排进行磋商，希望政制上实现"直通车"的安排，圆满实现政权的顺利交接。这也是香港的主流民意。

在伦敦方面，英国政商界人士和"中国通"也纷纷发表看法，对彭定康的所作所为提出批评。前港督麦理浩在英国上议院发言指

---

[1] 陈滋英著，《港澳回归纪事》，澳门《基本法》推广协会编印出版，2015 年版，第 61 页。

[2] 袁求实编著，《香港回归大事记（1979—1997）》，第 298 页。

出，彭定康的政改方案与中英协议相抵触。英国国会中国事务小组主席艾德礼批评彭定康的表现无助于香港的稳定。柯利达反对与中国对抗，强调要中英合作，说彭定康在政改问题上一意孤行，最后只能导致两国关系破裂。前港督卫奕信、前英国英中贸易协会主席夏普等也都对彭定康的做法提出了批评。[1]英国上议院议员肖克罗斯在上议院发言时也指出：彭定康的方案违反了联合声明、《基本法》和中英协议，这已经是不争的事实。[2]

在这种情况下，英方通过不同渠道向中方试探就政制衔接问题重开谈判的意向。1993年2月6日，赫德外交大臣致函钱其琛外长，建议双方"不附加先决条件地"进行谈判。2月11日，钱外长答复赫德，提出了谈判的基础和英方不得将政改方案提交立法局讨论的要求。中方从香港平稳过渡的大局出发，吸纳了香港的主流民意，经中英双方多次交换意见，于1993年4月7日，就谈判以符合中英联合声明、与《香港基本法》衔接及中英双方已达成的协议和谅解为基础（简称"三符合"）达成了协议。同日，中国外交部副部长姜恩柱约见英国驻华大使麦若彬，奉命答复中方关于政制谈判的第五点意见为："在中英会谈达成协议之前，如英方将所谓的政制方案提交香港立法局讨论，那将再次表明英方对谈判毫无诚意，意味着谈判的中断，其责任不在中方。"[3]

中方在此作了"有言在先""立此存照"的表态，先前发生的情况和以后的谈判进程表明，这种申明是必要的。

在中英双方就政制谈判事宜通过外交渠道磋商时，英方就多次将彭定康的政改方案刊登宪报的期限进行催促，引起中方的警觉。

〔1〕陈滋英著，《港澳回归纪事》，澳门《基本法》推广协会编印出版，2015年版，第63页。

〔2〕《访问周南畅谈香港前景》（1993年1月13日），载强世功编，《香港政制发展资料汇编（一）》，香港：三联书店（香港）有限公司，2015年版，第43页。

〔3〕《香港回归大事记（1979—1997》第141页。

中英双方代表（右姜恩柱、左麦若彬）在会谈前同记者见面

同年 2 月 10 日，鲁平主任针对这一动作提醒英方，希望英方拿出诚意，为谈判营造良好气氛，放弃边谈判边由港英立法局讨论的想法。2 月 11 日，钱其琛外长在给英国外交大臣赫德的一封复信中又指出：如在中英双方达成协议之前，就把港督彭定康提出的所谓政改方案以法案形式提交立法局讨论，对中英谈判显然无益。2 月 12 日，鲁平主任在约见英国驻华大使麦若彬时再次说明，中方不希望在双方谈判过程中香港立法局又讨论有关方案，那样只会给谈判造成困难和障碍。[1]

在港人的企盼中，1993 年 4 月 13 日，中英两国政府共同发布了会谈的消息："中英双方商定，两国政府代表将于 1993 年 4 月 22 日

---

〔1〕 源自国港办发言人 1993 年 12 月 3 日的谈话。载 1993 年 12 月 4 日《人民日报》。

开始在北京根据中英联合声明、与《基本法》衔接的原则以及中英已达成的有关协议和谅解就香港 1994/1995 年选举安排问题进行会谈。"这个简短的消息表明：这次会谈的基础是"三符合"，会谈的范围是关于 1994 年举行的区议会选举、1995 年举行的两个市政局和立法局三级架构的选举办法。会谈的目的是解决这些选举安排经中英两国政府讨论磋商并达成一致，使港英最后一届三级架构产生的议员能乘"直通车"过渡到 1997 年 6 月 30 日以后的问题。

这次谈判是中英两个主权国家间的外交谈判。经商定，中英两国政府各派一个代表，其余人员以顾问或专家身份列席会谈。[1] 中国政府代表为中国外交部副部长姜恩柱，英国政府代表为英国驻华大使麦若彬。[2] 谈判地点在北京钓鱼台国宾馆。

2. 谈判伊始，枝节横生

这次谈判的范围、主题是清楚而明确的，英方还多次强调三级架构选举立法的紧迫性，要求谈判加快、高效进行。按常理，英方在谈判伊始，就应开门见山，直奔主题。可是，英方在首轮谈判中就提出旁逸斜出的三项议题与中方讨论，即香港特别行政区筹委会中的香港委员应由中英双方磋商产生；如果香港特区在 2007 年有意愿普选产生立法会议员，中国政府应做出保证予以支持；中方应以 1995 年的选举委员会为模式，在 1997 年以后产生香港特别行政区第一任行政长官的推选委员会和产生以后各任行政长官的选举委员会。

很明显，英方提出上述要讨论的议题，不但超出了中英商定的会谈范围，而且游离了会谈主题，是对中国主权范围内事项的

---

〔1〕　笔者时为国务院港澳办二司司长，以顾问和专家身份自始至终列席了这场谈判。

〔2〕　从第 16 轮会谈开始，由英国外交部助理次官韩魁发代替麦若彬。

干预。

关于中英双方磋商产生香港特区筹委会委员的问题，早在1990年4月4日第七届全国人大第三次会议通过的《决定》已对筹委会委员、包括香港委员均由全国人大常委会委任做出了规定，不存在中英双方磋商的问题。

关于2007年特区立法会议员普选产生的问题，就说得更远了。对此问题，《基本法》第68条和《基本法》附件二第三项都有规定，也不存在由中国政府做出保证予以支持的问题。再说，根据《基本法》附件一和附件二的规定，2007年是"两个产生办法"可以修改的起始年代，并非"双普选"的起始年代。

关于以1995年选举委员会为模式的问题。香港特区第一任行政长官的推委会和以后各任行政长官的选委会，其组成方式和产生办法，1990年4月4日全国人大通过的《决定》和《基本法》附件一已有规定，英方无权再建议搞一个什么统一的模式。

不属于1994/1995年选举安排的事项，英方却率先提出讨论，而中英双方早已就政制衔接达成的协议和谅解，英方却予以否认，这就直接危及了这次谈判的"三符合"基础。以英方多次提到的选委会为例。在谈判中，英方无视赫德外交大臣白纸黑字的书面答复，坚持在选委会问题上没有协议的立场，但又提出，英方愿意研究中方就《基本法》附件一所规定的那种选委会组成提出具体构想。这就是说，英方将中英双方1990年初就选委会组成达成的协议丢在一边，拒不落实，而在1993年执意变成中方单方面建议重新提出来供英方研究。英方耍弄的这种手法，使"三符合"中的"中英已达成的有关协议和谅解"这一具体内容变为空无一物，实在令人浩叹！

已经实施过的中英两国外长达成的协议和谅解，已既成事实，英方实在躲不过去，只好又硬着头皮承认。例如，关于立法机构1997年前后直选议席的数额，两国外长就1991年至2003年的直选议席逐届增加的数目达成了整体协议。《香港基本法》就是照此协议规定了 1997 年至 2003 年香港特区立法会的直选议席数目。在谈判中，英方只承认 1991 年立法局有 18 个直选议席是中英双方的"共同看法"。接着，一个自然而然的逻辑就产生了：1995 年立法局选举的直选议席是多少？按照两国外长达成的协议，1997 年已定为 20 席，不言而喻，1995 年当然也只能是 20 席，不能多也不能少，否则无法衔接。就是这样一个简单而明确的事实，英方也是到了谈判的第三轮才极不情愿地承认。

英方改变对港政策后，在面对以前写下的协议和谅解时，也难免陷入尴尬的境地，不能自圆其说。这也是导致 1994/1995 年选举谈判居然谈了 17 轮的主因。

3. 会谈破裂的节点[1]

为了打破僵局，推动会谈的进展，在 1993 年 5 月 28 日至 29 日举行的第四轮会谈中，中方主动提出将三级架构的选举"分拆"为两段进行讨论的建议，按选举日期缓急、先易后难的原则处理。先讨论 1994 年 9 月举行的区议会和 1995 年 3 月举行的两个市政局的选举，达成协议后，再集中讨论比较复杂的 1995 年立法局选举安排。关于区议会和两个市政局选举，将涉及以下几个方面的问题：保留还是取消委任议席；直接过渡为香港特区区域组织问题；选民投票年龄；香港地区全国人大代表可否参选以及投票办法。中方的这个"分拆"建议，被英方以要一揽子解决为由而拒绝。

同年 10 月 1 日，钱其琛副总理兼外长在纽约同英国外交大臣赫德会晤时，再次提出"分拆"的建议，又被英方拒绝。到 10 月中旬

---

〔1〕 本题撰写重点参考郑言（即笔者）发表在 1993 年 3 月 18 日《人民日报》题为《英方谈判的诚意在哪里？——评〈香港代议政制〉白皮书》一文。

的第 13 轮会谈，英方虽然同意了中方的建议，但又提出三项先决条件，即在选民年龄、投票办法和委任议席三项，中方必须同意英方的建议。中方对英方最后终于同意"分拆"建议表示欢迎，但也表示了提出先决条件不是解决问题的态度。尽管如此，中方还是率先于 10 月 28 日举行的第 15 轮谈判中提出了五点口头谅解建议：

1．英方承诺在香港过渡期的最后几年保持香港区议会和两个市政局的非政权性质和原有职能不变，以便同香港特别行政区《基本法》的有关规定衔接。

2．英方同意废除区议会、两个市政局和立法局选举条例中对香港的中华人民共和国各级人大代表参选限制的有关规定。英方在修改有关选举条例时，对原条例中关于其他国家和地区的国会议员或议会议员以及受薪官员不得进入香港立法局、区议会和两个市政局的限制将继续予以保留。

3．双方同意将选民年龄从 21 岁降低为 18 岁。

4．中方对英方在区议会和两个市政局选举中采取"单议席单票制"不持异议。

5．英方主张在 1994/1995 年选举中取消区议会和两个市政局的委任议席，中方主张在 1994/1995 年的区议会和两个市政局选举中保留适当比例的委任议席，1997 年 6 月 30 日后由香港特别行政区政府依据《基本法》第 98 条的规定自行决定区议会和两个市政局委任议席的数目。

区议会和两个市政局委任议席的存废，在本次会谈中，是中英双方分歧焦点之一。在区议会议员构成中，有部分委任议员是历史形成的，有其合理性。由于区议会在地区提供的文化康乐、环境卫生等服务有些有较强的专业性，委任部分区议员有利于更好地发挥区议会的功能。事实上，委任区议员中有不少是专业界人士，对提高地区管理和服务水平方面做出了应有的贡献。对区议员委任制做出改变时，不仅要考虑到扩大民主成分的需要，也要考虑到区议会的有效运作。如果改变过快，幅度太大，会产生不利影响。英方坚持取消委任制，而实际情况是，香港多数区议会和两个市政局议员都要求保留。就在政改方案公布的第二天，彭定康约晤区议会主席向其推销取消委任议员的建议时，当即遭到出席的15位主席的反对，他们表达了循序渐进地改变区议会构成的主张。其后不久，18个区议会主席明确表示反对取消委任议席的主张。后来，共有14位区议会主席参加的香港区议会访京团又表达了同样的立场。据统计，在19个区议会中，有17个区议会经过表决反对取消委任制。在两个市政局方面，两位当任主席都反对取消委任议席。他们强调两个市政局保留委任议席的必要性，不必为转变而转变。在讨论时，两个市政局议员大部分认为应采取循序渐进的做法，反对1995年3月一次性全部取消委任议席。中方根据港人的意愿和这两级架构运作的需要，主张保留现有的委任议员数目，即在1994/1995年选举中，继续保留现有区议会的140个委任议席和两个市政局的27个委任议席。但英方坚持取消。为了体现中方的诚意，中方又做了灵活处理，根据循序渐进的原则，在保留委任议席的比例上，从约占全体议员的1/3多，减至1/4。英方仍然不同意。

为了能尽快就此达成第一阶段的协议，中方再次寻求妥协，提出兼顾双方主张和彼此均能接受、各说各的解决办法，妥善予以解决。中方提出的上述5点谅解建议，意涵丰富，特别是第5点，就是中方解决问题思路的产物。

11月3日，英方向中方递交了根据中方上述五点口头建议草拟的谅解备忘录文本，其中第5点写道：

英方建议从1994年9月和1995年3月起先后取消区议会和市政局的委任制。为此将提出有关的立法草案。中方建议

这些机构应保留一定比例的委任议席。中方提出，1997年7月
1日或在这之后，香港特别行政区当局将根据《基本法》第98
条自行决定区议会和市政局委任议席的数目。

从上述引证可以看出，在委任制这个棘手议题上，英方接受了
中方提出的处理建议。在区议会和两个市政局选举所涉选民年龄、
投票办法和取消委任制这三个问题上，中方已满足了英方的要求，
达成阶段性协议的障碍已经扫除。可是，就在这个节骨眼儿上，英
方在11月3日传递的信息中，再次节外生枝，又提出将区议会和两
个市政局选举所采取的投票办法适用于1995年的立法局选举的新要
求。这就使问题突然变得复杂了。

11月5日，中方对11月3日英方提交的文本做了初步回应，并
说明以后将作正式答复。中方表示，英方文本将"单议席单票制"
的选举办法用在立法局分区直选上是"不合适"的。区议会和两个
市政局选举采用的投票办法与立法局选举的投票办法没有规定必须
采用同一个投票办法，已经过去的1991年选举采用的就是两种不同
的投票办法。立法局选举的投票办法还有时间讨论，既然是"分拆"
处理，就没有必要现在一定把立法局的投票办法放到讨论区议会和
两个市政局的选举时同时解决。中方主张，1995年立法局选举的投
票办法，完全可以而且应该在稍后中英双方专题讨论立法局选举时
再解决，而不应去简就繁。

英方对此表示不同意，强调在第一阶段协议中必须包括对立法
局选举采用"单议席单票制"的内容，并说明这对英方来说是"实
质性"的。否则，对英方来说就不是一个"平衡"的协议，对英
方"没有吸引力"。彭定康将此理由表述得更直接、明白，他强调
立法局已经通过了1995年立法局分区直选采用"单议席单票制"
的动议，由于这个政治方面的原因，现阶段中英达成的谅解必须

将此点包括进来。所谓立法局已通过 1995 年立法局分区直选采用
"单议席单票制"的动议，是时任立法局议员麦理觉（James David
MoGregor）所提的动议。彭定康就任港督不久，1992 年 7 月 16 日
凌晨 3 时 25 分，立法局经过五个小时的激烈辩论，以 28 票赞成、
23 票反对、2 票弃权，通过此动议，从而否定了立法局检讨选举专
责委员会提出的"多议席单票制"方案。按常规 1995 年立法局选举
是港英最后一届立法机构选举，其产生办法应与中方充分磋商，才
能实现"直通车"的安排。

　　1993 年 12 月 17 日，英国《金融时报》刊文介绍中英此次谈判
时，对此有更详细的描述，录以备考：在第 15 轮会谈后，英方依据
中方的建议草拟了一个谅解备忘录，但彭定康却要加上立法局选举
也采用单议席单票制，作为"第一阶段协议"的必需条件。该文引述
彭定康的话说，"立法局曾以大比数通过了上述安排……当我们提交
有关法案时，如果不包括该项安排，是不切实际的，我们在英方建
议的谅解备忘录中提出了该项安排"[1]。彭定康的这个理由是站不住
脚的。按照港英的政制，立法局是港督的立法咨询机构。把立法局
的意见置于中英两国政府会谈之上，对中方来说，这是一个政治原
则问题，是中方不能接受的。

　　为了解决英方关注的所谓"平衡"问题，中方在第 17 轮会谈
时，再次做出努力，建议在双方的五点谅解中可不涉及立法局选举
安排的内容，并向英方提交了中方草拟的"彻底分拆"口头谅解草
案，全文如下：

　　　　一、英方确认，香港区议会和两个市政局不是政权机构，
它们的性质和职能应与香港特别行政区《基本法》第 97 条的规

---

〔1〕　袁求实编著，《香港回归大事记（1979—1997）》，第 159 页。

定保持一致。

二、英方同意，区议会和两个市政局选举条例中禁止香港以外国家和地区的国会议员和议会议员以及受薪官员参加上述机构的规定应予以修改，目的在于取消对香港的中华人民共和国各级人大代表的限制，同时仍保留现行的对其他国家和地区国会议员和议会议员以及受薪官员的限制。

三、双方同意将区议会和两个市政局选举的最低投票年龄从 21 岁降至 18 岁。

四、双方同意在区议会和两个市政局选举中实行"单议席单票制"的投票方法。

五、英方建议从 1994 年 9 月和 1995 年 3 月起分别取消区议会和两个市政局的委任议席。中方建议在 1994 年和 1995 年产生的区议会和两个市政局中保留适当比例的委任议席。中方声明自 1997 年 7 月 1 日起由香港特别行政区政府按《基本法》第 98 条的规定决定区议会和两个市政局委任议席的数目。

以上各点构成双方就上述问题的口头谅解，并予以实施。

双方表示，将以积极和建设性的精神继续在联合声明、与《基本法》衔接的原则以及中英已达成的有关协议和谅解的基础上就有关 1995 年立法局选举问题进行讨论并争取尽快达成协议。

英方研究后在个别会晤中称：英方不能接受任何不包括 1995 年立法局选举投票办法的谅解。第 16 轮谈判刚一结束，英方就向中方下了最后通牒，告知第 17 轮谈判是双方达成"第一阶段"谅解的最后机会。果然，在第 17 轮谈判的次日（11 月 27 日），英国政府谈判代表韩魁发宣读了一份早已准备好的声明，并称"我所得到的指示没有授权我继续讨论第一阶段的谅解"。英方就在这个节点上单方面中断了谈判，拂袖而去。

这场马拉松式的政制谈判，断断续续一共进行了 17 轮，耗时 7 个月。中英两国政府的代表、双方的顾问专家和不辞辛劳的香港记者，几乎在钓鱼台国宾馆度过了春夏秋冬四季。谈判刚开始的时候，进入人们眼帘的是桃花盛开、灼灼其华的宜人景致；当英方离开谈判桌时，已是满眼飞絮、雪压青松了。

7 个月来英方在谈判中的运行轨迹，清晰在目：用抽象肯定、具体否定的方式直接破坏"三符合"的谈判基础，或对中英已达成的书面协议和谅解提出重新讨论，或者把与谈判主题无关的议题硬塞进谈判中与中方纠缠，或者制造外紧内松的气氛，把拖延谈判的责任推向中方；当时间到了英方预设的时限时，再寻找借口，停止谈判；同时又提出建议，就其他更复杂的问题继续展开谈判，为最终将谈不成的责任归向中方做好铺垫，然后按英方既定设计，将政改方案"分件"提交立法局，逐一讨论通过。

4. 中方做了"一拍两散"的准备

自英国保守党政府错误估计当时中国形势和发展前景，逐渐改变对华对港政策后，中国政府根据变化了的情况，及时将对英方的政策调整到"以我为主、两手准备"的工作方针上来。

还在中英双方磋商政制谈判细节时，中方就贯彻了这一方针，对谈判前景做出了估计：如果中英双方在"三符合"基础上达成协议，"直通车"的安排付诸实施，对中英双方均有利；如果谈判的结果是"一拍两散"，"直通车"不能直通了，由此会产生许多新麻烦，将使筹建香港特区的工作更加艰巨、繁重和紧迫。根据 1990 年 4 月全国人大的决定，全国人大常委会设立的特区筹委会到 1996 年才能成立，在英方改变政策不能全面合作的情况下，如果按这个时间表行事，肯定来不及了。对此，中方做出了应变的准备。

乔石委员长向笔者颁发预委会委员任命书

1993 年 7 月 16 日下午在北京召开的分组讨论会上：右笔者、中谭惠珠委员、左
曾钰成委员

在谈判开始前一个月，1993 年 3 月 31 日，第八届全国人大一次会议审议了包括有香港地区全国人大代表在内的广东省代表团提出的有关议案，决定授权第八届全国人大常委会设立香港特别行政区筹备委员会的准备工作机构。7 月 2 日，正值中英关于 1994/1995 年选举安排谈判期间，第八届全国人大常委会第二次会议通过了《全国人大常委会关于设立全国人大常委会香港特别行政区筹备委员会预备工作委员会的决定》。《决定》指出，香港特别行政区筹备委员会预备工作委员会（简称预委会）是全国人大常委会的工作机构，其职责是在特区筹委会成立之前，为中国对香港恢复行使主权、实现香港的平稳过渡进行各项准备工作。预委会由内地和香港各方面人士和专家组成，其中香港委员不少于 50%。预委会在特区筹委会成立后结束工作。

中方就预委会的性质和工作职责知会了英方。

1993 年 7 月 16 日，预委会在北京成立，由国务院副总理钱其琛任主任，下设政务、经济、法律、文化、社会及保安五个专题小组，分别就有关平稳过渡的事项提出预案，供香港特区筹委会参考。预委会成立时提出的主要研究议题有：就设立香港特区筹委会的有关事宜进行研究并提出意见；就第一届政府和立法会的具体产生办法进行研究并提出建议；推介《基本法》；对香港现行法律中与《基本法》相抵触的条款提出处理意见；研究跨越 1997 年并可能对香港特区利益产生重大影响的事项并提出意见；研究同中国对香港恢复行使主权、实现平稳过渡有关的其他事项；处理全国人大常委会交办的有关事项。1993 年 11 月，中英政制谈判中断后，在"直通车"通不了的情况下，预委会又研究了设立香港特区立法会和临时区域组织（即区议会和两个市政局）的问题，并提出了相应的建议。

从 1993 年 7 月到 1996 年 1 月，预委会工作了两年半时间，起草有关方案、建议和意见达 150 万字，形成 46 份比较系统的书面建议和意见，对涵盖了小到港英时期发行的邮票，大到新机场等基建项目的承接等诸多问题，均提出了过渡性安排的预案，为筹委会的工作奠定了坚实的基础。此外，为了充分发动和调动"港人治港"的积极性，中方创造条件，建立平台，使他们尽早参与到香港过渡时期事务中来，国务院港澳办和新华社香港分社先后聘请了四批香港事务顾问，新华社香港分社聘请了三批香港地区事务顾问。他们在香港过渡后期发挥了重要建言献策的作用。实践证明，在香港过渡时期后半段，中方采取以我为主、未雨绸缪的战略部署是完全正确的。

5. 尾声

1993 年 12 月 2 日下午，港督彭定康就 1994/1995 年选举安排发表一项声明，宣布于 12 月 10 日将有关选举部分立法草案刊登宪报，并于 12 月 15 日提交立法局。国务院港澳办发言人就此事发表谈话，重申：在中英双方未就香港 1994/1995 年选举安排达成协议的情况下，香港立法局通过的任何有关选举的法案，中方都不会接受，1997 年后，将根据《基本法》的有关规定，另起炉灶。

对彭定康单方面启动政改方案进入立法程序的行动，英国政府予以支持。

12 月 6 日，英国外交大臣赫德在下议院发表声明，呼吁国会全力支持彭定康将部分政改草案提交立法局，同时重申，英方希望与中方继续谈判。[1]

针对彭定康的举措，前英国驻华大使柯利达于 5 日在《星期日南华早报》撰文《香港的悲剧》指出，英国在香港问题上做了错误的决定，因为英方的选择是最有害的一个，"对香港是个灾难性的抉

---

[1] 袁求实编著，《香港回归大事记（1979—1997）》，第 155 页。

择"。他在文中说，中英两国在香港事务上需要合作主要是基于三个原因：第一，目前涵盖香港 92% 土地的租约只余下数年便届满，香港别无选择要归还中国，唯一的问题是回归的条件；第二，中英两国在这个问题上势力悬殊；第三，英国有责任确保香港的未来拥有最佳的环境。"在香港的特殊环境下，单方面采取行动及与中国对抗，较谈判解决问题对香港更为有害，故此亦与英国为香港尽力的责任不符。香港长远的福祉必须是中英合作唯一的考虑。"[1]

另两位前英国驻华人使唐纳德、伊文思在此期间也发表了主张英国选择与中国合作的意见。唐纳德说，英国单方面推行政改计划违反了中英联合声明；伊文思强调，通过秘密谈判去解决争端比公开对抗好。[2]

彭定康将上述几位来自英国前驻华大使的劝告、建议当成耳旁风，决心在香港问题上沿着对抗的道路走下去。1993 年 12 月 10 日，港府按时在宪报公布《1993 年选举规定（杂项修订）（第二号）条例草案》。主要内容有：

1. 1994/1995 年立法局、区议会和两个市政局的分区直选均采用单议席单票制；

2. 投票年龄由 21 岁降至 18 岁；

3. 两个市政局和区议会取消所有委任议席，增加民选议席；

4. 现行限制身为中国各级人大代表的香港居民参与三级议会的规定予以撤销。

投票年龄降低后，合资格的选民人数由 370 万人增至 390 万人。

12 月 15 日，立法局首读和二读该条例。16 日，中国外交部发言人就此发表谈话指出，英方采取这一行动，就意味着谈判的终止。

---

〔1〕　袁求实编著，《香港回归大事记（1979—1997）》，第 155 页。
〔2〕　袁求实编著，《香港回归大事记（1979—1997）》，第 157 页。

中国政府重申，在中英双方未达成协议的情况下，对香港立法局讨论通过的有关 1994/1995 年选举的任何立法，中方都不予接受，据此产生的任何机构都不能过渡到 1997 年 6 月 30 日之后。[1]

12 月 27 日，国务院港澳办发言人也就港英最后一届三级架构的任期问题发表了谈话：根据中英联合声明和《香港基本法》的规定，中国政府将于 1997 年 7 月 1 日对香港恢复行使主权，英国政府于 1997 年 7 月 1 日将香港交还给中华人民共和国，它对香港的行政管理权在 1996 年 6 月 30 日止，港英的政制架构也随之终结。这是中国对香港恢复行使主权，英国结束其在香港管治的必然结果。[2]

1994 年 2 月 23 日，立法局经过 10 个小时的辩论，三读通过《1993 年选举规定（杂项修订）（第二号）条例草案》，即彭定康第一部分政改方案。次日，彭定康在立法局答问大会上宣布，港英政府将在 25 日于宪报刊登第二部分政改方案，并强调港英坚定的目标是在 7 月立法局休会前完成选举的立法工作。英国外交部就此发表声明说，英国政府欢迎第一阶段政改方案获得立法局通过，彭定康把第二阶段政改草案提交立法局，是首相梅杰、外交大臣赫德和彭定康三人共同决定的。[3]

1994 年 3 月 9 日，政改方案第二部分《1994 年立法局（选举规定）（修订）条例草案》提交立法局首读和二读。草案建议：

1. 现有功能组别以个人投票取代法团投票；新增的 9 个功能组别[4]以本港各行业为基础，连同现有的功能组别，选民范围将包括

---

[1] 袁求实编著，《香港回归大事记（1979—1997）》，第 159 页。

[2] 同上书，第 159 页、165 页。

[3] 同上。

[4] 新增的 9 个功能组别分别是：渔农矿产、电力及建筑界，纺织及制衣界，制造界，进出口界，批发及零售界，酒店及饮食界，运输及通讯界，金融、保险、地产及商业服务界，以及公共、社会及个人服务界。

全港超过 270 万工作人口中所有符合资格的选民。

2．设立选举委员会，在 1995 年选出 10 名立法局议员。选举委员会将由选举产生的区议员组成，而所有登记在选民总名册上的人士均有资格竞逐上述 10 个议席。

次日，李鹏总理在第八届全国人大二次会议做政府工作报告时指出，中英两国政府代表关于香港 1994/1995 年选举安排谈判终止，责任完全在于英方。

政改方案第二部分提交立法局后，在立法局议员中和香港社会上引起了激辩。自由党的一些议员从力争实现立法机构"直通车"的愿望出发，针对政改方案第二部分上述两项建议提出了修订方案，向《香港基本法》的有关规定靠拢，被称为"九四"方案：在功能组别方面另设新 9 组，维持以公司为单位的投票选举办法；选举委员会由代表社会各阶层的四大类人士组成。提出"九四"修订方案的议员展开了艰苦的拉票活动，打破了彭定康方案一统立法局的局面，使得港英当局和伦敦大为紧张。

1994 年 6 月 30 日，立法局经过 20 小时的激烈辩论后，通过了彭定康政改方案的第二部分（32 票赞成，24 票反对，2 票弃权），而"九四"方案仅以一票之差被否决（28 票赞成，29 票反对，2 票弃权）。对此，中国外交部发言人、港澳办发言人和新华社香港分社发言人分别发表了谈话，重申原有立场，并申明：1997 年 7 月 1 日后，香港特别行政区的三级议会架构将重新组建。具体的重组办法，将由 1996 年成立的香港特区筹委会做出决定。[1]

1994 年 8 月 31 日，第八届人大常委会第九次会议以全额赞成票通过《全国人大常委会关于郑耀棠等 32 名全国人大代表所提议案的决定》。会议认为，港英最后一届立法局、市政局和区域市政局、区

---

〔1〕　袁求实编著，《香港回归大事记（1979—1997）》，第 186 页。

议会于 1997 年 6 月 30 日终止。英国政府单方面决定的有关港英最后一届立法局、市政局和区域市政、区议会的选举安排，违反中英联合声明，不符合《香港基本法》和《全国人民代表大会关于香港特别行政区第一届政府和立法会产生办法的决定》。会议决定：由香港特区筹委会根据《全国人民代表大会关于香港特别行政区第一届政府和立法会产生办法的决定》，负责筹备成立香港特区的有关事宜，规定香港特区第一届立法会的具体产生办法，组建香港特区第一届立法会。根据《香港基本法》，香港特区的区域组织的职权和组成方法由香港特区的法律规定。

根据立法局通过的政改方案，香港进行了港英最后一届三级议会的选举。

1994 年 9 月 18 日举行了区议会选举。总投票人数为 69.3 万人，比 1991 年的上届选举多 27 万人，投票率为 33.1%，比上届增加 0.6 个百分点。在当选的 346 个区议员中，有政党背景的占 67.3%，共 233 人。民建联跃升全港第二大党，亲中力量在本届区议会选举中占有率达六成。

1995 年 3 月 5 日举行了两个市政局选举。投票人数为 56.19 多万人，投票率为 28.5%，较上届高 2.7%。亲中力量占有两个市政局一半议席。

9 月 17 日立法局举行选举。分区直选的投票人数为 92 万人，比 1991 年立法局选举增加 22.7%，但投票率为 35.79%，比 1991 年的 39.15% 少了近 4 个百分点。功能组别的投票人数为 46 万人，投票率为 40.42%。

不少亲中人士对是否参与港英最后一届三级议会的选举曾有不同意见。选举实践证明，他们通过参与，锻炼了队伍，积累了实战经验。从总体上看，希望香港平稳过渡和顺利回归祖国是香港的主流趋势。

九、匆忙政制改革催生政党并形成政党政治

在香港政制停滞期，香港不会产生参政团体，更不会出现政党，只能在社会结构趋向多元化的 20 世纪 70 年代，出现一些压力团体。这些压力团体以职业或行业会聚而成，在政府制定涉及有关政策过程中，施加一些间接压力，以争取和维护自身的利益。到了 80 年代，伴随着中英关于香港前途问题谈判的进展、中英联合声明的签署、《香港基本法》的起草和各种形式咨询工作的展开、英方代议制改革的启动和香港社会对"港人治港"的讨论，议政团体在香港相继涌现，纷纷表达自己的政治主张。

1991 年 9 月，在香港政制发展史上首次引进立法局 18 个直选议席，为一些议政团体乘势快速变成参政团体（隐性政党）提供了条件。

1990 年 4 月成立的香港民主同盟（港同盟，时统称"民主派"，后又称"泛民主派"，又简称"泛民"），就把竞争 1991 年立法局直选议席作为参政的首要目标，在其宣言中明确表明该组织是一个"争取民主的积极参政组织"。随后，1990 年 9 月，主要代表工商界的自由民主联盟（自民联）成立。

在 1991 年立法局选举中，以港同盟为代表的民主派阵营夺取了直选中大多数议席，而时称传统"亲中力量"的则无人当选。在直选中，据传媒统计，港同盟推出的 14 名候选人中，有 12 人当选，汇点（1983 年 1 月成立）推出了 3 名候选人，有 2 人当选；民主民生协进会（1986 年 10 月成立，简称"民协"）推出 3 名候选人，有 1 人当选。另外，以独立人士身份参选的一名民主派人士也当选。民主派阵营夺去了地区直选 18 席中的 16 席[1]。在当届立法局的全部 60

---

[1]　有的统计为 17 席。根据当时和后来的情况综合来看，定为 16 席更确切。

个议席中，加上功能组别和以独立人士身份当选者，民主派人士占了全部议席的 1/3 多。从此，民主派议员在立法机构中占据 1/3 左右的议席似成常态。

1991 年立法局首次直选议席争夺战，最早显示了直选中的政团效应。港同盟的示范性和可观性带动议政团体急剧向参政团体转变，各自寻求在港英三级架构和特区政制发展中谋求更多的席位。不少参政团体经过粗糙的改造，匆忙演化为政党或直接组成政党，形成了选举政治亢奋的"组党潮"。

亲中力量痛定思痛，吸取教训，迅速效法，于 1992 年 7 月 10 日成立民主建港联盟（民建联）。

当时立法局中最大的政团启联资源中心（1991 年 12 月成立），广纳工商、专业界人士和各级议员，于 1993 年 7 月 18 日以"自由党"名称冠名。

为了备战港英管治下立法局 1995 年最后一次选举，多种政治势力集中赶在 1994 年组合、组党。主要有：

港同盟与汇点合并，于 1994 年 10 月 2 日组建成立民主党；

以一批在台湾就读校友为主和民主党个别成员，组成一二三民主联盟（一二三联盟）[1] 于 1994 年 3 月成立；

以工商、专业界为主，包括多名港区人大代表和政协委员组成的香港协进联盟（港进联），于 1994 年 7 月成立。

香港回归祖国前后成立的主要政党或参政团体有：

于 1996 年 8 月组建的激进民主派组织前线；1997 年 5 月建立的民权党；2005 年 3 月成立的全民党；2005 年 2 月 16 日民建联与港进联合并，定名为香港民主建港协进联盟，仍称"民建联"。2006

---

[1] 所谓"一二三"是指"一个中国，海峡两岸，大陆、台湾、香港三地"。该联盟于 2000 年 12 月 3 日宣布解散。

年 3 月 19 日成立的公民党，是由"《基本法》23 条关注组""《基本法》45 条关注组"相继演变而成的，是以法律界人士为核心的反对派政党。2006 年 10 月 1 日成立的社会民主连线（简称"社民连"），是激进的反对派组织。2008 年 12 月，前线全体成员加入民主党，完成整合。2011 年 1 月 9 日以专业、纪律部队为主要成员的新民党成立。2011 年 12 月 18 日以反对派最大的工会组织职工盟（1990 年 7 月成立）为基础的工党成立。2012 年 10 月 7 日，以工商专业界为主的香港经济民生联盟（经民联）成立。

　　截至 2013 年，香港的组党活动虽然仍处在进行时，但已进入了稳定期。随着政制发展的深入，政党政治必将趋于活跃。

　　一般而言，在资本主义制度下，有选举，就会有政党。各政党行为的积累，就会出现政党政治。政党政治就是政党行为的总和。由于政党本身就是一个历史范畴，因而政党政治在不同的国家和地区甚至同一国家和地区的不同时期，都有不尽相同的内涵。香港这一阶段政党政治的主要内容，与世界上资本主义政党初始时期基本功能的发挥大致相同，主要是参与选举、议政参政、培养人才、宣传鼓动。

　　关于参与选举。香港的政党本来就是应选而生，通过选举夺取议席是各党的第一要务，甚至是政党生存和发展的基本条件。

　　各政党在香港社会的排名及市民的支持度，取决于该党在立法机构所占议席的多少。无论是建制派[1]政党还是反对派政党，凡是在选举中失利的，其政党负责人都主动承担了责任。民建联、民主党、自由党、民协等资格较老的政党的主席，都曾因选举失利而鞠躬下台。有的政党因在立法机构选举中未获席位而导致与同类政党合并，有的因长期拿不到席位只好自动清盘，结束运作。从这个意义上讲，香港的政党都是"选举机器"。此外，反对派政党已由最早

―――――――――

〔1〕　爱国爱港的政治力量在香港回归后又泛称建制派。

的"杯葛"行政长官的"小圈子"选举变为积极主动参与。他们的首要目标是取得行政长官选举委员会委员法定提名席位，达到目标后，即协调派出候选人参选。他们明知推出的候选人胜出的可能性极小，但重视参与的过程，以扩大其政党在社会各界别和社团中的政治力量，积累行政长官选举的政治效益，在实践中扩大自行演绎政制论述的空间。

关于议政参政。立法机构是香港政党议政参政，发挥政治影响的主要平台，也是社会政治生态的晴雨表，这一点在香港特区立法会中的表现尤为明显。有的政党为了扩大本党的影响力，争夺话语权，把立法会当成与特区政府讨价还价、掣肘行政主导的场所。尤其是反对派阵营中的激进政党，将"搏出位"行动和"拉布"策略交替使用，使政府法案陷于长时间辩论与修订之中，给政府施政带来极大的困扰。立法会议员中的反对派，利用自己在立法会中占据关键少数的地位，有时在立法会中提出对中央政府任命的特区政府主要官员的不信任动议，甚至提出挑战国家行政行为的动议，这又使立法会成为拥护和反对"一国两制"两种对立思想交锋的阵地。虽然这些时而有之的动议没有法律效力，常被立法会中的"分组点票"机制打掉，但形成的负面影响却不能低估。

关于培养人才。政党是培养、推举人才的政治机构。由于香港是一个高度发达的商业社会、服务性社会，加之政制发展起步很晚，导致政治人才匮乏。各政党为了参选、议政参政和自身发展的需要，注重自行培养人才，这成为香港政党政治的一项重要内容。香港不少政党内部都设有相应的培训机构，不定期开展有关活动。

关于宣传鼓动。香港政党在这方面的工作，可以说是无时不在，无处不在。以发达、多样的现代媒体为载体，及时将政党的主张、理念向外传播。特别是每隔五年的一个选举周期，是政党政治的"嘉年华"，各政党紧贴社会脉搏，与传媒共舞互动，甚至利用商业手法，炒作有关政治、经济、社会、香港与内地关系等议题，提出具有发酵作用的选举口号。这是选举搭台、各派政治力量唱戏的生动图景。

总之，有选举，就会有政党；有政党，就会有政党政治。这已成为香港政制发展历程所证明的简单事实。对此，一方面不能回避，另一方面也要防止对特区以行政长官为核心的行政主导政治体制的冲击，坚持对行政长官当选作必要的限制。香港法律规定，任何行政长官候选人须在当选后 7 个工作日内，声明不是任何政党的成员，并书面承诺任内不会成为任何政党的成员并不接受任何政党的党纪约束。如当选者是立法会议员，须于中央政府任命当日，当即辞去议员席位。香港的政党政治，除上述表象外，还包括政党与国家的关系、政党与特区政府的关系、政党与民意（包括传媒）的关系、政党之间的相互关系及政党与外国势力的关系等。

一般研究认为，资产阶级政党萌芽于 17 世纪 70 年代的英国，定型于 19 世纪早期的英国和中期的美国。英、美的政党在诞生时是"难以拿到出生证"的。[1] 香港的政党也是这样。香港法律体系中没有政党法，香港的政党通常都按照《公司条例》注册，无法拿到政党的"出生证"。英、美两国政党早期并不受本国多数人的欢迎，一些政治家对政党甚至持否定态度。例如美国开国元首乔治·华盛顿总统在第二个任期结束前夕，于 1796 年发表的《告别词》中就提醒人们"在美国存在着党派分立的危险"，党派的种种表现"往往干扰公众会议的进行，并削弱行政管理能力。"[2] 香港政党的总体处境与此类似，政党的认同度也不高。据不同时段的数次民调，香港市民对建制派和反对派的政党认同度，加起来约四成，六成市民没有明显

---

〔1〕　王韶兴主编，《政党政治论》，济南：山东人民出版社，2011 年版，第 16 页。

〔2〕　J·艾捷尔编、J·卡尔顿点评，赵一凡、郭国良主译，《美国赖以立国的文本》，海口：海南出版社，2000 年版，第 367 页。

的政党认同。

英国对香港实行以港督为核心的封闭式行政主导管治长达一个半世纪，只是为了最后撤离香港的战略部署，才匆忙推行代议制改革。香港特区的政制又保留了原有政制中行之有效的部分，实行以行政长官为首的行政主导体制，由特区政府政策局制定和实施政策。香港市民对政府及其执政团队的信任远远高于政党。历史传统的惯性力量和现实施政力量的确定性都抑制了政党政治的发展，从而也减弱了政党都想做执政党的本能欲望。

纵观英国在香港过渡期所进行的匆忙政制改革，前期以基层代议制为主，并逐步向立法局扩充；后期按彭定康的政改方案实施，对香港政制作了急剧、结构性的变革。英方不想将原来实行的香港政制原封不动地交给中国，而是以发展民主作为包装，力图在政制改革中尽快形成一套代议制很强的政权架构，造成既成事实，为将来特区落实以行政长官为首的行政主导体制增加难度。这种快速推出的选举政制，必然催生政党的产生和政党政治的发展，加上部分传媒的鼓动，极大地刺激了香港社会的普选诉求，给后来特区政府按《基本法》的规定发展民主和顺畅施政，带来很大的挑战。

第三章 | 政制发展期（1997—2015）

中国对香港恢复行使主权后，香港特区进入依据《香港基本法》落实政制发展的新时期：香港度过了十年政制稳定期；截至 2015 年，在香港当地选举产生了四任行政长官人选后由中央政府任命；在政制发展过程中，中央按照《宪法》和《香港基本法》的有关规定，履行宪制责任，通过释法和做出"决定"，明确有关香港特区政制发展中的法律问题，为政制发展铺路架桥。

一、第一任行政长官的产生

按照香港特区成立时工作程序的安排，第一任行政长官须依法在 1997 年 7 月 1 日之前产生，届时行政长官才有时间筹组政府，出席宣誓就职等一系列活动。为此，需要先成立相应的工作机构。

1. 筹委会的设立

"筹委会"的全称是"香港特别行政区筹备委员会"（简称"筹委会"），它是根据 1990 年 4 月 4 日第七届全国人大第三次会议通过的香港特区第一届政府和立法会产生办法的决定设立的，于 1996 年 1 月 26 日在北京成立，是国家最高权力机关授权进行筹备成立香港特区的有关工作机构。为了开展工作的需要，筹委会的工作规则规定，筹委会实行集体负责制和保密原则。

筹委会共 150 名委员组成，由全国人大常委会委任。其中内地委员 56 名，香港委员 94 名（约占委员总数的 63%），钱其琛任主任委员，王汉斌、安子介、霍英东、鲁平、周南、王英凡、李福善、董建华、梁振英任副主任委员。鲁平兼任秘书长。筹委会成立之初，下设 6 个工作小组，即推选委员会小组、第一任行政长官小组、临时立法会小组、经济小组、法律小组、庆祝活动小组。11 月，又设立了第一届立法会产生办法工作小组。

筹委会的设立标志着中国政府对香港恢复行使主权的准备工作进入了实施阶段。

2. 推委会的组建

根据 1990 年 4 月 4 日全国人大第三次会议通过的《决定》，筹委会负责筹组香港特别行政区第一届政府推选委员会（简称"推委会"）。推委会由 400 名香港永久性居民组成，来自四个部分，比例如下：

工商、金融界	25%
专业界	25%
劳工、基层、宗教等界	25%
原政界人士、香港地区全国人大代表、香港地区全国政协委员的代表	25%

推委会委员如何产生，全国人大《决定》未作具体规定。因此，筹委会首要任务是研究推委会的具体产生办法。为广泛咨询港人的意见，在筹委会秘书长鲁平的率领下，由 43 名筹委组成的推委会工作小组分为四个组在香港举行了 16 次咨询活动，有 362 个团体出席咨询会，参加的各界人士达 1073 人次。在咨询、收集意见、反复研究的基础上，1996 年 8 月 10 日，筹委会第四次全体会议审议并通过了《中华人民共和国香港特别行政区第一届政府推选委员会的具体产生办法》。此《办法》规定，推委会的前三部分人士即工商、金融

界，专业界，劳工、基层、宗教等界的委员以及第四部分人士中的原政界人士，均由筹委会委员以无记名投票和差额选举的方式产生，每部分差额比例不少于 20%。第四部分人士中的香港地区全国人大代表和香港地区全国政协委员的代表，由具有香港永久性居民身份的 26 名香港地区全国人大代表自动成为推委会委员，香港地区全国政协委员的代表的产生办法由香港地区全国政协委员自行决定。该办法的制定，走出了组建推委会工作的关键一步。1996 年 8 月 15 日至 9 月 14 日，推委会的报名工作在香港举行。报名方式是公开的、开放的，报名人数达 5789 人。筹委会秘书处对所收到的报名表进行了归纳整理，并于 9 月 25 日公布了所有报名人士的名单。在这个范围内，筹委会委员以个人身份推荐，提出了 2545 名建议人选。由于这些建议人选代表性广泛，筹委会主任委员会议决定完全按照委员们提出的建议人选所获推荐数多少的顺序，确定差额不少于 20% 的候选人，共有 409 人为推委会四部分人士的候选人名单。在个别界别中，由于排名在第 120 位的建议人选出现了两人所获推荐数相等的情况，主任委员会议决定将两人一并列入候选人名单，不作取舍，留待全体筹委会委员选举决定。

1996 年 11 月 1 日，筹委会第六次全体会议在北京人民大会堂开幕。本次大会选举产生特区第一届政府推委会；审议《香港特别行政区第一届政府推选委员会守则》（讨论稿）。筹委会主任委员钱其琛在开幕词中说："这次会议上，我们将进行差额选举，就是从 409 位候选人中选出 340 位，他们将与 26 位香港地区全国人大代表和 34 位香港地区全国政协委员的代表一起，组成香港特别行政区第一届政府推选委员会。由于所确定的候选人具有同样的地位，在正式选票中将按姓氏笔画排列。"[1]

---

[1] 1996 年 11 月 2 日《人民日报》（海外版）。

从 2 日上午开始，出席筹委会全体会议的委员，在人民大会堂东大厅持续了一天的选举工作。当夜幕降临时，无记名投票才顺利结束，400 人的推委会正式组成。其成员涵盖了香港社会各界：既有工商、金融界人士，也有来自劳工、基层、宗教等界的人士，包括公务员工会的人士。专业界委员中荟萃了教育、医学、卫生、法律、会计、工程、测量、规划、科技、文化、体育等专业和行业的精英。原政界人士中，还包括原港府高官、原立法局议员、行政局议员和在咨询机构任职的资深人士。香港地区全国人大代表中的香港永久性居民和香港地区全国政协委员中的部分代表也进入了推委会。推委会中还有多位以香港为家并为香港的繁荣发展做出贡献的外国人。

3. 第一任行政长官人选的产生

推委会组成后，根据筹建特区的时间表，推委会产生后要在 45 天内，推举产生香港特区政府的第一任行政长官人选。

筹委会第五次全体会议通过的《中华人民共和国香港特别行政区第一任行政长官产生办法》（1996 年 10 月 5 日）规定，特区第一任行政长官参选人须具备六项资格：

1. 是香港永久性居民中的中国公民；
2. 在外国无居留权；
3. 年满 40 周岁；
4. 在香港通常居住连续满 20 年；
5. 拥护《中华人民共和国香港特别行政区基本法》；
6. 愿意效忠中华人民共和国香港特别行政区。

资格中规定的"在香港通常居住连续满 20 年"，是指行政长官参选人在表明参选意愿前在香港通常连续居住满 20 年。"在外国无居留权"是指不具有居英权或任何形式的外国居留权。

　　除上述资格外，香港的一些团体和社会人士还对行政长官人选提出了一些要求：在政治理念上爱国爱港；在业务上懂经济，有一定的行政管理能力；在对外交流上，善于沟通，享有一定地区甚至国际的知名度。这些都是执掌"一国两制"下国际都市香港特区的行政长官必备的素质。

　　筹委会在讨论行政长官参选人资格时，许多委员还对现职公务人员和具有政党或政治团体身份的人能否参选进行了热议。筹委会研究后认为，没有理由剥夺现职公务人员参选的权利。但是，为了保持公务员政治中立的传统，防止他们利用掌握的权力和资源为参选服务，对其他参选人形成不公平，所以在《办法》第3条规定："现职公务人员如愿意参选第一任行政长官，在表明参选意愿前，必须辞去公务人员职务，并离开工作岗位。"以此类推，具有政党或政治团体成员身份的人，在被提名前也必须退出政党或政治团体。这是因为根据《香港基本法》的规定，行政长官是香港特区的首长，代表香港特区，不是某政党或政治团体的代表。《香港基本法》对行政长官的规定是"双负责制"，即依据《香港基本法》对中央人民政府和香港特别行政区负责，不是对某政党或政治团体负责。行政长官在履职时，应以国家和香港特区的整体利益为依归。可以设想一下，如果行政长官还保留政党或政治团体成员的身份，就要受到其政党或政治团体的纪律约束，无法履行基本法赋予行政长官的上述职责，也与香港特区以行政为主导的政制相悖。据此，《办法》第4条规定："有意参选第一任行政长官的人应以个人身份接受提名。具有政党或政治团体成员身份的人在表明参选意愿前必须退出政党或政治团体。"

　　香港特区行政长官人选意向也引起了国际舆论的关注。随着选举产生人选日期的临近，各种猜测纷至沓来。对此，江泽民主席于

1996 年 5 月 24 日在珠海会见英国副首相赫塞尔廷时表示，香港未来的第一任行政长官必须为中央政府接受、为广大港人接受，同时也会让英方接受。江主席的这种宣示，展现了中央在行政长官人选方面的广阔胸怀和海纳百川的包容精神。香港特区第一任行政长官能为各方所接受，有利于香港平稳过渡的大局，有利于第一届特区政府的顺利施政，有利于增强国际投资者对香港的信心，有利于营造香港各界人士心情舒畅、喜迎香港回归的良好氛围。

1996 年 11 月 15 日，推委会委员在香港会议展览中心 7 楼会堂举行第一次全体会议。针对社会上流传的所谓行政长官"钦定"说，钱其琛主任面对全体推委郑重地说："如果你们听到，说什么人是'上面定的'，或者是哪里的意见，请各位推选委员会的委员不必理会。中央在这个问题上的态度是十分明确的，就是完全按《基本法》和全国人大的有关决定以及筹委会制定的有关产生办法办事。也就是说，请你们推选委员会的 400 名委员通过无记名投票来决定。今天的大会将会通过委员提名来确定第一任行政长官的候选人。"[1]

由香港人自己选举产生香港的最高行政长官，是香港历史上的第一次。只有在香港回归之际，港人才能获得这样的民主权利。

参选行政长官人选的报名程序从 10 月 14 日至 28 日进行，筹委会共收到 31 位有意参选首任行政长官的报名信函。根据《中华人民共和国香港特别行政区第一任行政长官人选的产生办法》，筹委会主任委员会议对参选人士资格进行了审查，并确定了其中 8 位参选人。依繁体字姓氏笔画为序，他们是：退休警务人员杜森，前香港最高法院上诉庭副庭长、特区筹委会副主任委员李福善，前九龙仓和会德丰集团主席、香港医院管理局主席吴光正，执业医生余汉彪，执业律师区玉麟，前东方海外公司主席董建华，前首席大法官杨铁樑，

---

〔1〕 1996 年 11 月 16 日《人民日报》（海外版）。

退休土木工程师蔡正矩。随后，8 名参选人开始了他们各具特色的竞选活动，推介自己的"施政纲领"，深入各界咨询意见，并不断修改完善自己的治港之策。

11 月 15 日，推委会举行第一次全体会议。根据规定，推委们在上述 8 位参选人中，凡获得推委会委员 50 人或 50 人以上提名者，即成为第一任行政长官候选人。在提名操作过程中，筹委会主任会议以及秘书处按港人习惯作了精细安排。提名采取署名、个人分别提名，以便于对所投选票等于或少于投票人总数或所投选票多于投票人数做出准确统计，为判断投票是否有效提供确凿数字根据。为了减少委员们因提名署名而可能产生的种种顾虑，筹委会秘书处专门设计了一种外大封套内小封的提名专用封。推委们在提名票所列的 8 位参选人中画钩选择一位候选人后，将提名票放进小信封内，小信封封面不留任何字迹，再将小信封装进大套封内，并在大套封封面签上自己的名字，这样，可知有多少推委参加了投票。开票时，将内外封分拆处理：先打开外套封，将有实质内容的内信封取出投入密封的票箱，打开票箱后，从内信封中取出提名票，进行唱票、计票。进行这样操作的结果，无法查核提名人提了谁的名，最大限度消除了推委们的疑虑。这种投票设计，体现了操作者的匠心。

提名程序开始前，在工作人员派发提名票和信封时，发现一些推委面露难色：原来是他们担心提名票和内信封被事先做了记号，事后仍可查出谁投了谁的票。这种猜测和推测，对于来自内地的工作人员来说可能是笑谈，但却引起筹委会主任委员会议的重视。为再次打消推委们最后的顾虑，鲁平秘书长临时宣布了一项改进措施，原由工作人员派发的提名票改为推委自行去票堆中拣取。顿时，推委中沉闷疑虑的空气一扫而空。这种景象应了西谚所言：细节出天使。

推委们顺利地选出了三位行政长官候选人：董建华（206 票）、杨铁樑（82 票）、吴光正（54 票）。正如筹委会主任钱其琛所说，

"今天是香港历史上值得纪念的一天"。这次选举投票全过程电视进行了现场直播，香港数百万受众同推委们在不同场地度过了这一有纪念意义的时刻。

11月27日，推委会举行第二次全体会议。会议开了两天半。会议听取了三位候选人报告自己的施政主张和本人状况，并分四场分别对四个界别的推委会委员的240个提问作了回答。这些问答内容涵盖了香港社会各方面的问题，让推委们检验了候选人的真才实学和应对能力。答问会的整个过程贯穿着文明、理性、公平、公正。每位候选人在每场答问中的时间均控制在1小时；凡有意在分组会上向候选人提问者，在与会签到时须将个人名片或另行填写的卡片投放在指定的盒子中，由会议主持人随意抽取，被抽中者现场提问。这就使候选人事先不可能知道哪位委员提问及提什么问题。每场答问的三位候选人出场顺序也由临时抓阄排定。当一位候选人回答提问时，另两位候选人在场外等候，他们不知道其他候选人现场应对情况，无经验、教训可以汲取。推委们普遍认为，这种富有香港特色、别开生面的"君子之争"以及简明易为的必要限制措施，体现了中华民族美德的选举文化。

1996年12月11日，全部400名推委齐聚香港会议展览中心，举行推委会第三次全体会议。上午10时许，会议开始。筹委会主任钱其琛宣布："第一任行政长官人选的选举工作已经进行到最后的关键性时刻，我们在前一段所做的一切就是为了今天的这场选举。希望大家继续本着对历史负责的精神，不负包括香港同胞在内的全国人民的重托，投下自己神圣的一票！"

同选举第一任行政长官候选人时一样，选举仍采用推委自行领取选票的办法。10时半，投票正式开始。一个个红色信封，装着写有吴光正、董建华、杨铁樑三位候选人名字的黄色选票被推委们投进票箱。计票采用写"正"字的中国传统式办法统计。选票经监票人核对后，用广东话和普通话分别唱名一次，工作人员随着唱名，一笔一画地在统计板上书写"正"字。当董建华先生的得票数累计达到 201 票、超过全体推委半数时，投下神圣一票的推委们不约而同地起来鼓掌，场内掠过欢腾的声浪。12 时 15 分完成点票。在398 张有效选票中，董建华获 320 票，杨铁樑获 42 票，吴光正获 36票。钱其琛主任委员庄严宣布：经过全体推委会委员以无记名的方式投票，董建华当选为香港特别行政区第一任行政长官人选！按照程序，将由筹委会全体会议通过，并报请中央人民政府任命。

场内掌声经久不息。近 300 名中外记者在选举现场进行了采访。电视在现场直播了除写票外的选举全过程，时间长达约 2 小时。董建华先生当选为第一任行政长官人选的消息，从香港的选举场地传遍了全世界！

董建华 1937 年生于上海，1947 年随家人赴香港定居。他在香港接受中学教育后，负笈英国继续求学。1960 年毕业于利物浦大学，取得海事工程理学士学位。大学毕业后在美国通用有限公司及

董建华

家族公司任职。1969年返香港，协助其父拓展董氏集团的航运业务。1979年正式出任家族企业"东方海外集团"的主席兼行政总裁、金山轮船国际有限公司主席、摩纳哥驻港名誉领事、香港美国经济合作委员会主席及港日经济合作委员会委员、香港公益金执行委员会委员、香港管理专业委员会委员。1992年10月，被委任为港英行政局议员，1996年6月辞职。1985年任《香港基本法》咨询委员会委员，1992年被国务院港澳办和新华社香港分社聘为港事顾问，1993年担任第八届全国政协委员，1996年担任筹委会副主任委员。

董先生具有国际视野，懂经济，而且其主要业务不在香港，在生意上和他人没有利益冲突；他的处世作风低调务实，待人宽厚仁和，是各方面都能接受的人。

董建华当选为第一任行政长官人选后第一时间，香港反应热烈，有8家报纸为此发行了"号外"。国际社会也对董先生当选做出积极反应。英国、美国、法国、加拿大、日本、澳大利亚等国政府和政要也纷纷发出贺电。

董建华当选的第二天，筹委会第七次全体会议在深圳召开，通过了报请国务院任命董建华为香港特区第一任行政长官的报告。12月16日，国务院召开第11次全体会议做出决定，任命董建华为香港特区第一任行政长官。李鹏总理签署了这项任命的国务院第207号令。

二、第二任行政长官的产生和补选新的行政长官

1. 董建华先生成功连任

根据《香港基本法》附件一《香港特别行政区行政长官的产生办法》规定，从第二任行政长官开始，就由一个具有广泛代表性的800人组成的选举委员会（简称"选委会"）选出行政长官人选，再由中央人民政府任命。同第一任行政长官的产生办法相比，选委会的

选民基础比推委会扩大一倍，体现了香港民主循序渐进的发展原则，而且选委会组成人员中增加了普选成分，例如有直选产生的立法会议员。具体组成和人数如下：

工商、金融界	200 人
专业界	200 人
劳工、社会服务、宗教等界	200 人
立法会议员、区域组织代表、香港地区全国人大代表、香港地区全国政协委员的代表	200 人

选委会组成成分前三部分与选出第一任行政长官人选的推委会相同，第四部分因应香港回归祖国而在组成成分的名称上有所改动。这届选举委员会于 2000 年 7 月成立，其中在当然委员中出现了 4 个空额：港区全国人大代表中 1 人不是香港永久性居民（中联办主任姜恩柱），3 人兼任立法会议员（范徐丽泰、杨耀宗、黄宜弘）。在其他界别还出现了 4 名空缺："金融界"分组 1 名（梁锦松因出任财政司司长而辞职）；"法律界"分组 1 名（因余若薇当选立法会议员）；"建筑测量及都市规划界"分组 1 名（因刘炳章当选立法会议员）；"乡议局"分组 1 名（因邓银海去世）。按《选举条例》的规定，当然委员出现的空额可不做补足。这是因为，从理论上说，只要港区全国人大代表中有人兼任立法会议员或不是香港永久性居民，选举委员会的当然委员就一定会出现空额。如果补足这些空额，选举委员会总人数有可能超过 800 人而不符合基本法规定的法定人数。在这届选举委员会的 5 年任期内（2000 年 7 月至 2005 年 7 月）有两次立法会换届选举（2000 年 9 月、2004 年 9 月）和一次全国人大代表换届选举（2002 年底）。在其中任何一次换届选举中，身兼全国人大代表和立法会议员的当然委员，若有人失去其中一项公职，但因该人士仍有另一项公职就还是当然委员，而新当选该公职的人士也应当成为当然委员。这就使得选举委员会总人数成为难以掌控的可变

因素了。但上述因其他原因出现的 4 个空缺，则必须进行补选。因此，这届选举委员会经过补选后，实有委员人数为 796 人。

关于行政长官候选人的产生。不少于 100 名的选委可联合提名行政长官候选人。每名选委只可提出一名候选人。根据提名名单，选委会委员经一人一票无记名投票选出行政长官人选。

从第二任行政长官选举开始，只要行政长官的产生办法未做出修改，就可沿用。但选委会在香港常被反对派说成是"小圈子"；选委会提名、选出行政长官人选被反对派指责为"小圈子选举"，遭到他们的"杯葛"（抵制）。这种言行是不正确的。

根据《香港基本法》和《行政长官选举条例》的规定，组成选委会的四部分人士来自 38 个界别分组。选委会委员由三种方式产生：一是当然委员，即港区全国人大代表（36 人）和立法会议员（60 人）共 96 人；二是宗教界界别分组的 40 名委员，由香港的 6 大宗教团体按照各自抽签所得的委员分配数目提名产生；三是其余 35 个界别分组的 664 名委员，由每个界别分组的投票人选举产生。委员中有可能出现身份重叠，选委会的实际组成人数可能不足 800 人。每人在行政长官选举中只有一票。除第四部分作了具体规定外，前三部分在《行政长官选举条例》中都作了详细划分。其中工商、金融界包括 17 个界别；专业界包括 10 个界别；劳工、社会服务、宗教等界包括 5 个界别，总共涵盖了 32 个界别，包括了香港社会上（工商界上层）、中（中产专业界）、下（基层）的各行各业。有些界别又根据内部构成的现实状况又作了细化。如专业界中的教育界就分为高等教育和教育两个界别；医学界分为中医界、医学界和卫生服务界。对宗教界的委员席位的分配不但要照顾到天主教、伊斯兰教、基督教、道教、佛教、孔教[1]六大宗教，而且要考虑宗教界的

---

[1] 尊孔子为教主，教义以"仁"为中心。在香港，孔教被认为是一种宗教。

特殊性，将该界别的 40 名选委名额的分配由六大宗教领袖抽签决定。在第四部分中，60 名立法会议员是分别由功能团体选举、分区直选和选委会选举产生的。区域组织中的 21 名乡议局委员由乡议局议员选举产生。港九、新界各区议会的 42 名选委是由各自的区议会议员选举产生的。香港地区全国人大代表、香港地区全国政协委员的代表（41 人）共有 77 人，他们来自香港各界。上述三种委员的产生方式，除宗教界是提名外，其他两种都是选举。因此，800 人的选委会有广泛的社会基础和代表性，绝不是"小圈子"。在香港这样一个多元化十分突出的社会里，选委会这种选举组织形式是向普选过渡的必经途径。

2001 年 12 月 13 日，董建华先生宣布竞选连任后，至 2002 年 1 月初的统计，表示有意参选下一任特首的，还有 3 位普通市民，其中一位病逝，一位弃选，最后一位毫无获得足够提名的可能。董建华自宣布竞选连任后，到 2001 年 12 月下旬就有 620 位选委会委员表示支持他连任，并逐渐形成"挺董"的阵势。

第二任行政长官选举是在香港经济状况不景气的情况下进行的。亚洲金融危机尚未在香港完全过去，接着又受到美国 2001 年 "9·11" 事件影响，香港经济雪上加霜，香港各公司、机构纷纷裁员、冻薪、取消"双粮"。2002 年 2 月公布的失业率已达 6.1%，失业人口增至 21 万多人，直逼 1998 年底的失业高峰期。不过，香港市道虽然萧条，但未引发严重的社会动荡，于 2001 年底成立的、以反对派人士为召集人的"反董连任大联盟"的活动未成气候。社会上多数人明白，经济出现衰退是世界性的，不是由香港本身造成的。他们也看到了董特首和特区政府为纾解民困所采取的措施。世界经济复苏缓慢，香港不可能独善其身。社会主流民意希望香港摆脱困境，尽快走出低谷。

第二任行政长官选举的提名期为 2002 年 2 月 15 日起至 28 日。

在提名期间，董建华先生连续两天在香港展览中心举行 4 场连任咨询大会，回答了 63 名选委提出的问题。他在"支持董建华连任"大会上发表的《施政与时并进，强化竞争优势》和在竞选连任咨询大会上发表的《我对香港的承诺》，以及与选委会委员、学者会见等多个场合，均提出了未来施政方向，更坦承过去施政的不足。董先生应对答问自信而从容，获得普遍好评。最后董建华获得 714 名选委[1]的提名。在提名期间，选委会只收到一份由候选人董建华提交的提名表格。选举主任彭键基法官核实过提名表格内的各项资料后，确定董建华完全符合行政长官选举候选人的法定资格，并于 2 月 19 日裁定董建华的提名有效。由于在提名期结束时只有一位候选人的提名有效，彭键基法官根据《行政长官选举条例》，宣布董建华自动当选。

负责进行及监督这次选举的香港特区行政长官选举管理委员会主席胡国兴法官也表示："选委会依法履行了有关选举工作的各项职责。选举的各项安排和程序符合香港特区基本法、《行政长官选举条例》及其他有关的选举法例的规定。这次选举结果是合法有效的。"[2]胡国兴法官还表示：这次选举从提名期开始至今，并无收到任何投诉，但由前日起的 45 日内，选管会仍会接受有关投诉。选管会已通知特区政府选举结果，以便特区政府按照基本法第 45 条向中央人民政府报告。

3 月 4 日，国务院总理朱镕基主持召开国务院第八次全体会议，审议了香港特区上报的关于选举董建华为香港特区第二任行政长官人选的报告，并听取了国务院港澳办公室主任廖晖关于香港特区第二任行政长官人选产生过程的汇报。

---

〔1〕 本届行政长官选举委员会人数，因 3 人身份重叠及 1 人去世，总人数实有 796 人。
〔2〕 《香港回归十年志 2002 年》，大公报出版有限公司，2007 年版，第 33 页。

朱总理在会议上的讲话指出，董先生在第一任行政长官任期内，为"一国两制"的方针和基本法在香港的正确贯彻落实做了大量工作。在面对亚洲金融危机的冲击和香港内外经济环境变化的过程中，为维护香港国际金融、贸易、航运等中心的地位，加强香港与内地在经济和其他各个领域的交流与合作，保持香港的社会稳定和经济发展，做出了积极的努力。

会议决定，任命董建华为香港特别行政区第二任行政长官。随后，朱总理签署了国务院第 347 号任命令，于 3 月 7 日颁发。

2. 行政长官的补选

2005 年 3 月 10 日，第二任行政长官董建华经过慎重考虑，向国务院呈送了辞职报告。是日傍晚，董先生在特区政府总部举行的记者会上宣布了此事："一个小时以前，我已经正式向中央政府提交了请求辞去行政长官职务的报告。八年前，我接受中央政府任命，出任香港特别行政区行政长官，与香港市民一起，开始走一条从来没有人走过的路——落实'一国两制''港人治港'高度自治。"

董先生在讲话中，对担任行政长官以来的八载风雨崎岖路做了简要回顾，并说明了请辞的原因："由于长时期的操劳，在去年第三季度以后，我已经明显感觉到自己的健康状况大不如前。以香港利益为重，我考虑过向中央提出辞去行政长官职务。这是出于对香港、对国家负责的态度。"[1] 董先生对全国政协提名他为全国政协副主席建议人选，表示了衷心感谢，认为这是中央政府对他的信任。

12 日，国务院总理温家宝主持召开国务院全体会议，批准董建华先生辞去香港特别行政区行政长官职务。温总理签署了国务院第 433 号令，即日生效。此令载明："依照《中华人民共和国香港特别

---

〔1〕《香港回归十年志（2005）》，第 79 页。

行政区基本法》的有关规定，批准中华人民共和国香港特别行政区行政长官董建华辞去行政长官职务，于 2005 年 3 月 12 日离职。"

此次国务院全体会议审议了行政长官董建华请求辞去香港特别行政区行政长官职务的报告，听取了国务院港澳事务办公室主任廖晖就此事所做的汇报。

温总理在会上发表了讲话。他指出，董建华先生在担任香港特别行政区行政长官期间，为"一国两制"、"港人治港"、高度自治方针在香港成功地付诸实践做了大量开创性的工作。董建华先生领导特区政府全面贯彻《香港基本法》，依法施政，团结香港广大同胞，努力克服亚洲金融危机和国际经济环境变化等因素带来的种种困难和挑战，妥善处理了一系列重大的政治、经济和社会问题，维护了香港稳定繁荣的大局。董建华先生担任香港特别行政区行政长官以来，面对各种困难和压力，勤勤恳恳，任劳任怨，恪尽职守，廉洁奉公。中央政府对董建华先生和香港特别行政区政府的工作是充分肯定的。

温总理说，根据《香港基本法》的规定，行政长官缺位后，香港特别行政区应依照《基本法》第 45 条和附件一的规定，在 6 个月内选举产生新的行政长官人选。

根据《香港基本法》第 53 条第一款之规定，"香港特别行政区行政长官短期不能履行职务时，由政务司长、财政司长、律政司长依次临时代理其职务"。据此，时为政务司长的曾荫权任代理行政长官。

2005 年 3 月 12 日下午，在全国政协十届三次会议闭幕大会上，通过了董建华增选为全国政协副主席。董建华先生的赞成票为 2065 票，反对 21 票，弃权 20 票。

国务院颁令批准行政长官董建华辞职后，香港回归以来首次出现行政长官缺位的情况，香港特区须在 6 个月内产生新的行政长官，但对补选的新的行政长官的任期，《香港基本法》没有直接的条文做出规定。这样，补选的行政长官的任期是完整一任的 5 年还是原行政长官剩余任期的 2 年，在香港社会上出现了不同的理解，产生了人们所称的"二五之争"。

《香港基本法》第 46 条规定："香港特别行政区行政长官任期五年，可连任一次。"剔除政治因素，按照普通法中的法例解释原则，法律条文清晰地按字面理解，不少港人认为补选新的行政长官的任期为 5 年。香港反对派人士也持这种观点。其中有人甚至用"阴谋论"看待此事，认为这是中央有意回避 2007/2008 年"双普选"的计谋。个别人士以为自己洞察先机，竟然出乎人们的预料，一反常态，一度主动要求中央对补选行政长官的任期释法。

另一种意见认为，补选产生的新的行政长官的任期不能直接适用《香港基本法》第 46 条，该条的规定是指一般情况产生的行政长官，不包括因行政长官缺位后补选的行政长官，补选的行政长官的任期应适用《香港基本法》第 53 条，因为该条直接规定行政长官缺位时，新的行政长官如何产生，即"行政长官缺位时，应在六个月内依据本法第 45 条的规定产生新的行政长官。"第 45 条的规定是："行政长官产生的具体办法由附件一《香港特别行政区行政长官的产生办法》规定。"从附件一的规定可以看出，在由任期 5 年的选委会产生行政长官人选制度的安排下，行政长官缺位时由同一个选委会产生新的行政长官，其任期只能是前任的剩余任期，这样才能使行政长官的任期与选委会委员任期相一致。如果补选产生新的行政长官任期也是完整任期的 5 年，那就超过了该届选委会的任职年限，选举结果的合法性将成疑。

国务院 3 月 12 日批准董建华先生辞职的第一时间，特区政府即对此表态，明确宣布第二任行政长官缺位后补选的行政长官的任期是原行政长官的剩余任期。之后，全国人大常委会法制工作委员会发言人也就此发表了谈话，支持特区政府的立场，认为特区政府对第二任行政长官缺位后补选的行政长官的任期问题所发表的意见，

"是符合《基本法》立法原意的，第二任行政长官缺位后由任期5年的选举委员会补选的行政长官，仍为第二任行政长官，其任期应为原行政长官的剩余任期"。接着，该发言人对此阐述了如下的理由：

> 理解补选的行政长官的任期问题，不能仅从《基本法》第46条的规定（即"香港特别行政区行政长官任期5年，可连任一次"）去考虑，还要结合附件一有关行政长官产生办法的规定去考虑。在《基本法》起草过程中，对行政长官缺位后补选的行政长官的任期问题，曾有不同意见，有的主张是剩余任期，有的主张是新的一届5年任期。因此，《基本法》第53条关于行政长官缺位补选的条文的起草，曾经历了一个变化过程。1988年4月公布的《香港基本法》（草案征求意见稿）曾经写明："行政长官缺位时，应在6个月内产生新的一届行政长官。"1989年1月公布的《香港基本法》（草案）以及1990年4月第七届全国人大三次会议通过的《香港基本法》，将这一规定修改为："行政长官缺位时，应在6个月内依本法第45条的规定产生新的行政长官。"《基本法》第53条删去了其中的"一届"两字，把"新的一届行政长官"改为"新的行政长官"，表明补选的行政长官只是"新的一位"，并不涉及他的任期是剩余任期，还是新的一届五年任期。值得注意的是，在删去"一届"的同时增加了"依本法第45条的规定产生"的内容。因此，新的一位行政长官的任期应看第45条。《基本法》第45条规定："行政长官产生的具体办法由附件一《香港特别行政区行政长官的产生办法》规定。"附件一则规定："行政长官由一个具有广泛代表性的选举委员会根据本法选出，由中央人民政府任命。""选举委员会每届任期五年。"设立一个任期五年的选举委员会，而选举委员会的唯一任务和职权是选举行政长官，这是一种独特的选举

制度。《基本法》附件一规定在 2007 年以前设立一个任期五年的选举委员会选举行政长官，目的就是为了便于在五年中行政长官缺位时能够及时补选新的行政长官以完成剩余任期。[1]

　　全国人大常委会法工委发言人的上述谈话，详细而透彻地说明了特区第二任行政长官缺位后补选的行政长官的任期为剩余任期的理由和在制订基本法时对这个问题的讨论决定的过程。这是一个针对性强的解惑释疑的谈话，但可惜的是，香港的传媒多数没有报道。3 月 15 日，律政司司长在立法会内务委员会会议上又重申了特区政府对这一问题的立场。中央有关部门和特区政府的表态，本意是通过沟通和解释，引导达成共识，免却全国人大常委会就此释法，但遗憾的是，这个愿望没有实现。

　　另一法律根据是：《香港基本法》附件一第 7 条规定："2007 年以后各任行政长官的产生办法如需修改，须经立法会全体议员三分之二多数通过，行政长官同意，并报全国人民代表大会常务委员会批准。"2004 年 4 月 26 日《全国人民代表大会常务委员会关于香港特别行政区 2007 年行政长官和 2008 年立法会产生办法有关问题的决定》规定："2007 年香港特别行政区第三任行政长官的选举，不实行由普选产生的办法。"在此前提下，"2007 年香港特别行政区行政长官的具体产生办法"可以"做出符合循序渐进原则的适当修改"。这些规定表明，第三任行政长官将在 2007 年根据届时的产生办法选举产生。第二任行政长官缺位后由选委会补选产生新的行政长官，其任期为第二任行政长官 5 年任期的剩余任期顺理成章，符合

---

[1]　全国人大常委会《香港基本法》委员会、全国人大常委会澳门基本法委员会办公室编，《中央有关部门发言人及负责人关于〈基本法〉的谈话和演讲》，北京：中国民主法制出版社，2011 年版，第 119—120 页。

《基本法》附件一的上述规定和全国人大常委会"4·26"决定。

解决"二五之争"又有其紧迫性。此事受到三个法定时间的限制和面临两个法律程序的不确定性，容不得拖延。

三个法定时间是：一是按《基本法》的有关规定，行政长官缺位时，应在6个月内产生新的行政长官；二是特区的《行政长官选举条例》也规定在120天内选出新行政长官，即在7月10日选出；三是本届选委会任期在2005年7月13日届满。这三个时间限制是不能变通的。

两个法律程序的不确定性是指，一是指《行政长官选举条例》未对缺位补选的行政长官的任期做出规定，这次出现了行政长官缺位补选的情况，需要修订此条例，把缺位补选的新的行政长官的任期，以条文规定明确下来，以巩固行政长官补选工作的法律基础。但立法会议员们对此争执不下，很难预测达成共识的时间；二是指有关补选行政长官任期的司法复核，一旦开始司法复核程序，不知何时有结果。此外，新的行政长官参选人也要明了自己的任期是5年还是2年，这是决定自己是否参选的一个参考。同时，选委会委员也要知道自己投票选出的行政长官人选究竟任期是几年，这可能成为选举人选择候选人的一种因素。总之，刚性的法定时间和弹性的法律程序，以及参选人和选举人的共同愿望，都指向全国人大常委会释法。释法势在必行。

2005年4月6日，曾荫权先生表现出担当的精神，以政务司长的身份在立法会就新的行政长官的任期发表声明，就寻求全国人大常委会释法的有关考虑做了详细说明。同时，根据《香港基本法》，行政长官负责执行《基本法》并对中央人民政府负责。鉴于香港社会对新的行政长官任期问题存在严重分歧，而有关问题又属于中央管理的事务，曾荫权先生又以署理行政长官的身份提交了《关于请求国务院提请全国人大常务委员会就〈中华人民共和国香港特别行政区基本法〉第 53 条第二款做出解释的报告》。

"声明"中说：

> 由于《行政长官选举条例》没有具体规定一旦行政长官在任内出缺时经补选产生的新的行政长官的任期，我们会在今天的立法会会议上，首读《行政长官选举（修订）（行政长官的任期）条例草案》，并开始二读辩论。这项《条例草案》的目的，是把行政长官任期问题按特区政府的理解以清晰明确的条文规定下来。

> 有议员建议修改《基本法》，对新的行政长官的任期问题做出规定。我们知道较早前全国人大常委会法制工作委员会已经表明，《基本法》对行政长官缺位后新的行政长官的任期问题已有明确制度设计，立法原意是清楚的。现在出现分歧是由于对《基本法》的理解不一致，通过法律解释就可以阐明立法原意，不需要修改《基本法》。况且，《基本法》修改权限属于全国人民代表大会，下一次的全国人民代表大会须待 2006 年 3 月左右才召开，时间上也根本不能赶及于 7 月 10 日前修改《基本法》。

> 我多番挣扎思量，最后为了香港社会的稳定和特区政府的有效运作，我作为署理行政长官决定提请中央释法，以解决香港目前的争议。我深知这不是一个最受欢迎的决定，但令我释然的，是我肯定这决定绝对不会影响"一国两制""港人治港"和高度自治，绝对无损香港赖以成功的法治精神。在"一国两制"设计下，全国人大常委会有权对《基本法》做出解释，这是香港宪制的一部分。依循《基本法》的规定寻求全国人大常委会为新的行政长官的任期问题做出最权威的法律解释，正是合法合宪的做法。

给国务院的"报告"中说：

> 对新的行政长官的任期的问题，香港社会出现两种不同意见。有的意见支持应当是剩余任期，有的意见认为是 5 年任期，相信就此问题的分歧将会持续。再者，已经有立法会议员及个别市民公开表示会就《行政长官选举条例》的修订草案提出司法复核申请。因此，特区政府现时面对两个问题：
>
> （1）为确保修订草案的立法程序如期完成，需要对《基本法》有关条文的权威性及决定性的法律解释，方可为本地立法提供稳固的基础。
>
> （2）如出现司法复核情况，司法程序一经展开，需要一段较长时间才完成，极有可能使我们不能如期在 7 月 10 日选出新的行政长官。[1]

国务院研究此报告后认为，报告中提到的问题关系到《香港基本法》53 条第二款的正确实施，关系到香港特区新的行政长官人选的顺利产生和此后中央人民政府对行政长官的任命，因此提请全国人大常委会对《香港基本法》第 53 条第二款做出解释。2005 年 4 月 10 日，国务院总理温家宝签发了提请解释的议案。

全国人大常委会委员长会议审议了国务院的报告，决定向第十届全国人大常委会第 15 次会议提出释法草案。在此期间，全国人大常委会乔晓阳副秘书长、《香港基本法》委员会副主任李飞、国务院港澳办副主任张晓明、香港中联办主任王凤超分两次在深圳召开三场座谈会。一次是 2005 年 4 月 12 日举行的香港法律界人士座谈

---

〔1〕 以上节录录自时为署理行政长官曾荫权致在港全国政协委员函所附"声明"和"报告"全文。笔者因此身份获得一份。

会；一次是 4 月 21 日的两场座谈会，一场为香港地区人大代表、政协委员座谈会，一场为香港各界人士座谈会。经广泛听取香港各界人士意见后，2005 年 4 月 27 日，第十届人大常委会第 15 次会议审议通过了释法草案。

这次释法的主要内容是：

《香港基本法》第 53 条第二款中规定："行政长官缺位时，应在六个月内依本法第 45 条的规定产生新的行政长官。"其中，"依本法第 45 条的规定产生新的行政长官"，既包括新的行政长官应依据《香港基本法》第 45 条的规定的产生办法产生，也包括新的行政长官的任期应依据《香港基本法》第 45 条规定的产生办法确定。

《香港基本法》第 45 条第三款规定："行政长官产生的具体办法由附件一《香港特别行政区行政长官的产生办法》规定。"附件一第 1 条规定："行政长官由一个具有广泛代表性的选举委员会根据本法选出，由中央人民政府任命。"第 2 条规定："选举委员会每届任期五年。"第 7 条规定："2007 年以后各任行政长官的产生办法如需修改，须经立法会全体议员三分之二多数通过，行政长官同意，并报全国人民代表大会常务委员会批准。"上述规定表明，2007 年以前，在行政长官由任期五年的选举委员会选出的制度安排下，如出现行政长官未任满《香港基本法》第 46 条规定的五年任期导致行政长官缺位的情况，新的行政长官的任期应为原行政长官的剩余任期；2007 年以后，如对上述行政长官产生办法做出修改，届时出现行政长官缺位的情况，新的行政长官的任期应根据修改后的行政长官具体产生办法确定。

简言之，任期五年的选举委员会只能选举产生任期五年的行政长官；在行政长官五年任期内出现空缺，由该选举委员会选出新的行政长官，其任期理当是原行政长官没有任满的剩余任期。

全国人大常委会这次释法，一锤定音，香港社会上的反应基本平静，使特区《行政长官选举条例》在立法会顺利通过，新的行政长官如期产生，避免了可能发生的宪制危机，获得了香港社会的普遍支持和肯定。

3. 补选的行政长官产生

2005 年 3 月 12 日，特区政府收到国务院批准董建华先生辞职的文件后，特区行政长官开始出缺。根据《香港基本法》第 53 条的规定，行政长官缺位时，应在 6 个月内产生新的行政长官，即为 9 月 11 日前产生。按照《行政长官选举条例》的规定，行政长官必须在出缺后的 120 天内选出，即为 7 月 12 日前。此外，本届选委会于 2000 年 7 月 14 日组成，其任期到 2005 年 7 月 13 日结束。综合这 3 个时间节点，7 月 10 日是离时限最近的一个周日，就确定此日为选举日。

在全国人大常委会就补选新的行政长官的任期做出权威法律解释后，5 月 25 日，立法会通过了《行政长官选举（修订）（行政长官的任期）条例草案》，确立 7 月 10 日补选出来的新的行政长官，只履行前行政长官董建华的余下任期。

由于各种原因，行政长官选举委员会在补选行政长官人选时，累计有 33 位委员缺位需要补选。这次补选涉及选举委员会 17 个界别分组共 58 位候选人。其中，8 个界别分组 18 名委员自动当选或经协商提名产生；9 个界别 15 名委员由 40 名参选人竞选产生。此项工作于 2005 年 5 月 1 日顺利投票而结束。

这次行政长官参选人须获得总数为 796 名选委中至少 100 名委员提名，即成为候选人。而候选人仅为 1 人时，即自动当选为特首人选，经中央政府任命，即正式成为香港特区行政长官。提名期自 6 月 3 日开始至 16 日下午 5 时结束，为期 14 天。

5 月 25 日，曾荫权宣布辞职、休假并表明了参选意向。特区政府就此发表声明：政务司司长曾荫权今天以参选行政长官为理由辞去政务司司长职务，有关辞职请求已于今日下午呈交国务院审议，曾荫权司长亦随即开始休假。6 月 2 日上午，国务院批准曾荫权辞去政务司司长职务，下午曾荫权在君悦酒店召开记者会，宣布参选行政长官并公布了施政纲领。他在参选讲演中深情地说："当年我不过是一个孤单的推销员，但今天我希望有机会在另一个层面服务相关市民，我深信我以后不会再孤单，因为我是香港人的子弟，因为我服务的祖国，今天拥有强盛的实力和信守契约的诚意。而且，更重要的是，一旦我得到你们的信任，将有千千万万人与我一起上路同行。"[1]

根据《香港基本法》的规定，自曾荫权司长休假开始，财政司司长唐英年出任署理行政长官。此外，房屋规划及地政局局长孙明扬亦同时开始署理政务司司长职务。

随着竞选活动的展开，曾荫权先生展现了"每票必争"的决心和能力。他先后出席了大紫荆勋章人士茶会、选委会全体委员答问大会和四场分界别选委闭门座谈会。各场会议后都会见了传媒。6 月 15 日中午，曾荫权前往选举事务处正式报名参选，并递交了支持其参选行政长官的 674 名选委的提名表和 36 名选委签署的《支持同意书》（至 6 月 16 日提名期结束时，《支持同意书》增加至 40 份）。此两类选委共 714 人，约占选委总数 796 人的 90%。

这里需要对有 40 名选委不是直接提名而是以填写《支持同意书》的方式支持曾荫权先生作一说明。

据香港法律，以某种公职身份当选为选委会委员的人士，在五年任期内若不再担任该公职，其选委资格继续保留。凡是合资格的选委将名列《选举委员会正式委员登记册》（由选举登记主任发表）。

---

[1]　2005 年 6 月 17 日《人民日报》（海外版）。

但名列登记册的委员如有下列 8 种情况，即丧失提名行政长官候选人和在选举中投票的资格：

(1) 辞去委员席位；

(2) 正在服监禁刑；

(3) 已不再与有关界别分组有密切联系；

(4) 已不再登记或不再有资格登记为地方选区的选民；

(5) 已在香港内外被判处死刑或监禁但既未服刑亦未赦免；

(6) 精神上无行为能力处理和管理其财产和事务；

(7) 是任何国家或地区的武装部队的成员；

(8) 在投票日前 3 年内被裁定犯了以下罪行：选举舞弊或非法行为、贿赂罪行或与选举有关的其他罪行。

丧失提名资格的选委如为候选人提名，该提名的有效性将受到质疑，而且使其提名支持的候选人，在当选后可能受到司法挑战。任何选委若明知自己没有投票资格而投票，属刑事罪行。一经定罪，最高罚款 50 万港元并服刑 7 年。

上述八种情况中的第三种情况涉及的选委面较广且不易处理，特别是履行补选新的行政长官人选的本届选委会，已临近任期的尾声，一些委员因各种原因而产生变动。有的委员已荣休，离开了自己原来所在的界别分组；有的从全国政协委员界别产生的选委，因政协换届而不再担任全国政协委员；有的转岗换位，也不在原界别分组了。问题的难处在于，选委不再担任有关公职后，是否属于"不再与有关界别有密切联系"的情形，特区政府和选举管理委员会均无权最终判定，要在有人投诉的情况下，经廉政公署调查后，交由法官裁定。但投诉者必须提供充分的证据，否则，不予受理。所以，在法官做出裁决之前，这个问题并不明确。

以往反对派人士对他们所称的"小圈子选举"是抵制的，竞争并不像后来这样激烈，选委的提名、投票资格并未受到特别关注，也没有太多的人较真。这次选举不同以往，香港传媒对部分资格有疑问的委员做了系统、跟踪的报道，最后提名和投票资格存疑的委员数累计达 50 人左右，传媒称之为"问题选委"。

此事引起了特区政府有关选举机构的重视。5 月 24 日，总选举事务主任林文浩向所有选委发出函件，明确提醒他们如"已不再与有关界别分组有密切联系"，即丧失提名行政长官候选人和在选举中投票的资格。函件特别指出，"选举委员如对本身所处的情况有不肯定之处，宜征询其法律顾问的意见。"这种提醒是必要的，体现了选举事务处负责的态度。

行政长官候选人提名开始以来，曾荫权先生及其竞选办公室只能根据选举管理委员会公布的选委名册寻求支持，其中当然也包括一些"问题选委"在内，但请他们逐一签署了《支持同意书》。该同意书是由选举事务处印制的表格，供任何人士或团体用于签署同意所支持的候选人进行竞选活动时，使用其姓名等资料，并无法律效力。候选人在报名时可将《支持同意书》与报名表一并递交，也可于报名后陆续递交。选举主任公布提名委员名单时，也可公布签署《支持同意书》的委员名单。曾荫权先生报名参选时就是将选委的提名表格和《支持同意书》分开处理的。香港报纸对此做出这样的分析：曾荫权及其智囊班子，巧妙地利用无法律效力的《支持同意书》，要求资格存疑的选委签署，而非直接签署提名表格，这种做法能让有关的近 40 位选委可在政治上表态支持曾荫权，令泛民主派不能将这些"可能问题票"归为自己所有，故此无法获得 100 票的支持以正式参选，亦避免对手抓着法律资格上的问题而去打官司。

曾荫权先生提交的提名表格载有 674 名选委的签署，经选举主任朱芳龄法官的查核，裁定曾荫权先生是获有效提名为行政长官的候选人。6 月 16 日下午 5 时候选人提名结束，5 时半朱芳龄法官在中环美利大厦特区政府新闻处新闻会议室宣布，经核实，曾荫权是唯一获得有效提名的候选人。她依法宣布曾荫权自动当选。6 月 17 日，选举结果刊宪，并公布了为其提名的选委名单。同日，署理行政长官唐英年向中央政府提交了报请任命曾荫权为新的行政长官的报告。

曾荫权 1944 年在香港出生，祖籍广东南海九江。他于 1964 年毕业于香港华仁书院预科后即在辉瑞制药公司做推销员。1967 年加入港府任行政主任，1971 年转职为政务官，1981 年在美国哈佛大学进修，获公共行政硕士学位。1985 年任副常务司（后称宪制事务司），1991 年任贸易署署长，1993 年任库务司，1995 年获任财政司。香港回归祖国后，任特区政府财政司司长，2001 年接任政务司司长，成为香港特区的二号人物。2002 年荣获特区大紫荆勋章。

2005 年 6 月 21 日，国务院总理温家宝主持召开国务院全体会议，会议决定任命曾荫权为香港特别行政区行政长官。温总理当即签署了任命曾荫权为香港特别行政区行政长官的国务院第 437 号令，曾荫权即日起就职，任期至 2007 年 6 月 30 日。

曾荫权

温总理在会上发表了讲话。他说，这次香港特区行政长官选举，是在行政长官出缺后进行的一次补缺选举。这次选举是按照《香港基本法》和香港特区《行政长官选举条例》等有关法律的规定进行的，体现了公开、公平、公正的原则。曾荫权先生此次获得714名选委的提名和支持顺利当选，表明他得到了香港各界的广泛认同和支持。

6月24日，曾荫权行政长官的宣誓就职仪式在北京人民大会堂香港厅举行。温总理等出席了宣誓就职仪式。

三、第三任行政长官的产生

2005年，特区政府依据全国人大常委会有关"释法"和"决定"提出的"政改方案"（后文将详述），因遭到立法会中反对派议员的"捆绑"反对，未获全体议员2/3多数通过，导致政府的方案没有通过，使香港的政制发展原地踏步。2007年第三任行政长官的产生办法原则上沿用原办法产生。选举过程中与选委会委员有关的事项，包括选委为其所支持的候选人提名等安排，均通过特区政府新闻公报或以在政府宪报刊登公告的方式做出公布。

香港政制发展的进程和泛民主派对选举策略的调整，使本任行政长官的选举有别于以前的两任。这些新变化可简要归纳为四个"首次"：

首次取消行政长官自动当选的制度。

反对派首次全力以赴参与本届行政长官选举委员会的选举。

以前两届行政长官选委会是先选立法会议员后选行政长官人选，由于选委会选举议员的任务已完成，因此本届选委会是首次为选举行政长官人选而组建的。正因为这个原因，本届选委会组成的时间（2006年12月10日选出）首次距行政长官选举投票日（2007年3月25日）很近，有可能在组成选委会时即提前炒热行政长官选举。

为此，《行政长官选举条例》于 2007 年 1 月又新增了若干规定。现仅对第三任行政长官选举的投票制度要点作一简介。

行政长官选举采用"绝对多数当选制"，即当选者须取得选委会委员过半数有效选票的支持。对有 1 名、2 名、3 名或以上行政长官候选人的投票安排，分别有以下不同的规定：

第一，若只有 1 名获有效提名的候选人，投票安排为：（1）该名候选人取得的支持票须超过有效选票的一半才能当选（在这种情况下，"有效选票"是指"支持票"和"不支持票"两种，余为无效票）。（2）若该名唯一获有效提名的候选人取得的支持票未能超过有效选票的一半，选举程序终止。在此后的第 42 天或其后第一个周日再进行选举投票。此前须依法重开候选人提名期。

第二，若有 2 名获有效提名的候选人，投票安排是：（1）若其中一名候选人取得过半数有效选票，即当选（在这种情况下，"有效选票"是指明确选择某一名候选人的选票，余为无效票）。（2）若没有任何一名候选人取得过半数有效选票（即两人取得票相同），即进行下一轮投票。投票每天进行三轮[1]，直至其中一人取得过半数有效选票而当选。（3）若到 2007 年 6 月 30 日仍未有任何候选人取得过半数有效选票，7 月 1 日起行政长官职位出缺。按照基本法第 53 条第 2 款规定，由政务司长、财政司长、律政司长依次代理行政长官职务。选举程序仍继续进行。

第三，若有 3 名或以上获有效提名的候选人，投票安排是：（1）若其中任何一名候选人取得过半数有效选票，即当选（"有效选票"的概念与只有 2 名候选人的情况相同）。（2）若没有任何一名候选人取得过半数有效选票，则得票最高的 2 名候选人及与其中任何一人

---

〔1〕　首轮投票：早 9 时至 11 时；第二轮投票：下午 2 时至 3 时；第三轮投票：晚 7 时至 8 时。

得票相同的所有候选人进入下一轮投票。（举例来说，在有 3 名或以上获有效提名的候选人中，A 获 35% 有效选票，B 获 25% 有效选票，除此二人外，C 也获 25% 有效选票，则 A、B、C 3 位候选人同时进入下一轮投票。）投票每天进行三轮，直至其中一名候选人取得过半数有效选票而当选。（3）若到 2007 年 6 月 30 日仍未有任何候选人取得过半数有效选票，7 月 1 日起行政长官职位出缺。按照基本法第 53 条第 2 款的规定处理。

在上述 3 种情况下的投票中，凡有以下一种情形者为"无效选票"：选票注有"重复"字样；选票注有"损坏"字样；选票注有"未用"字样；未经填画的选票，即通称的"白票"；选票上有能够识别选民身份的文字或者标记；残破的选票；填画方式不符合规定的选票；无明确选择的选票。

行政长官选举是法律规定的完整过程，包括选举委员会选举和行政长官选举两个阶段。第一阶段是选举产生由 800 人组成的选举委员会。

以往香港的反对派人士认为选委会选举是"小圈子选举"，不屑一顾，用不参选的方式进行抵制，但却视情况积极参加行政长官的选举。而行政长官候选人的产生，必须至少获得全体选委 1/8（即 100 名委员）的公开提名。在 2005 年行政长官缺位补选时，反对派也想全力推出时为民主党主席的李永达为行政长官候选人，但因他没有拿到 100 个选委的提名而未入闸。现实的情况使反对派人士在本届选委会选举中，只好改弦更张，放弃抵制，不得不按游戏规则办，成立统筹选举的机构，首次全力以赴参加行政长官第一阶段的选举。自此，过去比较轻松的选委会选举，就变得比较有竞争性了。

2006 年 9 月 26 日，反对派政党成立了竞选工作小组，由民主党杨森和代表公民党的汤家骅共同担任主席。工作小组的工作分两部分：选举选委的工作由汤家骅、余若薇、张文光、单仲偕统筹；

统筹行政长官竞选办事处的工作，由吴霭仪和民主党总干事夏咏援负责。工作小组推举民促会的高德礼（George Cautherley）为司库，负责监管选举的财务问题。

在公民党 11 月 4 日举行的会员大会上，梁家杰被推举为公民党的行政长官参选人。11 月 6 日，梁家杰又正式成为泛民的行政长官参选人。[1]

2006 年 12 月 11 日，本届选委会界别选举结果揭晓。选举产生的 427 名选委，连同已当选的 369 名选委一起，共同组成本届选举委员会。由于泛民人士的参与，竞争的激烈程度超过以往各届。本届选委会选举共有 1101 名候选人参与，比上届的 723 人高出 53%。据香港选举管理委员会统计，在 23 个有竞争的界别中，总投票率达 27.44%，高于上一届选委选举的 19.49%。

选委会主席彭键基表示，这次选举按照有关法律进行，是公平、公开及廉洁的。[2]

第三届行政长官选委会产生后，泛民阵营的选委已过百[3]，他们中有 132 名选委提名公民党核心人物梁家杰为第三任行政长官候选人。反对派利用只有梁家杰一人公开宣布参选的优势，以"有竞争的选举"为鼓动口号和实施"捆绑策略"，全面展开为梁家杰的拉票活动。

2007 年 2 月 1 日上午，曾荫权先生宣布参选第三任行政长官。这是自香港特区行政长官选举以来，首次出现了建制派推举的候选

---

〔1〕 资料来源：吴霭仪，《梁家杰参选的始末》，载 2007 年 6 月 27 日《信报》。

〔2〕 以上资料来源：《香港特区行政长官曾荫权谈选举委员会界别分组选举》，载大公报出版有限公司出版《香港回归十年志（2006）》，第 306 页。

〔3〕 据香港传媒报道，在第三任行政长官选委会选举中，泛民主派推荐的 137 名候选人中有 114 人当选，加上其在立法会中的 20 个席位，泛民主派在本届行政长官选委会中共有 134 个选委席位。

人和反对派阵营推举的候选人同台竞选的局面。曾荫权先生表态参选后，立即投入竞选活动，分别于 2 日、3 日和 4 日举行了全体选委和四大界别选委共五场答问大会，解释参选政纲，解答选委提问，并通过巡区、给选委打电话、派发宣传单等方式营造良好的选举氛围。

曾荫权先生将参选政纲的重点放在阐释影响香港未来发展的关键因素上，把宏观的发展思路与定位，归纳为发展与保育、民主与管治等十大关系，提出"进步发展观"的理念。政纲针对香港内部对各种大型基建争论不休，令建设停滞不前，严重影响经济发展的现状，综合"环保人文效益至上"和"发展至上"两种思想的合理因素，提出了"进步发展观"：以调和社会矛盾、促进经济可持续发展为主轴，加快政府基建投资，同时在规划过程中考虑环境与人文效益，将保护环境、保育文化的要求，融入建设之中。"进步发展观"是曾荫权先生参选政纲中的一个亮点。

反观梁家杰先生的参选主张，竟然不是为了赢，而是为了"有竞争的选举"，显然是香港反对派"为反对而反对"的思维定势的延伸。实际上，任何人参加竞选都是为了赢，争取选举委员会委员支持也是一场竞争，其最好结果，就是能够排除其他参选人而成为唯一获得有效提名的候选人，即或是之前的自动当选，不仅是香港法律规定的选举制度的一项安排，也是有竞争的选举结果。

反对派参选人抱着这种心态参选，是基于对选举形势的判断。他们的惯性思维认为，选委会多数委员推出的候选人肯定会在"低民望、高得票"中当选，他们希望看到这两者之间的落差，以证明"小圈子选举"的荒谬，向现行的行政长官选举制度提出挑战，以此推动 2012 年双普选的实现。

曾荫权的竞选团队和建制派并没有对反对派的选举策略作简单化处理，他们明了，看到"有竞争的选举"是香港市民的普遍愿望，市民有一种"看戏"的期待，甚至看重一些形式上的"民主要素"，这也是香港文化的题中应有之义。曾荫权的竞选团队在建制派的支持下，顺势而为，迎势而上，全力以赴，在竞选中实现行政长官人选在"高民望、高得票"中产生的目标，以事实回击反对派及其专业界泛民理念人士的误导。这个意图贯穿了整个行政长官选举工程的始终，香港传媒也予以客观报道，构建了基本健康的选举环境。

双方摆擂台，候选人齐上阵。

2007年3月1日和15日，曾荫权和梁家杰举行了行政长官候选人两次公开答问论坛。首次公开辩论于3月1日晚在香港会展中心举行，历时一个半小时，由48位来自33个不同界别的选委会委员发起，共530名选委出席。立法会主席范徐丽泰担任主持人。除香港各大媒体外，CNN、BBC、NHK等共40家媒体过百名记者到场采访。香港5家电视台和2家电台进行了全程直播，约有67%的香港市民观看了电视直播。市民通过大会设立的渠道向两位候选人提出3409条问题。两位候选人先各用3分钟时间介绍自己的政纲，接着各有20分钟的时间回答现场选委的提问，提问者由主持人以现场抽签方式选出。之后是15分钟的公众提问时间，由主持人从场外公众以电邮、传真等方式提交的问题中抽签选出问题，请候选人回答。最后再由候选人各以2分钟时间做总结发言。

两位候选人在辩论中的表现，虽各有精彩之处，但总体而言，曾荫权有近40年公务员生涯的历练，他的行政管理经验在阐发中显得扎实厚重。

候选人放下身段，落区推介政纲。

为了争取高名望，候选人推介施政理念就不能限于选委会的选委，必须面向广大市民。两位候选人都落区达20次以上，直接地气，在开篷巴士上"喊咪"，争取民意支持。候选人这种全方位拉票方式的力度前所未有。

凝聚士气，造势大会壮声势。

3月23日晚，支持曾荫权的造势大会在修顿露天球场举行。有民建联、工联会、自由党、泛联盟、新论坛等建制派政党、团体的负责人和高官、明星及各界人士近4000人出席。各界代表争相上台表态挺曾。"支持曾荫权连任特首"的口号声与各政团挥扬的旗帜，此起彼伏，浑然一体。最后，曾荫权身着印有"我会做好这份工"口号的竞选衫登台演讲，将大会的气氛推向高潮。

3月25日上午，香港特区第三任行政长官人选选举在亚洲国际博览馆举行，出席的789名选委以无记名投票方式，就曾荫权、梁家杰两名合资格候选人进行投票，经近三小时的投票和点票，在772张有效选票[1]中，梁家杰得到123票，曾荫权获得649票，曾荫权当选。按选委投票总人数789名计，投票率达99.1%，曾荫权得票率82.3%，梁家杰15.6%，选举管理委员会主席彭键基法官表示，这次选举的投票和点票过程顺畅，各项安排符合《行政长官选举条例》及其他有关法例的规定。

2007年4月2日，国务院总理温家宝主持召开国务院第十次全体会议，就任命曾荫权为香港特区第三任行政长官做出决定。温总理签署国务院第490号令，任命曾荫权为中华人民共和国香港特别行政区第三任行政长官，于2007年7月1日就职，任期至2012年6月30日。

4月9日上午，温总理向曾荫权颁发了任命令。下午，国家主席胡锦涛会见曾荫权，勉励他在未来5年任重道远的施政工作中，带领各界人士发展经济，改善民生，循序渐进地推进民主，开创香港更美好的未来。

这次行政长官选举，梁家杰的得票数（123票）比提名票（132

---

[1] 这是剔除16张无效选票和1张未使用选票后的有效选票数。

票）还少，使泛民阵营的许多人大跌眼镜。他们原以为，因提名候选人须公开署名，有些选委会担心以后受压而不参与提名，而在无记名投票时再投自己心目中的人选。在这种惯性思维的驱动下，他们估计梁家杰的得票数无论如何也应高于提名数。而选举结果却与他们的预计正好相反。在事实面前，在泛民阵营中流行一时的"中央钦定""中央干预"等说法，不攻自破。

在这次竞选中，各种民调均显示曾荫权的支持率远远高于梁家杰，投票日前后更高达 80% 以上。选举结果表明，一些人士希望看到的行政长官在"低名望、高得票"中当选的局面并未出现。曾荫权先生反而在"三高"——高提名、高名望、高得票中顺利胜出，这证明选举委员会大多数委员的选择与香港社会的主流民意是一致的。

四、全国人大常委会对香港政制发展
做出"解释"和第一个决定

在政制发展实践过程中，香港社会就《基本法》附件一第七项和《基本法》附件二第三项规定有不同理解，由此产生的分歧和争论，持续不断，长达大半年的时间，影响了社会安定。这种不同理解还涉及政制发展的具体操作程序，如不释疑解惑，香港的民主进程很难起步。《基本法》这两个附件的上述两项规定分别是：

> 2007 年以后各任行政长官的产生办法如需修改，须经立法会全体议员 2/3 多数通过，行政长官同意，并报全国人民代表大会常务委员会批准。

> 2007 年以后香港特别行政区立法会的产生办法和法案、议案的表决程序，如需对本附件的规定进行修改，须经立法会全

体议员 2/3 多数通过，行政长官同意，并报全国人民代表大会常务委员会备案。

香港社会对上述规定的争议是："2007 年以后"包括不包括 2007 年；"如需修改"由谁来判定是否修改，建制派主张由中央决定，反对派排斥中央对此的参与，主张由特区自行决定，行政长官的选举到最后，中央才有资格参与；提交立法会表决的修改议案由谁提出，议员能否提修正案；修改立法会产生办法的议案是否如同香港本地立法，行政长官签署同意即可生效，等等。

在法治社会中，人们都生活在法律调控之中。沉默的法律条文与鲜活的个案对接，其桥梁就是诉诸法律解释。香港特区成立后，根据《中华人民共和国宪法》第 67 条，由全国人大常委会行使"解释法律"职权的规定和《基本法》第 158 条《基本法》的解释权属于人大常委会的规定，在面对政制发展中的上述争论时，由全国人大常委会行使释法权，对有关法律规定予以明确，让政制发展适时启动，势属必然，有利于特区政府和社会各界理性地研究和讨论问题，这也是香港法治不可或缺的部分。

中央对香港政制发展问题高度关注，中央有关部门在了解港人意见的基础上对此问题进行了深入研究。在这个过程中，特区政制发展专责小组也向中央有关部门反映了香港社会对两个产生办法所发表的多种意见。在此基础上，全国人大常委会委员长会议提出了解释《基本法》有关规定的议案并列入人大常委会会议议程。2004 年 4 月 6 日，全国人大常委会对《基本法》附件一第七项和附件二第三项做出解释，进一步明确了以下五个问题：

第一，"2007 年以后"，包括 2007 年。

第二，两个产生办法"如需"修改，是指可以修改，也可以不修改。如不做修改，仍适用现有的规定。

第三，是否需要修改，应由行政长官向全国人大常委会提交报告，由全国人大常委会依照《基本法》的规定，根据香港的实际情况和循序渐进的原则确定。

第四，修改两个产生办法的法案及其修正案，应由特区政府向立法会提出，立法会议员无权提出。

第五，修改两个产生办法的议案，只有在依法完成了向全国人大常委会报批和报备的程序之后，才能生效。

上述解释说明，判断两个产生办法是否需要修改的决定权在全国人大常委会。因为香港特区的政制是由全国人大通过《基本法》确立的，两个产生办法作为特区政制的重要组成部分，是否需要修改和为何修改，理应由中央来判断和决定。《香港基本法》两个附件规定的"三部曲"，即立法会全体议员三分之二多数通过、行政长官同意、报全国人大常委会批准或备案，是修改2007年以后两个产生办法必经的法律程序。这次释法还明确了，在"三部曲"之前，还有行政长官就此向全国人大常委会提交报告，由全国人大常委会确定的程序，两者相加，即人们概称的"五部曲"。释法还明确，如全国人大常务委员会同意对两个产生办法做出修改，有关修改的法案及其修正案，由特区政府向立法会提出。这是因为，《基本法》第74条规定，"香港特别行政区立法会议员根据本法规定并依照法定程序提出法律草案，凡不涉及公共开支或政制体制或政府运作者，可由立法会议员个别或联名提出"。也就是说，立法会议员个人或联名不得提出涉及政制的法律草案。因此，关于修改行政长官和立法会产生办法的法案及其修正案，只能由特区政府向立法会提出，立法会议员不能提出。

这次释法虽然由中央主动出手，履行宪制责任，但完全依据程序进行。全国人大委员长会议根据部分香港地区全国人大代表的意见，提出释法草案，并依据《基本法》的规定，征询了香港特区基本法委员会的意见。由政务司司长曾荫权领导的香港特区政制发展专责小组在北京与内地主管部门负责人和内地法律专家分别会面，就香港的政制发展问题交换了意见。这次释法还听取了特区政府政制发展专责小组汇集的香港各界对政制发展的咨询意见。受全国人大常委会的委托，全国人大常委会副秘书长乔晓阳等有关部门负责人，在深圳召开座谈会，听取了香港地区全国人大代表和全国政协常委的意见。3月26日，委员长会议决定于4月2日召开全国人大常委会会议，并将释法草案列入常委会会议日程，于4月6日经十届全国人大常委会第八次会议通过。

随后，行政长官董建华于10月15日依照释法规定，向全国人大常委会提交《关于香港特别行政区2007年行政长官和2008年立法会产生办法是否需要修改的报告》。报告写道：

> 特区政府现已完成就《基本法》中有关政制发展的原则及法律程序问题的研究，经征询行政会议的意见后，我确认政制发展专责小组两份报告的内容和同意专责小组的看法和结论。我认为2007年行政长官和2008年立法会的产生办法应予以修改，使香港的政制得以向前发展。

全国人大常委会第九次会议审议了这个报告，并在会前广泛征询了香港特区政府各方面人士和内地有关部门的意见。4月26日，全国人大常委会通过《全国人民代表大会常务委员会关于香港特别行政区2007年行政长官和2008年立法会产生办法有关问题的决定》（以下简称《决定》）。《决定》有两条：

（1）2007年香港特别行政区第三任行政长官的选举，不实行由普选产生的办法。2008年香港特别行政区第四届立法会的选举，不实行全部议员由普选产生的办法，功能团体和分区直选产生的议员各占半数的比例维持不变，立法会对法案、议案的表决程序维持不变。

（2）在不违反本决定第一条的前提下，2007年香港特别行政区第三任行政长官的具体产生办法和2008年香港特别行政区第四届立法会的具体产生办法，可按照《香港基本法》第四十五条、第六十八条的规定和附件一第七条、附件二第三条的规定，做出符合循序渐进原则的适当修改。

全国人大常委会做出的这个《决定》，否决了2007/2008"双普选"，同时又给特区政制发展留下了空间，这是根据香港实际情况做出的负责任的决定，是中央依法行使宪制权力的果断之举，这是中央对香港政制发展进程做出决定的首例，体现了中央对香港政制发展有宪制性主导权。香港特区是我国直辖于中央的一个地方行政区域，而我国又是单一制国家，地方行政区不是一个政治实体。构成政制中一个重要的组成部分的选举制度和香港特区在国家法律中的地位决定了行政长官和立法会的选举只能是地方性选举，其选举的方向、节奏只能由中央根据基本法的规定和香港的实际情况做出决定。

《香港基本法》第45条和第68条规定，"双普选"是"最终达致"的目标。《基本法》附件一和附件二所规定的"2007年以后"，是两个产生办法可以修改的起始年份，不是"双普选"的起始年份，如果普选在2007年以后立即实行，那就与基本法附件一第七条规定"2007年以后各任行政长官产生办法如需修改"不一致了。用"各任行政长官"的表述，即是说，2007年以后行政长官的产生办法可以进行多次修改，以不断接近普选的目标，而不是到了2007年就立即实现普选产生行政长官。

五、政制博弈的第一个回合

特区政府自2004年1月成立政制发展专责小组以来，就如何修改 2017 年行政长官及 2008 年立法会产生办法，征询了社会各界的意见。专责小组先后在 2004 年 3 月、4 月、5 月和 12 月发表了四份报告书。根据《基本法》附件一、附件二和全国人大常委会 2004 年 4 月 6 日的"解释"和 4 月 26 日的《决定》，2005 年 10 月 19 日，特区政府发表政制发展专责小组第五号报告书，公布了《2007 年行政长官及 2008 年立法会产生办法建议方案》（简称"建议方案"），并即时开始了为期一个月的公众咨询，包括在立法会政制事务委员会等小组会议上讨论、咨询议员的意见。

"建议方案"的最大特色，是将区议员 529 人全体纳入行政长官的选举委员会；将新增的 10 名立法会议员的一半名额，拨给功能团体选举中的"区议员界别"。由于是围绕着区议会做文章，因此"建议方案"又被称为"区议会方案"。"建议方案"的主要内容如下：

（1）2007 年行政长官产生办法。

A．选举委员会的委员数目由目前的 800 人增至 1600 人。

B．选举委员会由目前四个界别组成不变，按新增名额每个界别的委员数目为：

工商、金融界	300 人
专业界	300 人
劳工、社会服务、宗教等界	300 人
立法会议员、区议会议员，乡议局的代表、香港特区全国人大代表、香港特区全国政协委员的代表	700 人

C．维持目前 12.5% 的提名规定。选举委员会的人数增至 1600 人后，实际提名所需人数将不少于 200 人。

D．考虑修订《行政长官选举条例》现行规定，取消"自动当选"。在提名期结束后，若只有一名候选人获有效提名，规定仍需继续进行选举程序。

E．维持目前行政长官不属任何政党的规定。

（2）2008 年立法会产生办法。

A. 立法会议员数目由目前 60 席增至 70 席。根据全国人大常委
会 2004 年 4 月 26 日《决定》[1]，分区直选和功能团体选举将
各有 35 席。

B. 新增的功能团体议席，全数由区议员互选产生。这样，"区
议会功能界别"议席数目由目前的 1 席增至 6 席。

特区政府公布的这个"建议方案"，符合《香港基本法》和全国
人大常务委员会的有关"解释"和"决定"，体现了循序渐进地发展
政制民主的原则。

"建议方案"将行政长官选举委员会的委员数目翻了一番，增
加至 1600 人。按四个界别的分配办法，前三个界别将各有 50% 委
员数目的增长。至于第四界别，专责小组建议委员数目增至 700 人，
其分配委员数为：立法会议员（全体）70 人，区议员（全体）529 人，
乡议局代表 22 人，香港特区全国人大代表（全体）36 人，香港特区
全国政协委员代表 43 人。显然，区议员在第四界别中占了大多数。
这些区议员大部分由选举产生，具有广泛的地区代表性和民意基础，
代表的选民共达 300 余万人，与上一届选举委员会只有 42 名区议员代
表相比，"建议方案"的民主性、代表性有了大幅度的增强，比较符
合香港主流民意希望增加选举委员会委员和扩大选民基础的期望。

"建议方案"把新增的功能团体的 5 席也给了"区议会功能界
别"，使该界别在立法会议席的数目由 1 席增至 6 席。这是在现有功
能团体构成不做任何改动情况下的唯一选择，因为新增的 5 席，在
传统的 28 个功能组别中既无法平均分配，也不能分配给除"区议

---

[1] 《全国人大常委会对香港特别行政区 2007 年行政长官和 2008 年立法会产生办法的决
定》中规定："2008 年香港特别行政区第四届立法会的选举，不实行全部议员由普选
产生的办法，功能团体和分区直选产生的议员各占半数的比例维持不变。"据此，新
增的 10 席须按"各占半数的比例"进行分配。

会功能界别"之外的其他任何一个界别，这些界别选民基础的扩大都是有限的，且对哪些功能界别增加议席，将引起无休止的争执而使选举陷入内耗。"建议方案"这种分配办法，不但着眼于选民基础的扩大，体现均衡参与的原则，而且更实质性地帮助香港政制循序渐进地迈向普选的目标。区议员中的绝大多数是由直选产生的，其选民基础达 300 万人，而且区议员中各个界别的代表比例也大致平衡。在 529 名区议员中，工商界人士 134 人（占 25.3%），专业人士 141 人（占 26.7%），劳工、社会服务和宗教界人士 65 人（占 12.3%），人大、政协、立法会和乡议局人士 189 人（占 35.7%）。这是一个较容易达成共识的方案。

2007/2008 政改方案是特区政府提出的第一个修改两个产生办法的建议方案，即对《香港基本法》附件一和附件二的规定做出修改。反对派议员提出，政府的建议方案必须与普选时间表挂钩，否则就不"收货"。他们的这种要求超出了全国人大常委会 2004 年 4 月 26 日决定的范围，全国人大常委会只能受理 2007/2008 年的政改方案，履行批准或备案的程序。当然，普选时间表是一个可以讨论的问题，但不是 2007/2008 年政改方案所应包含的内容。强行将两者捆绑推销，于法于理均不可行。

特区政府为了争取政改方案在立法会通过，除了确保 35 名建制派议员成为"铁票"外，还必须从 25 名泛民议员阵营中争取 6 至 7 票。[1] 政府官员的拉票工作一直进行到立法会表决的最后一刻。

确保建制派全体议员支持政府的"建议方案"也不是易事。在建制派阵营里面，也有不少人对政改方案的"区议会性"心存疑虑。因为在历届立法会分区直选的实践中，泛民主派和建制派两大阵营的

---

[1]　根据《基本法》的规定，政府政改方案需得到立法会全体议员三分之二多数，即至少 40 名议员的通过。按惯例，立法会主席不投票，当时建制派议员实为 34 名。

得票率基本维持6∶4的格局，泛民主派领先。他们担心因此改变区议会的性质或有可能加剧区议会"政治化"或"泛政治化"，导致区议会选举步立法会分区直选的后尘，而使建制派丧失在区议会选举中的优势。

这种担心是可以理解的，但并不是必然出现的情况。

《香港基本法》第97条规定："香港特别行政区可设立非政权性的区域组织，接受香港特别行政区政府就有关地区管理和其他事务的咨询，或负责提供文化、康乐、环境卫生等服务。"以上规定清楚地表明，区议会作为非政权性的区域组织，其性质是政府设立的地区咨询组织，其职能是就有关地区和其他事务向政府提供咨询意见，区议会的非政权性、非政治性是不能改变的。在基本法的框架内，突出区议员在行政长官选举和立法会选举中的作用，是循序渐进发展民主的一种适当选择，不会因此改变区议会的性质和职能。

自英国在20世纪80年代初匆忙推行代议制改革开始，香港多种政治势力就通过组成政团参与各类选举的方式争夺管治权，选举本身就是一种政治行为，从这个意义上说，区议会选举早已被政治化了。但香港的选举要依法依规进行，各类选举又有其本身的特征，不能离开选举本身而"过于政治化"。比较而言，立法会分区直选中相当多选民以"监督政府"为单一选举理念，容易出现"政治化"，而区议会的性质和职能、区议会选举小选区的划分、选民多数对参选人在本选区实绩的关切，都将制约区议会选举的"过于政治化"。

2005年12月21日，立法会分别对2007/2008年政改方案中的两个产生办法议案进行表决。会前，有近80万市民签名支持政改方案；35名建制派议员自始至终全部出席会议支持方案。在先行辩论的行政长官产生办法议案时，有19名建制派议员发言，以此来争取时间让特区政府尽最后的努力做争取泛民议员的工作。而泛民议员担心由此生变，想尽快完成表决程序，除5名议员发言外，其余均三缄其口。在僵局中，被坊间传为有可能转变态度的一位泛民阵营的议员，率先表态反对政府方案，这一信号发出后，就断了其他泛民议员转态的后路。此后，泛民议员感到否决政府议案之势已明，才在立法会产生办法议案辩论中争相发言，滔滔不绝，前后判若两人，种种煽情表演，均被电视直播收入镜头，留下历史记录。

表决结果尽在人们的预料之中。在 60 名议员中除立法会主席不投票外，34 名建制派议员全部投了支持政府议案的票，泛民议员中有 24 票反对，1 票弃权，未达到《基本法》规定的立法会全体议员 2/3 多数支持的要求，政改议案遭到否决。根据全国人大常委会的"释法"和所做"决定"，香港特区 2007/2008 年两个产生办法无须修改，仍沿用原办法。立法会中的泛民议员仍以政府议案未提供普选时间表和未取消委任区议员议席为公开理由，集中捆绑否决政府议案，致使香港特区丧失了一次迈向普选目标的机会。

"香港"的确是一本难读懂的书，常有出人意表的事情发生。从这次政制博弈第一回合的结局看，建制派并未因他们投票支持的政改方案没有通过而感到受挫和不爽，因为主流民意在建制派一边，泛民主派的民意支持度却因此到了下滑的拐点。建制派不少人认为，有泛民主派承担阻碍香港民主发展的责任"是最好的结果"，并为此而欣欣然；在泛民议员的心目中，则认为政改方案被否决，是他们取得的一次胜利。正如一位投反对票的议员后来忆述的那样：投票后数天便是圣诞佳节，支持民主的市民，"在一番折腾后，也终于收到了由民主派送出的圣诞大礼，普天同庆！"[1]。在不同的政治派别中，能对这一博弈结果形成相同的感受，可以说是一种戏谑化的场景。它反映了香港问题的复杂性。特区政府也顺势将"逢中必反，逢特（香港特区、特首）必反"的"反对派"的帽子戴在了泛民的

---

[1] 《投票前一句钟 煲呔密晤谭梁刘》，载 2009 年 6 月 30 日《星岛日报》。

头上。

政制博弈的第一个回合在导致政制发展原地踏步中告一段落。那么，2012年"两个产生办法"怎么办？普选前景何时明朗？港人带着这些关切进入了下一个选举周期。

六、政制博弈的第二个回合

1. 行政长官的报告和全国人大常委会的第二个决定

2007年7月和12月，特区政府公布了《政制发展绿皮书》和《政制发展绿皮书·公众咨询报告》，在此基础上，根据政制发展"五部曲"程序，12月12日，行政长官曾荫权向全国人大常委会提交《关于香港特别行政区政制发展咨询情况及2012年行政长官和立法会产生办法是否需要修改的报告》（以下简称《报告》）。《报告》在"结论及建议"中说：

> 特区政府2004年专门成立政制发展专责小组，带领社会就香港政制的发展做出积极讨论，并于2005年提出了一套扩大2007/2008年两个选举民主成分的建议方案。特区政府于2005年11月透过策略发展委员会继续推动社会开展普选讨论之后，特区政府首次以《绿皮书》的方式，再一次就香港政制发展进行公众咨询，香港社会就普选议题展开了广泛深入的讨论。特区政府采取多种方法多方推动，其目的是希望凝聚社会共识，尽早实现基本法确立的普选目标。
>
> 这次公众咨询结果显示，香港市民在普选议题上表现出了务实态度。香港社会普遍期望特区的选举制度能进一步民主化，并按照《基本法》的规定尽快达至普选的最终目标。综观立法会、区议会、不同界别的团体和人士，以及市民的意见，在做

出全面考虑后，我认为香港社会普遍希望能早日定出普选时间表，为香港的政制发展定出方向。在 2012 年先行落实普选行政长官，是民意调查中反映出过半数市民的期望，应受到重视和予以考虑。与此同时，在不迟于 2017 年先行落实普选行政长官，将有较大机会在香港社会获得大多数人接纳。

虽然，香港社会就行政长官普选模式仍有不同方案，但对于循"特首先行、立法会普选随后"的方向推动普选，已开始凝聚共识。至于立法会普选模式及如何处理功能界别议席，仍是意见纷纭。不过，制定行政长官和立法会普选的时间表，有助推动这些问题的最终解决。

基于上述结论，我认为，为实现《基本法》的普选目标，2012 年行政长官和立法会的产生办法有需要进行修改。

行政长官的报告全面、如实向中央反映了香港社会对普选议题的意见和建议。基于公众咨询的结果，报告提出了明确普选时间表、双普选的先后次序及 2012 年两个产生办法需要修改这几个重大问题。

《香港基本法》虽然规定了双普选的目标、原则和特区成立最初 10 年的政制发展安排，但并没有明确的时间表和具体的路线图。这是在 20 世纪 80 年代中期起草《基本法》时难以做出规定的，就是香港回归祖国后也不可能立即予以确定。香港政制 10 年稳定期过后，即 2007 年后，两个产生办法可以依法做出修改，以便使香港的政制发展循序渐进地接近普选目标。香港实行原有的资本主义制度，公众的心理期待是政制发展前景能够明朗，有可预见性。行政长官在报告中，将行政长官普选产生的起始时间建议定在 2017 年，这是香港社会各界所能接受的最大公约数，有普遍的民意基础。

关于双普选孰先孰后的顺序，理论上可以有三种选择，特首先行、立法会先行或两者同一年进行。行政长官的报告根据公众咨询的结果，选择了第一种方案，即"特首普选先行、立法会普选随后"的方向。这是有充分依据的。它有利于维护《基本法》规定的以行政为主导的政制；行政长官普选与立法会普选相较，前者简便易行，后者涉及层面和利益较广，不易协调，行事还是"先易后难"为宜；且行政和立法两者之间有一个磨合的过程，分出前后次序，也可有时间做出调整。

全国人大常委会组成人员审议了行政长官曾荫权的报告。2007年12月29日上午，第十届全国人大常委会第31次会议通过了《香港特别行政区2012年行政长官和立法会产生办法及有关普选问题的决定》（以下简称《决定》）。关于普选问题，《决定》写道："2017年香港特别行政区第五任行政长官的选举可以实行由普选产生的办法；在行政长官由普选产生以后，香港特别行政区立法会的选举可以实行全部议员由普选产生的办法。"这个《决定》是香港政制发展历程上的里程碑。

《决定》的其他内容如下：

（1）2012年香港特别行政区第四任行政长官的选举，不实行由普选产生的办法。2012年香港特别行政区第五届立法会的选举，不实行全部议员由普选产生的办法，功能团体和分区直选产生的议员各占半数的比例维持不变，立法会对法案、议案的表决程序维持不变。在此前提下，2012年香港特别行政区第四任行政长官的具体产生办法和2012年香港特别行政区第五届立法会的具体产生办法，可按照《中华人民共和国香港特别行政区基本法》第45条、第68条的规定和附件一第七条、附件二第三条的规定做出符合循序渐进原则的适当修改。

（2）在香港特别行政区行政长官实行普选前的适当时候，行政长官须按照《香港基本法》的有关规定和《全国人民代表大会常务委员会关于〈中华人民共和国香港特别行政区基本法〉附件一第七条和附件二第三条的解释》，就行政长官产生办法的修改问题向全国人民代表大会常务委员会提出报告，由全国人民代表大会常务委员会确定。修改行政长官产生办法的法案及其修正案，应由香港特别行政区政府向立法会提出，经立法会全体议员 2/3 多数通过，行政长官同意，报全国人民代表大会常务委员会批准。

（3）在香港特别行政区立法会全部议员实行普选前的适当时候，行政长官须按照《香港基本法》的有关规定和《全国人民代表大会常务委员会关于〈中华人民共和国香港特别行政区基本法〉附件一第七条和附件二第三条的解释》，就立法会产生办法的修改问题以及立法会表决程序是否相应做出修改的问题向全国人民代表大会常务委员会提出报告，由全国人民代表大会常务委员会确定，修改立法会产生办法和立法会法案、议案表决程序的法案及其修正案，应由香港特别行政区政府向立法会提出，经立法会全体议员 2/3 多数通过，行政长官同意，报全国人民代表大会常务委员会备案。

（4）香港特别行政区行政长官的产生办法、立法会的产生办法和法案、议案表决程序如果未能依照法定程序做出修改，行政长官的产生办法继续使用上一任行政长官的产生办法，立法会的产生办法和法案、议案表决程序继续使用上一届立法会的产生办法和法案、议案表决程序。

会议认为，根据《香港基本法》第 45 条的规定，在香港特别行政区行政长官实行普选产生的办法时，须组成一个有广泛代表性的提名委员会。提名委员会可参照《香港基本法》附件一有关选举委员会的现行规定组成。提名委员会须按照民主程序提名产生若干名行政长官候选人，由香港特别行政区全体合资格选民普选产生行政长官人选，报中央人民政府任命。

会议认为，经过香港特别行政区政府和香港市民的共同努力，香港特别行政区的民主制度一定能够不断向前发展，并按照《香港基本法》和本决定的规定，实现行政长官和立法会全部议员由普选产生的目标。

全国人大常委会的《决定》回应了行政长官报告中的核心建议，即明确了双普选的时间表，也就是说，2017年可以普选行政长官，在此之后，立法会的全部议员可以普选产生。将开始实行普选的时间定在"50年不变"中期的前半段，这是按照"最终达至"的《基本法》规定的双普选目标最积极的安排。此外，决定还明确了双普选前的适当时候，仍要履行"五部曲"的法律程序；明确了行政长官普选时提名委员会可参照《基本法》附件一有关选举委员会的现行规定组成等。

一项民意调查显示，七成香港人接受这个《决定》。香港中文大学香港亚太研究所于2008年1月2日至4日进行的调查中，共访问了909名18岁或以上的香港市民，有高达72.2%的受访者表示"接受/完全接受"2012年不实行"双普选"，并于2017年先普选特首的《决定》，表示"不接受/不完全接受"的只有21.4%。

按照这个《决定》，特区政府于2009年11月18日发表《2012年行政长官及立法会产生办法咨询文件》，就2012年两个产生办法的重要内容向香港社会提出可供考虑的方向，展开了为期3个月的公众咨询。提出行政长官产生办法可考虑的修改方向为：选举委员会规模由现在的800人扩大至不超过1200人；四大界别等比例增加选举委员；第四界别的新增席位大部分分配给区议员，他们在选委会的代表，由民选区议员互选产生，委任区议员不参与互选；维持目前八分之一选委的提名门槛和行政长官不属于任何政党的规定。立法会产生办法可考虑的修改方向为：立法会议席总数由 60 席增加到 70 席，分区直选和功能团体选举各增加五席，新增五个功能团体议席全部分配给区议会界别，区议会界别议席由 1 席增至 6 席，全数由民选区议员互选产生，委任区议员不参与互选。

同日，行政长官曾荫权发表讲话，希望香港社会依照《基本法》和全国人大常委会的规定，在 2012 年两个产生办法的讨论中形成共识，推动香港的政制发展，朝着双普选的时间表迈进。政务司司长唐英年、律政司司长黄仁龙、政制及内地事务局局长林瑞麟，利用多种方式对咨询文件的内容做出解释和说明。中联办负责人接受了新华社记者的专访，充分肯定特区政府在政制发展方面所做的工作，认为咨询文件的内容符合《基本法》和人大常委会的决定，特区政府提出的修改方向增加了民主成分，呼吁香港社会在咨询文件的基础上，理性讨论，形成共识，推动民主发展。

2. 特区政府的建议方案

咨询期结束后，2010 年 4 月 14 日，特区政府公布了《2012 年行政长官及立法会产生办法建议方案》（以下称《建议方案》）。这是自 2005 年之后，特区政府提出的对两个产生办法做出修改的第二个建议方案。

《建议方案》的重点，包括特区政府在咨询总结报告中承诺的内容[1]，如下：

（1）2012 年行政长官产生办法

A．选举委员会人数由现时的 800 人增加至 1200 人。

---

[1] 特区政府承诺的内容为，在未来本地立法时，将行政长官选举委员会第四界别新增的 100 席中的 75 席分配给区议员，由民选区议员互选产生；立法会功能界别新增的 5 席连同原来区议会的 1 席共 6 席由民选区议员以比例代表制互选产生。

B. 选举委员会中的四大界别同比例增加选举委员会委员名额，
即每个界别各增加 100 个议席：

工商、金融界	300 人
专业界	300 人
劳工、社会服务、宗教等界	300 人
立法会议员、香港特区全国人大代表、区议会议员的 　代表、香港特区全国政协委员的代表、乡议局的代表	
	300 人

C. 关于第四界别，建议方案把新增的 100 议席的 3/4（即 75 席）
分配给民选区议员，加上原来的 42 个议席，区议会将共有
117 个议席，由民选区议员互选产生，委任区议员不参与
互选。

D. 余下的 25 个新增议席，除了 10 席分配予立法会议员外，政
协委员增加 10 席，乡议局增加 5 席。

E. 维持目前提名门槛，即选举委员会人数的 1/8，选举委员会
人数增至 1200 人后，实际提名所需人数将不少于 150 人。

F. 维持行政长官不属于任何政党的规定。

（2）2012 年立法会产生办法

A. 立法会议席数目由 60 席增加至 70 席。分区直选和功能团体
各有 35 席。

B. 新增的 5 个功能界别议席和原有的 1 个区议会议席，全数由
民选区议员互选产生。

与 2007/2008 政改方案相比，特区政府在 2012 年的建议方案中
回应了 2005 年反对派立法会议员的两点诉求：一是明确了"双普
选"时间表；二是取消了委任区议员参与行政长官选举委员会和立
法会区议会议席的选举权。对于后者，特区政府在 2012 年的建议方
案中做出了说明："我们必须强调，多年以来，委任区议员与民选区

议员一样，一直都竭诚地服务于市民大众，特区政府是充分肯定他们所做出的贡献。但为了进一步提升选举的民主成分，以及有助社会就 2012 年的政制发展达成共识，我们建议 2012 年只有民选区议员参与选举委员会和立法会内区议会议席的互选。"[1] 这是特区政府为寻求政治共识而做出的最大努力。2007/2008 政改方案被反对派捆绑否决，他们所持的公开理由是政府方案没有普选时间表、没有取消委任区议员的选举权，这次的建议方案满足了反对派的这两个要求，特区政府就占领了道德高地，掌握了主动权，为争取在立法会经全体议员 2/3 多数通过 2012 年政改方案创造了条件。

与 2007/2008 的政改方案相比，2012 年的方案在行政长官选举委员会的构成人数上，比前方案少了 400 人，这是否是民主的倒退？

首先，这两个政改方案在法理上没有必然联系。

其次，特区政府于 2005 年 10 月公布 2007/2008 年政改方案时，全国人大常委会尚未做出决定明确普选时间表。当 2007 年 12 月全国人大常委会决定将行政长官可以普选产生的开始时间定为 2017 年时，2012 年的行政长官选举委员会只能用一次，确实没有必要将选举委员会的规模扩大一倍。按照循序渐进的原则，每届以 400 人的增幅扩宽选民基础是适宜的[2]。

第三，2007 年 12 月 27 日全国人大常委会在决定中已为 2017 年普选行政长官的提名委员会做出指引，即提名委员会可参照《香港基本法》附件一有关选举委员会的现行规定组成。这样，将 2012 年的行政长官选举委员会人数增至 1200 人，四个界别的议席数目保持

---

〔1〕《2012 年行政长官及立法会产生办法建议方案》，2010 年 4 月，第 53 至 54 页。
〔2〕按《香港基本法》的规定，第一任行政长官人选由 400 人组成的推选委员会选出，第二任行政长官人选由 800 人组成的选举委员会选出。

均等，且规模适度，使提名委员会在 2017 年普选行政长官时参照选举委员会组成时简便易行。

可以明显地看出，特区政府先后提出的 2007/2008 年和 2012 年两个政改方案，其突出点是在区议会上做文章。这是因为香港特区经过 10 年的政制发展，在行政长官产生办法上，吸纳了全部区议员或民选区议员参与行政长官选举委员会，不断提升行政长官选举的民主成分。在立法会产生办法上，特区政府在提出政改方案时，随着分区直选议席的逐步增加，已经形成了分区直选和功能团体间选两大部分席位相等的均衡结构，改革的重点也只能落在有 300 多万合资格选民选出的民选区议员身上，并取消了委任区议员的选举权和被选举权。

3. 泛民阵营的方案

如何对待特区政府提出的建议方案，泛民阵营内部分歧公开化，已形不成在立法会再次集体捆绑投反对票的一致行动，出现了兵分两路各搞一套的格局。在实际操作上，泛民阵营形成了两个方案，一是以民主党为首的一些党派政团和部分学者组成的"终极普选联盟"（简称"普选联"），于 2010 年 1 月 24 日成立，有 14 名立法会成员加入。他们标榜走"温和路线"，提出通过与中央及特区政府沟通解决政制发展问题的方案。二是公民党、社民连（简称"公社联盟"）联手提出的"公投"方案。针对这种情况，中央和特区政府从推动政制发展向前走的大局出发，采取了不同的对策。

所谓"公投"方案，香港也叫"五区总辞"方案，是泛民阵营中的激进势力酝酿已久的抗争行动。他们策划在立法会分区直选的五个选区，即在香港岛、九龙东、九龙西、新界东和新界西各安排一名现任立法会议员辞职，立法会产生五个席位空缺后，再利用《立法会条例》在议员缺位时需要补选的规定，刚辞职的议员立即回过头来参加补选，叫响 2012 年进行双普选的口号，使他们一手造成的补选成为以 2012 年双普选为主题的"公投"，意图以"补选"捆绑"公投"鼓动民意，形成声势，达到向中央和特区政府施压的目的，挑战全国人大常委会关于 2012 年不实行普选的《决定》。

2009 年 7 月，在泛民阵营就两个产生办法修改问题举行的首次协调会上，社民连立法会议员就提出"五区总辞"的建议。9 月初，公民党率先表态支持。民主党考虑到自身利益，于 12 月 13 日召开党员大会对此进行投票表决，票决结果是不参与"总辞"，也不以政党名义支持补选。2010 年 1 月 26 日，立法会议员梁家杰、陈淑庄、梁国雄、黄毓民、陈伟业递交了辞职信，正式启动了这场"五区总辞"的行动。

香港现行法律并不禁止现任议员辞职，也不限制议员辞职后经选举重新当选议员。据有关方面估算，"五区总辞"补选需花费公帑 1.5 亿港元。香港激进势力搞的这场"公投"行动理所当然地受到中央有关部门和特区政府的批驳。

2010 年 1 月 14 日，曾荫权行政长官在立法会问答会上表示：在香港进行任何形式的所谓"公投"，都是完全没有法律基础和法律效力的，特区政府是不予承认的。翌日，国务院港澳办发言人也就此发表谈话，谈话指出：

> 众所周知，"公投"是由宪制性法律加以规定的，是一种宪制安排，具有特定的政治和法律含义。香港特别行政区基本法没有规定"公投"制度。香港特别行政区是中华人民共和国的一个地方行政区域，无权创制"公投"制度。在香港特别行政

区进行所谓"公投"没有宪制性法律依据，没有法律效力。[1]

同日，中联办负责人也发表了内容类似的谈话。

上述表态表明，"五区总辞、变相公投"，是对《香港基本法》及其下的宪制结构的冲击，不符合香港特区的宪制。《中华人民共和国宪法》第 62 条第 13 项规定：在全国人民代表大会行使的职权中包括"决定特别行政区的设立及其制度"。这是中央的权力。中国作为单一制国家，包括香港特区政府在内的各级地方政府的权力，均由全国人大依法授予。香港特区作为中华人民共和国的一个地方行政区域，既无权自行决定政制发展，更无权创制"公投"制度。中央有关部门和特区政府的表态，使不少建制派人士清醒，丢掉了一度想通过"补选"与泛民辞职议员争夺席位的想法，决心一致行动，纷纷做出不参选、不助选、不投票的决定，使"公投"成为泛民派少数人自编自演的一场闹剧。行政长官和问责官员坚持不投票，向全社会表达了清晰的立场。

此事的最后结果于 2010 年 5 月 16 日揭晓，立法会五区补选以社会公认的失败而告结束。共有 24 名候选人报名参选，约有 57.9 万名选民投票，投票由早上 7 时 30 分至晚上 10 时 30 分进行，总投票率为 17.1%，比 2008 年立法会选举时 45.29% 的投票率低 28.19 个百分点，比 2007 年香港岛补选时 52.06% 投票率更低近 35 个百分点，成为香港回归以来历次立法会选举投票率最低的纪录。

政制及内地事务局局长林瑞麟凌晨在选举新闻中心对媒体表示，这次立法会补选，是特区政府成立以来立法会的大选及补选中，投票率最低的一次，从而看到市民对五区辞职补选的支持较低。这次

---

[1] 《国务院港澳办发言人就香港个别社会团体发动对香港政制发展问题进行"公投"一事发表谈话》，2010 年 1 月 15 日，载 2010 年 1 月 16 日《人民日报》。

只有 57.9 万人出来投票是一个事实。50 多万人意见要尊重，但同时又有 280 万人选择不参与补选。无论补选结果如何，都不影响政府处理政改的程序。

4. 政制发展前进了一步

为了争取政府的建议方案能在立法会获得法定多数议员赞成通过，特区政府在推介、解释所提方案方面做了大量工作。中联办也在香港集中听取了一些政团和社会团体的代表对政制发展的意见和建议，先后于 2010 年 5 月 4 日和 13 日，通过香港工联会主导的"政制向前走大联盟"和香港中华总商会召开了两场政改座谈会，释放正面声音，阐述中央在香港政制发展问题上的立场，解释中央支持特区政府政改方案的主要考虑。对民主党表示的接触、沟通态度，中央和特区政府也予以相应的回应，中联办的代表和民主党的代表直接进行了沟通。

2010 年 5 月 24 日上午，中央政府驻港联络办副主任李刚、法律部部长冯巍和副部长刘春华，与民主党代表主席何俊仁、副主席刘慧卿和中委张文光在中联办办公大楼就香港政制发展问题举行会谈。会谈进行了约 2 小时 15 分钟。这是双方自香港回归以来的首次直接接触。

李刚副主任于会面后的当天下午在中联办举行的新闻发布会上，介绍了这次会面的背景和基本情况。李副主任说：

> 从去年下半年政改咨询以来，民主党提出要在基本法和全国人大常委会决定的框架下，通过协商、沟通的方式解决香港政制发展问题的主张，并通过各种方式表明希望与中联办直接沟通，特区政府也向我们反映了民主党的这个愿望。不久前，中联办法律部冯巍部长与民主党主席何俊仁、副主席刘慧卿和

张文光议员就接触的有关具体安排事宜进行了商谈；今天上午，我与三位议员在中联办办公大楼会面。会面中，三位议员阐述了他们关于香港政制发展问题的意见和主张；我向几位议员详细阐述了我们在政制发展问题上的原则立场，表达了我们对2012年两个产生办法向前迈出一步的期望。与民主党的会面是在坦率的气氛中进行的。[1]

5月26日，李刚副主任、冯巍部长和刘春华副部长，就香港政制发展问题又与"普选联"的代表举行了会谈。参加会谈的普选联代表共有七人，包括召集人冯伟华、副召集人蔡耀昌、黄碧云，成员汤家骅、李卓人、陈健民和叶健民。会谈进行了两个半小时。

李刚副主任会后在出席一个公开活动时表示，双方会面气氛坦诚，虽然仍存在很大的分歧，但在几个问题上有共同点：第一，香港政制发展要根据《基本法》和全国人大的《决定》；第二，双方都认为香港政制发展要向前迈进一步；第三，只有理性、沟通的态度才有利于问题的解决。

普选联也在当天下午举行记者会通报会谈情况。陈健民解释了他们提出的区议会方案，称此方案并非所有市民都有参选权，仍然维持功能组别的性质，并无违反《基本法》和全国人大的《决定》。叶健民说，现时立法会的乡议局功能组别议席也是根据地域选举产生的，所以只要特区政府将一人一票选出的区议会议席界定为功能组别议席，便不会违反有关的规定。

5月28日，继民主党及普选联后，李副主任、冯部长和刘副部

---

〔1〕 全国人大常委会香港基本法委员会、全国人大常委会澳门基本法委员会办公室编，《中央有关部门发言人及负责人关于基本法问题的谈话和演讲》，北京：中国民主法制出版社，2011年版，第106—107页。

李刚副主任与民主党主席何俊仁议员、副主席刘慧卿议员和张文光议员会面

长，就香港政制发展问题与香港民主民生协进会（民协）的代表会谈。民协参加的代表有：主席廖成利、副主席谭国侨和莫嘉娴、中委兼立法会议员冯检基、总监徐锦成。这是中联办负责人在一周内第三次与泛民团体代表就政改问题交换意见。

李副主任就此公开表示：三次会面提出的问题各不相同，中联办将分三个层次处理：第一部分是早前在报纸上各政团公开谈过的内容，已向他们阐述了中央一贯的原则、立场，这部分无须再回复；第二部分是属于特区政府层面可以处理的事情，中联办会转达给特区政府；第三部分是这次会面提出的一些新的意见和主张，中联办会向中央报告。

在此期间，行政长官曾荫权率政府问责团队近30名官员，以"起锚"（Act now）为主题，落区呼吁市民支持政改方案，齐心"起锚"向普选进发。

关于民主党所提的方案，综合民主党与中联办、特区政府在沟通对话中所示立场以及后来民主党在网上公布的对话经过[1]，可简要归纳为两个要点：

一是关于普选的主张。2017年行政长官普选不设过高的提名门槛及任何形式的提名预选或筛选；2020年立法会普选必须普及而平等，废除功能组别；中央应为普选路线图作十年立法，并就普选定义做出表述。

二是关于2012年立法会功能团体选举新增5席的产生方式。政府的建议方案是将新增5席连同原来区议会组别的1席共6席，全部由民选区议员互选产生，即委任区议员不参与互选。民主党的方案提出区议会新增5席将投票权扩展至全港320万在传统功能组别没有投票权的合资格选民，即由区议会提名后由全港320万选民（不包括在其他功能组别有选举权的约23万选民）选出。民主党此方案的意图是借此次政改，将"区议会组别"选举的民主成分扩大到极限。这就是说，普通选民既可在所属地方分区直选中投一票，又可在区议会功能界别中投一票。这种选举方式被称为2012年立法会选举的"一人两票"，此方案又被称作"改良的区议会方案"，其组别又被称为"超级功能组别"，立法会新增的这5席也随之被称为"超级议员"。

在上述方案的两个要点中，第一点有关普选行政长官的提名问题，根据《香港基本法》第45条的规定，行政长官普选时，由提名委员会提名后普选产生，和现时的选举委员会在提名方式上不是同一个概念。前者是机构提名，后者是选举委员会委员提名，两者不同类，没有可比性，也就无法讨论提名门槛孰高孰低的问题。

这个方案所涉行政长官和立法会的普选问题，根据全国人大常

---

[1] 即《政改六人工作小组报告》（2010年7月8日），何俊仁撰写，何俊仁、刘慧卿、单仲偕、李永达、杨森、张文光签署。

委会 2007 年 12 月的决定，在两个产生办法实现普选前的适当时候，行政长官须向人大常委会做出报告，由人大常委会确定。因此，2017 年的行政长官普选方案，应由第四任行政长官和第五届立法会处理，而 2020 年的立法会普选方案，应由 2017 年普选产生的行政长官和第六届立法会处理。根据"五部曲"的法律程序，现届特区政府只能落实 2012 年两个产生办法的修改。将未来的普选方案和 2012 年的政改方案捆绑，既不符合法律程序，也无法操作。每一届政府和议会做好自己任期内的事情应是本分，这大概也是世界惯例。当然，普选的问题是可以研究讨论的，而且特区政府已表明，将把在 2012 年两个产生办法的公众咨询期收集到的有关普选的意见做出归纳和总结，供 2012 年和 2017 年产生的特区政府在处理"双普选"问题时参考，这是本届的特区政府应尽的责任，其权限也只能到此为止。

方案第二点所涉新增 5 个功能界别议席的产生方式，是民主党所提一揽子方案中唯一一条与 2012 年政改方案挂钩的内容，但它大幅度改变了特区政府建议方案所提的产生办法，一时还不被人们所充分消化和了解，在建制派中引起了疑惑，不少人认为将新增 5 个功能界别的选民基础一下子扩大到 300 多万人，实为变相增加直选议席，质疑这一做法有违《基本法》和 2007 年 12 月全国人大常委会的《决定》，与《决定》中的"功能团体和分区直选产生的议员各占半数的比例维持不变"的规定不符。

立法会对政改方案投票表决的时间是 2010 年 6 月 23 日。6 月 7 日，香港特区政府向立法会提交了有关 2012 年两个产生办法修改方案的议案，这个议案是在特区政府 4 月 14 日正式公布了建议方案后，广泛听取社会各界意见的基础上形成的，在立法会表决前短时间内解决政府建议方案和民主党所提方案的分歧是不现实的，只有打破僵局，求同化异，顺应民意，才能推动政制发展向前走。为此，在特区政府提交议案的同一天（6 月 7 日），全国人大常委会副秘书长乔晓阳对香港媒体发表了讲话，就香港社会在理性讨论中出现的一些较大的分歧坦诚发表了看法，呼吁立法会议员和香港各政团从维护香港整体利益和促进香港民主发展的大局出发，"支持通过 2012 年两个产生办法的修改方案，从而为按照全国人大常委会决定的时间表实现行政长官和立法会普选创造条件"[1]。他在谈话中还谈到了区议会界别立法会议员产生方式问题：

> 对于特区政府提出的 2012 年两个产生办法修改方案，有团体建议区议会功能界别的 6 个议席由区议会民选议员提名，交全港没有功能界别选举权的选民选出。我从香港报纸上看到，对这个建议香港社会存在有明显不同的看法。不少团体和人士认为这是变相直选，质疑这一做法有违基本法和全国人大常委会的决定。我想，区议会作为一个功能界别，一直是由区议员互选产生立法会议员。这种选举办法在香港已经实行多年，社会早已广泛认同，对其符合基本法没有异议。2012 年政改方案只不过把新增加的 5 个功能界别议席连同原来的 1 个议席仍然交由区议员互选产生，保持了大家熟悉的区议会功能界别选举模式，我看这样做是恰当的。[2]

政制发展已经到了这样一个重要时刻，正在与中联办对话的民主党当时如何理解乔晓阳的这一谈话呢？据该党《政改六人工作小组报告》记载，他们从乔晓阳 6 月 7 日讲话得到的"最重要的信息"是：就 2017 年和 2020 年双普选的安排，包括 2017 年行政长官的提

---

〔1〕 全国人大常委会《香港基本法》委员会、全国人大常委会《澳门基本法》委员会办公室编，《中央有关部门发言人及负责人关于〈基本法〉问题的谈话和演讲》，第 111 页。
〔2〕 同上。

名程序以及 2020 年是否全面废除功能组别，中央不会在处理 2012 年政改时一并解决。同时，何俊仁先生对乔副秘书长有关改良区议会方案的谈话做了这样的解读："乔晓阳的讲话，有一点却是十分显著而不寻常的，就是提到民主党 2012 年区议会改良方案时，他只表示听到有意见指方案违反人大常委会 2007 年的决定，他个人认为此方案不适合香港。乔晓阳以人大副秘书长身份代表中央发言，就改良方案的合法性，没有一锤定音否决此方案，我感到他可能要蓄意留下一个空间，日后作妥协之用。"

民主党循着以上的判断和思路，经过内部评估，调整了对话策略，将未来普选"路线图"和改良的区议会方案做了分拆，把重点放在争取中央和特区政府接受改良的区议会方案上。"如果民主党能成功争取落实 2012 年区议会改良方案，是一个政治的突破，将打破僵局，创出一个新的局面。"何俊仁个人还认为，基于他对乔晓阳讲话的判断，"中央有动机在此时争取一个可接受的妥协"。6 月 13 日，何俊仁以主席的个人身份，利用民主党的一个有关民调的记者会，表达了他的观点。次日，这一信息立即得到特区政府政务司司长唐英年等官员约晤核实。6 月 17 日，基本法委员会副主任梁爱诗经详细了解后，公开表示民主党的 2012 年改良方案不违反 2007 年全国人大常委会的《决定》，《基本法》委员会内地委员饶戈平也表示，民主党改良的区议会方案可以讨论。6 月 19 日，行政长官曾荫权等官员与何俊仁、张文光会面，告之，希望民主党在稍后的特别中央委员会会议通过支持 2012 年改良方案的动议，中央才授权特区政府公布修订方案。当天傍晚，民主党特别中委会议以 23 票支持、3 票反对、1 票弃权表示支持在立法会通过民主党的 2012 年改良方案。6 月 20 日上午，香港中联办副主任李刚和冯巍、刘春华与民主党的代表何俊仁、刘慧卿、张文光会面，通知他们中央政府的研究结果，认为 2012 年改良方案符合人大常委会的决定，如获立法会通过，实行的的细节将由特区政府以本地立法的形式自行处理。6月21日中午，行政长官曾荫权公布特区政府接纳民主党的改良方案。同日，中联办负责人就此发表谈话：

> 特区政府正式向立法会提交政改方案后，一些政团和人士提出希望区议会界别新增议席采用"一人两票"的方式产生，不少意见认同并希望特区政府能够采纳这一方案，推动2012年政改方案在立法会获得通过。"一人两票"涉及的是立法会内区议会界别议员的产生方式问题，是香港本地立法层面解决的问题。在2012年立法会产生办法中纳入"一人两票"因素，可以进一步提升2012年政改方案的民主成分，也不抵触人大常委会的有关决定精神。特区政府采纳这一建议，有助于2012年政改方案获得通过，中联办对此持积极支持的态度，并乐观其成。[1]

中联办有关负责人的上述谈话，言简意明，说出了改良的区议会方案是"香港本地立法层面解决的问题"。其法理依据是，《香港基本法》附件二在立法会的产生办法中规定："各个功能界别和法定团体的划分、议员名额的分配、选举办法及选举委员会选举议员的办法，由香港特别行政区政府提出并经立法会通过的选举法加以规定。"而采用"一人两票"的方式产生区议会界别的新增议席，即属这个范围，不抵触《基本法》的上述规定。从这件事中可以看出中央对有关香港政制发展问题的建议、意见采纳与否，完全以《香港基本法》、全国人大常委会的释法和所做《决定》为依据。

按照惯例，立法会对两个产生办法修改议案，采用分开辩论和分开表决的方式进行审议。2010年6月23日，当下午1时开始辩

----

〔1〕 见香港《大公报》（2010年6月22日）。

论时，何秀兰议员在发言中提出"中止待续"动议，要求押后表决。大会被迫转入对此动议长达 4 小时的辩论，导致辩论至 22 时未能完结，因而未能付诸表决。24 日上午 9 时继续辩论，至 22 时半经 13 个多小时激烈辩论，最后以 46∶13 通过特区政府提出的 2012 年行政长官产生办法修改议案。36 名建制派议员全部投赞成票（立法会主席曾钰成按惯例不投票）。另 10 名议员（民主党议员 8 人，民协冯检基 1 人和独立议员李国麟）亦投赞成票。公民党 5 位议员、社民联 3 位议员和李卓人、梁耀忠、何秀兰、张国柱及于 6 月 23 日刚退出民主党的郑家富等 13 人投反对票。

24 日下午 2 时半，大会开始辩论立法会产生办法修改议案。至当日晚 22 时宣布会议暂停。25 日上午大会继续进行至下午 1 时半，经过长时间的辩论，以 46∶12 通过。反对派议员梁国雄在投票前高呼口号，干扰特区政府官员的总结发言，被责离场未投票，只有 12 名反对派议员投了反对票。

2010 年 7 月 28 日，行政长官曾荫权报请全国人大常委会批准《中华人民共和国香港特别行政区基本法附件一香港特别行政区行政长官的产生办法修正案（草案）》，报请全国人大常委会备案《中华人民共和国香港特别行政区基本法附件二香港特别行政区立法会的产生办法和表决程序修正案（草案）》。

全国人大常委会以做出决定的方式，对行政长官的产生办法修正案草案行使批准权。在全国人大常委会分组审议的基础上，由法律委员会审议并提出对行政长官的产生办法修正案草案审议结果的报告和批准决定（草案），由全国人大常委会全体会议表决通过，有关修正案自批准之日起生效。立法会的产生办法和表决程序修正案草案，在全国人大常委会分组审议的基础上，由法律委员会审议并提出对立法会的产生办法和表决程序修正案草案审查意见的报告，由全国人大常委会全体会议对该报告进行表决，表决通过后以全国人大常委会公告的方式公布该修正案，并宣布依法予以备案并生效。

这是香港回归以来，香港特区行政长官首次报请全国人大常委会批准和备案两个产生办法修正案草案，也是全国人大常委会首次履行批准和备案香港特区两个产生办法修正案草案的法律程序。从上述操作中，人们也是首次获知全国人大常委会批备两个产生办法修正案的法律程序。

2012年政改方案能在立法会获高票通过，是中央和特区政府与民主党沟通互动的结果；是特区政府全部主要官员、副局长、政治助理等向社会各界别游说、下社区发传单、到学校与师生对话的结果；是顺应香港主流民意之举。达成共识的过程可以用一句人们熟悉的古诗形容：山重水复疑无路，柳暗花明又一村。

特区政府能从立法会泛民议员中争取到足够的票数[1]是多种因素促成的。

香港的泛民阵营是一个松散、内部时有分化的联盟，各有各的盘算。由于2012年政改方案仍是"区议会方案"，对拥有区议员人数不多的公民党和激进组织而言[2]，2012年政改方案对他们的吸引力不大，其内部也没有什么压力，于是他们另组一路人马，走向"五区公投"的道路，提前热身，意在为2012年的立法会选举造势。

在泛民阵营中，民主党拥有的区议员最多[3]，但该党在2005年参与泛民的集体捆绑，否决了2007/2008年以区议会为重点的政改方案，使党内二、三梯队通过这个方案"上位"到立法会的期待落空。民主党不经党内民主协商，就选择参与泛民的集体捆绑，否决特区政府的政改方案，自行堵塞由基层区议会进入上层立法会的政治通

---

〔1〕 民主党9名立法会议员中有8名投票支持2012年政改方案，再加上冯检基、李国麟议员的支持，使政改方案获立法会全体议员2/3多数通过。

〔2〕 按2007年区议会选举结果，公民党有区议员8人、社民连6人、前线6人。

〔3〕 按2007区议会选举结果，民主党有60名区议员。

道，由此加剧了党内矛盾是显而易见的。民主党最终经过党内表决程序，集体投票决定有条件地支持 2012 年政改方案，也是为维护民主党整体利益而做出的决择。

　　泛民阵营对 2012 年政改方案采取的与对 2007/2008 年政改方案不同的对策，为特区政府从泛民阵营争取拥有最多立法会议员的民主党支持，提供了做工作的契机。在本次政制博弈中，民主党作为一个整体没有参与"五区公投"行动，承认中央在政改中的宪制权力："中央有权全面审视和批准政改安排，若不承认这点，便脱离了香港的政治现实。"[1] 这样，中联办的代表和民主党代表就有了沟通对话的基础。此外，民主党在对话议题的单子中，删去了讨论双普选的内容，因为"香港政府过往已多次声明，根据 2007 年人大常委会决定，他只获中央授权处理 2012 年的政改问题，故香港官员根本不会讨论 2012 年后、与 2017 年和 2020 年相关的终极普选路线图"。[2] 这是一个务实的态度。

　　政治也是平衡的艺术。中央和特区政府因势利导，审时度势，最后也采纳了民主党的"改良的区议会方案"。此次政制博弈自 2009 年 11 月 18 日起，经过公众咨询和审议表决两个阶段，历时 7 个多月，通过坦诚沟通、理性讨论，终达共识，使香港的政制发展迈出了一步。

七、第四任行政长官的产生

　　第四任行政长官的产生办法按照 2010 年 6 月立法会通过的修改办法进行。提名期从 2012 年 2 月 14 日始，至 29 日结束，为期半个月，只要获取选委 150 人或以上的提名，即可成为候选人，投票日

---

[1]　《政改六人工作小组报告》（2010 年 7 月 8 日）。
[2]　同上。

为 3 月 25 日。本届选举委员会人数为 1200 人，其中有 5 人因港区全国人大代表与立法会议员身份重叠，使选委的实际人数减至 1195 人。行政长官选举经费上限为 1300 万港元。

所谓"选举经费"，香港本地法律称"选举开支"，其含义指一名候选人或代表候选人的选举开支代理人，在选举期间或其前后，为促使该候选人当选，或为阻碍另一名候选人或一些候选人当选，而产生或将产生的开支。候选人可接受选举捐赠以偿还选举开支。选举捐赠只可用于偿付候选人的选举开支。候选人无须将超逾选举开支上限或未使用的捐赠退回捐赠者，但必须将之捐给慈善机构或属于公共性质的信托机构。候选人要为其选举开支全部款项负责。

"选举开支"用于选举广告（文字、声像等公开资料）、选举聚会（公众集会、公众游行、选举展览、在私人地方聚会）、选举论坛和负面宣传。"负面宣传"指社团或有关人士为支持某参选人而对其他参选人展开的负面宣传。这种负面宣传必须内容属实，否则属非法行为。

对行政长官选举开支上限做出规定，是为了避免经济状况优裕的候选人获得不公平的优势。上限额数取决于选民人数，兼及通胀因素。每任行政长官选举开支的上限因此有差别。[1]

如果届时只有 2 名候选人而无人取得选举委员会委员 601 票或以上，选举主任会宣布选举无效。特区政府届时将按法例，于 42 日之后即 5 月 6 日举行第二个投票日，提名期亦会重新展开。

此次行政长官选举，截至提名期结束时，以获得的提名票多少为序共产生了 3 名候选人。他们是：唐英年（390 票）、梁振英（305 票）、何俊仁（188 票）。

多次民调显示，在上述 3 名候选人中，何俊仁始终陪于末席。此间舆论普遍认为，本任行政长官选举，实为"双英之争"（唐英年

---

[1] 例如第三任（2007 年）行政长官选举开支最高限额为 950 万港币。

梁振英

与梁振英）。由于参选前唐英年任特区政府的财政司司长和政务司司长，梁振英长期任特区政府行政会议召集人，因而本次行政长官选举又被通称为"建制派之争"。

2012年3月25日，选举委员会委员投票选出了第四任行政长官人选。选举主任潘兆初法官公布了点票结果：梁振英689票，何俊仁76票，唐英年285票。梁振英取得有效票超过1200名选委的半数，根据《行政长官选举条例》有关规定，当选为香港特区第四任行政长官人选。3月28日，国务院总理温家宝签署《中华人民共和国国务院令》第616号，任命梁振英为香港特别行政区第四任行政长官，于2012年7月1日就职。

梁振英1954年生于香港，原籍山东威海。1971年入读香港理工学院建筑测量系，毕业后留学英国布里斯托理工学院，获估价及地产管理学位。回港后入香港仲量行工作，为该行董事。后创办梁振英测量师行，任董事总经理，并在台北、上海、深圳开设产业测量师行。1980 年加入促进现代化专业人士协会，历任秘书长、会长。1989 年 5 月参与发起成立新香港联盟。曾任香港测量师学会和英国皇家测量师学会香港分会副会长等职。1985 年受聘为《香港基本法》咨询委员会委员，后任秘书长。1988 年获选为"香港十大杰出青年"。1993 年任香港特别行政区筹委会预备工作委员会委员，1995 年任全国人民代表大会香港特别行政区筹备委员会委员，并任副主任委员。香港特区成立后，任行政会议成员、行政会议召集人等职。

特区政府为梁振英先生设立了候任特首办公室，位于下亚毕厘道中区政府合署西座 12 楼。任命财经事务及库务局副秘书长刘焱为候任特首办秘书长，工作人员有 5 名首长级人员和超过 20 名非首长级人员。

3 月 30 日，根据行政长官条例，梁振英在"签字仪式"上签字，以法定声明方式，表明自己不属于任何政党。

4 月 24 日，3 名行政长官参选人提交选举开支报告。梁在竞选时获捐款逾 1400 万港元，较唐多 300 多万。梁的选举开支为 1100 万，较唐英年多 20 余万。二人扣除开支均将余款（合共约 400 万）捐给慈善机构。何的竞选开支为 120 多万港元。[1]

至此，第四任行政长官选举工作全部完成。

与此前行政长官选举相较，本任选举有异同，有值得回味和探讨的地方。

本次选举是在行政长官产生办法做出首次修改以后进行的，但选举的大格局、选战的总趋势没有变。选出爱国爱港人士中名望较高者为行政长官人选，仍是超过半数以上选举委员会委员们的选择。梁振英先生在多类、多次民调中占据民意支持度的较高位置，在经过选战的起伏跌宕之后，直到投票前夕，梁先生的民意支持度仍达

---

〔1〕 林秋月整理，《选举日志："呢个系我主场，我要做特首"》，载苏钥机主编，《特首选战·传媒·民意》，香港：天地图书有限公司，2012 年版，第 322 页。

35%，高于唐英年先生的 19% 和何俊仁先生的 14%[1]，同以往的行政长官选举结果一样，名望高者当选。

一位立法会议员在报章上发表文章指出了这次行政长官选举的四大特征：一是候选人频遭人揭发污点和疑似污点；二是犹如普选，候选人争取的对象是香港市民而不只是 1200 名选委；三是关于候选人的民调比往届出炉早；四是送嫁娘的比新娘还要紧张，这是过去所未见的。[2] 这篇文章注意到了此次选战与以前的不同，有一定的代表性。除第二点特征已在第三任行政长官选举中早已有展示外，其余确为"新发现"。

对本任行政长官选举将比以往竞争激烈，人们是有心理预期的。选民基础毕竟扩大了 400 人，而且本任行政长官将参与行政长官普选产生模式的设计，这些新的因素必将促进竞争。而在竞争中，候选人通过言辞交锋，寻找理由战胜对方也是常见的一种竞选方式。但这种方式的运用不能太任性，不能逾越港人的核心价值观和道德底线，要考虑多数港人的适应度和接受度。

本次选举令人意外的负面新闻不断出现，如"感情缺失""西九事件""僭建风波""江湖饭局"等等，令人目不暇接、瞠目结舌；使竞选者陷入泥浆摔跤，难解难分；也使投票者短时间内真假难辨，举棋不定，有的只好放弃投票。在这种情况下，胜出者不可能高票当选。据投票日第二天（3 月 26 日）《星岛日报》初步报道，有效选票 1132 张，白票 82 张，为历届之冠；61 名选举委员放弃投票权利。此次投票结果的一些细节已不可考，但却是此前特首选举中未曾出现过的现象。特别是这次选举出现的恶性竞争有可能导致建制派产生裂痕而难以弥合。

---

〔1〕　张炳良，《梁振英当选后的挑战》，2012 年 3 月 28 日《明报》。

〔2〕　详见何钟泰，《今届特首选举新启示》，2012 年 3 月 1 日《信报》。

这次选举，社会公认民调和传媒起了重要的作用。

这次选举民调特别多。一位研究者认为可分为四类[1]：一是学术类，即几所大学研究机构所做民调；二是委托类，即各传媒委托研究机构做的民调；三是政治类，主要为政党、与选举相关的机构做的民调；四是参与类，即某些社会团体、机构为公民参与做的民调。此外，还有网上民调，代表部分网民的意见。

上述民调，各有侧重，都给候选人和选委造成压力，成为候选人及其竞选团队调整选举策略和部署的重要依据。当然，人们也清楚，这些民调良莠不齐，那些带有明显政治性和强烈功利性的民调，会因缺乏客观公正和科学民主，经不起实践的验证而被自然淘汰。

以前的特首选举，传媒主要发挥了其本身固有的传播功能，这届选举传媒还起了一定的组织作用。5年前的特首选举，有8家电子传媒举办了行政长官选举论坛，这次选举电子媒体增加到11家，而且由媒体人担任选举辩论安排的召集人和发言人。在"僭建风波"的报道中，大批传媒租用吊臂车从空中拍摄僭建情况，这一场面再经电视播出，电视特写镜头有夸张的功能，以极强的震撼力冲击着观众的视野，被香港媒体点评为香港新闻史上的经典镜头之一。可以预料，在今后行政长官的选举中，选战、传媒和民意三者的互动、互纠、互补，或可称为大趋势，满足港人喜欢"看戏"的心理。

八、政制博弈的第三个回合

1. 行政长官的报告和全国人大常委会的第三个决定

根据2007年12月29日全国人大常委会的《决定》，2017年香

---

[1] 详见邓键一，《民调特别多》，载苏钥机主编《特首选战·传媒·民意》，香港：天地图书有限公司，2012年版，第230—234页。

港特区第五任行政长官的选举可以实行由普选产生的办法；在行政长官实行普选前的适当时候，行政长官须按照《基本法》的有关规定和全国人大常委会 2004 年 4 月 6 日的释法，就行政长官产生办法的修改问题向人大常委会提出报告，由人大常委会确定。据此，2014 年 7 月 15 日香港特区行政长官梁振英向全国人大常委会提交了《关于香港特别行政区 2017 年行政长官及 2016 年立法会产生办法是否需要修改的报告》（以下简称《报告》）。

　　这份报告的产生过程是这样的：

　　2013 年 10 月 17 日，香港特区政府宣布成立由政务司司长领导、律政司司长和政制及内地事务局局长为成员的政改咨询专责小组（专责小组），负责处理 2017 年行政长官和 2016 年立法会产生办法的公众咨询工作。从 2013 年 12 月 4 日至 2014 年 5 月 3 日，专责小组就两个产生办法广泛收集社会各界意见，在 5 个月的咨询期中，共收到约 124700 份书面意见。此外，专责小组还出席了立法会政制事务委员会的特别会议和十八区区议会的相关会议，直接听取立法会议员和区议员对有关议题的意见；出席了立法会的公听会，听取 277 个团体和个别人士对相关议题的意见；与大部分立法会功能界别及选举委员会界别分组的人士会面；出席了多个由不同团体举办的论坛和座谈会，听取对两个产生办法的意见。在整个咨询期，专责小组共出席了 226 场咨询及地区活动。专责小组将在上述活动中收集到的意见形成《咨询报告》提交给行政长官，行政长官予以确认并同意向公众发表。在此基础上，行政长官向全国人大常委会提交了就 2017 年和 2016 年两个产生办法是否需要修改的《报告》。《报告》全面、客观地反映了香港社会对行政长官普选办法和 2016 年立法会产生办法的意见和诉求，既有共识的内容，也反映了分歧，是一个负责、务实的《报告》。

　　关于行政长官产生办法，《报告》对香港社会的意见和诉求做出五点归纳[1]：

（1）主流意见认同《基本法》第45条已明确规定提名权只授予提名委员会，提名委员会拥有实质提名权，其提名权不可被直接或间接地削弱或绕过。

（2）较多意见认同提名委员会应参照目前的选举委员会的组成方式，即由四大界别同比例组成，以达到广泛代表性的要求。同时，有不少意见认为提名委员会可按比例适量增加议席，借此吸纳新的界别分组或提高现有界别分组的代表性；但也有不少意见认为提名委员会的人数应维持在目前选举委员会的委员数目，即1200人，如需做出增加，也不应超过1600人。

（3）关于提名的"民主程序"。有意见认为提名程序可分为两个阶段，第一阶段先经由一定数量的提名委员会委员推荐参选人，第二阶段再由提名委员会从参选人当中提名若干名候选人。有不少意见认为参选人须至少获得一定比例提名委员会委员的支持才可正式成为候选人，借此证明该参选人具有提名委员会内跨界别的支持，体现"少数服从多数"的民主原则，并符合提名委员会作为一个机构做出提名的要求。有一些意见则认为应维持现行选举委员会的1/8提名门槛。亦有一些团体和人士提出其他提名门槛和提名程序的建议，当中包括在提名委员会之外引入"公民提名""政党提名"等建议。

（4）就候选人数目，主要有两大类意见。一类意见认为有需要设定候选人数目；另一类意见则认为无须就候选人数目设限。在提出需要设定候选人数目的意见中，因应过去行政长官选举的候选人数目大致在2至3人左右，有些意见提议可将候

---

[1]　以下5点归纳是《报告》中的摘要。

选人数目定为 2 至 3 人；亦有部分意见提出其他数目。

（5）就普选行政长官方式，有相对较多意见认为应举行两轮投票，以增加当选人的认受性；但亦有部分意见认为应只举行一轮投票，以简单多数制选出行政长官当选人。

关于立法会产生办法，报告列出一点：

社会大众普遍认同由于成功落实 2017 年普选行政长官乃普选立法会目标的先决条件，目前应集中精力处理好普选行政长官的办法。另外，由于 2012 年立法会产生办法已做出较大变动，故此普遍意见认同就 2016 年立法会产生办法毋须对《基本法》附件二做修改。

最后，行政长官在《报告》中写道：

我认为 2017 年行政长官产生办法需要进行修改，以实现普选目标。2016 年立法会产生办法无须对《基本法》附件二做修改。我谨根据《基本法》第 45 条、第 68 条及附件一、附件二和 2004 年全国人大常委会的《解释》，提请全国人大常委会就 2017 年行政长官及 2016 年立法会产生办法是否需要修改问题做出决定。

2014 年 8 月 18 日，全国人大委员长会议决定将审议行政长官《报告》列入第十二届全国人大常委会第十次会议议程。在常委会审议之前，全国人大常委会办公厅受委员长会议委托，于 8 月 21 日至 22 日在深圳举办了三场香港政制发展座谈会，听取港区全国人大代表、全国政协委员以及省级政协部分香港委员、特区立法会议员、行政长官选举委员会委员和香港社会各界人士对 2017 年和 2016 年两个产生办法是否需要修改的意见。座谈会由人大常委会副秘书长李飞主持，港澳办主任王光亚、中联办主任张晓明、全国人大法工委副主任张荣顺出席座谈会。香港出席者共有 564 位，发言 74 人次。座谈会体现三点主要共识：

一是香港社会普遍希望依法如期落实 2017 年行政长官普选，这是 2007 年 12 月 29 日人大常委会通过《决定》提出的目标，也是香港广大市民的普遍期待及共识。

二是必须在《香港基本法》和全国人大常委会相关解释、决定规定的轨道上落实行政长官普选。

三是全国人大常委会应当就行政长官普选问题做出决定。全国人大常委会对两个产生办法具有主导权和决定权，对正确实施《香港基本法》、维护香港长期繁荣稳定负有宪制责任。目前，香港社会对于 2017 年行政长官实行普选问题存在着重大争议，为了息纷止争，为香港实行普选确定正确的方向，需要本次全国人大常委会对行政长官普选制度的核心问题做出规定，为下一步香港特区政府提出普选法案提供法律依据。

李飞在座谈会上重申了中央关于行政长官普选的一贯立场：行政长官普选办法必须符合《香港基本法》和全国人大常委会有关决定，行政长官必须由爱国爱港人士担任。李飞表示，将认真梳理座谈会上各方人士发表的意见和建议，并向委员长会议和全国人大常委会如实汇报。[1]

8 月 26 日，全国人大常委会分组审议了行政长官的报告。8 月 31 日，第十二届全国人大常委会第十次会议通过了《关于香港特别

---

〔1〕 以上摘要源自《全国人大常委会办公厅在深圳举行香港政制发展座谈会》报道，载 2014 年 8 月 23 日《人民日报》。

行政区行政长官普选问题和 2016 年立法会产生办法的决定》（简称 "8.31《决定》"），内容如下：

一、从 2017 年开始，香港特别行政区行政长官选举可以实行由普选产生的办法。

二、香港特别行政区行政长官选举实行由普选产生的办法时：

（一）须组成一个有广泛代表性的提名委员会。提名委员会的人数、构成和委员产生办法按照第四任行政长官选举委员会的人数、构成和委员产生办法而规定。

（二）提名委员会按民主程序提名产生二至三名行政长官候选人。每名候选人均须获得提名委员会全体委员半数以上的支持。

（三）香港特别行政区合资格选民均有行政长官选举权，依法从行政长官候选人中选出一名行政长官人选。

（四）行政长官人选经普选产生后，由中央人民政府任命。

三、行政长官普选的具体办法依照法定程序通过修改《中华人民共和国香港特别行政区基本法》附件一《香港特别行政区行政长官的产生办法》予以规定。修改法案及其修正案应由香港特别行政区政府根据《香港基本法》和本决定的规定，向香港特别行政区立法会提出，经立法会全体议员 2/3 多数通过，行政长官同意，报全国人民代表大会常务委员会批准。

四、如行政长官普选的具体办法未能经法定程序获得通过，行政长官的选举继续适用上一任行政长官的产生办法。

五、《香港基本法》附件二关于立法会产生办法和表决程序的现行规定不做修改，2016 年香港特别行政区第六届立法会产生办法和表决程序，继续适用第五届立法会产生办法和法案、议案表决程序。在行政长官由普选产生以后，香港特别行政区立法会的选举可以实行全部议员由普选产生的办法。在立法会实行普选前的适当时候，由普选产生的行政长官按照《香港基本法》的有关规定和《全国人民代表大会常务委员会关于〈中华人民共和国香港特别行政区基本法〉附件一第七条和附件二第三条的解释》，就立法会产生办法的修改问题向全国人民代表大会常务委员会提出报告，由全国人民代表大会常务委员会确定。[1]

全国人大常委会关于香港政制发展做出的这第三个《决定》，重要之点是对行政长官普选制度核心问题的规定。

《香港基本法》第 45 条写明，行政长官普选时须组成一个有广泛代表性的提名委员会提名候选人。提名委员会如何组成，全国人大常委会在 2007 年 12 月 29 日的《决定》中已指出了方向："提名委员会可参照《香港基本法》附件一有关选举委员会的现行规定组成。"本次全国人大常委会在《决定》中将"参照"改定为"按照"，即"提名委员会的人数、构成和委员产生办法按照第四任行政长官选举委员会的人数、构成和委员产生办法而规定"。这是一个自然的转变，也就是说，提名委员会保持四大界别 1200 人的架构规模不变。做出这样规定的有利之处是显而易见的：港人对原有选委会的组成和运作是熟悉的；避免因变动而带来的意见分歧和产生提名程序的复杂性；有利于普选程序的顺利启动。提名委员会的组成是行政长官普选产生的龙头。只要这个问题明确了，其他有关行政长官普选的进程就可以依规进行了。

应当强调的是，香港特区行政长官普选由提名委员会提名候选人，是 24 年前由全国人大在 1990 年 4 月 4 日颁布的《香港基本法》

---

[1] 详见 2014 年 9 月 1 日《人民日报》第 3 版。

第 45 条规定的。此规定只有这一个选项，没有其他的选项。全国人大常委会明确行政长官普选的时间表后，各方面就应按《基本法》的这一规定落实提名机制，而不是在时隔 20 余年后再重新讨论这一问题，在提名委员会之外再引入"公民提名""政党提名"等主张，这完全是离开《香港基本法》的有关规定，另搞一套，不能成为法定程序的一部分。坚持《基本法》的这一规定不走样，就可避免"政党提名"可能出现的严重社会政治对抗的风险，避免候选人不为中央接受而引发的宪制危机风险，防范使香港社会走向民粹主义的风险。

关于提名委员会提名行政长官候选人的名额，此次《决定》规定二至三名行政长官候选人。这一规定承接了香港回归以来几次行政长官选举在候选人数上的现实状况，既可确保是有竞争的选举，又能节省成本，是适当的。至于《决定》规定的"每名候选人均须获得提名委员会全体委员半数以上的支持"，可以保证提名质量，体现机构整体提名和委员均衡参与的原则。

《决定》规定香港合资格选民均有行政长官选举权，体现了选举权普及而平等的原则，是香港政制发展的历史性进步。

行政长官的选举，无论是"间选"还是"普选"，在香港当地选举产生的都是行政长官"人选"。根据《基本法》第 45 条第 1 款规定："香港特别行政区行政长官在当地通过选举或协商产生，由中央人民政府任命。"因此，该《决定》也写明："行政长官人选经普选产生后，由中央人民政府任命。"中央人民政府的任命权是实质性的。

2. 政治风雨中出台的"单普选"方案

早在特区政府就政制发展中的普选问题启动宪制程序的前一年半，香港就有了"山雨欲来风满楼"的气氛。

有位名叫戴耀廷的香港大学法律系副教授，于 2013 年 1 月 16 日在香港《信报》"法制人"专栏发表题为《公民抗命的最大杀伤力武器》一文，最早发出"占领中环"的信号，香港简称为"占中"。

人所共知，中环是香港各大银行和金融、商业机构集中之地，是香港繁荣稳定的象征。为何要"占中"？正如作者在文中所直白的那样：行动以非暴力的公民抗命方式，由示威者违法长期占领中环要道，以瘫痪香港的政经中心，迫使北京改变立场。戴教授讲得很清楚，就是要"违法占中"，以此行动要挟中央和特区政府，让普选时间表中的行政长官普选（"单普选"）按他们心目中的"真普选"进行。

同年3月27日，戴耀廷会同香港中文大学社会学系副教授陈健民和牧师朱耀明共同发布"占领中环"信念书，将"占中"概念推向社会。上述3人又被香港传媒称为"占中三子"，在此3人的运筹下，"占中"概念像幽魂一样在维多利亚港上空游荡。香港不同政治光谱的非建制派及其代表人物纷纷向中环群集，结成临时同盟，其中也夹杂着以各种方式寻求自娱自乐的市民。所谓"行动以非暴力的公民抗命"只是稍纵即逝的初萌，旋即在"学联""学民思潮"的发动组织下，大、中学生参与罢课，"占中"迅速扩展为"占总（政府总部）""占旺（旺角）""占铜（铜锣湾）"。示威者所占之处，障碍物成排成堆，交通堵塞，商铺关门，学校停课，民不聊生。

"占中"于2014年9月28日凌晨由戴耀廷宣布正式启动，活动组织者要求"全国人大常委会撤回决定""重启政改，梁振英重新交出反映港人意愿的政改报告"，企图把"单普选"纳入他们设计的轨道。

这场"占中"违法活动，是以牺牲香港绝大多数人的自由为代价的，在香港这样一个以法制为豪的弹丸之地，无论从香港的核心价值还是从地点的选择上，都是不可行的，从发动之时，就预示着失败之日。"占中"终于搞得天怒人怨，必然引起多数市民发声。2014年7月3日，"反'占中'大联盟"成立，发起反"占中"签名活动，最后征集超过 183 万个市民签名。在民意的基础上，特区政府"四两拨千斤"，以执法方式最后平息了长达 79 天的"占中"活动。在执法期间，特区政府的做法一直得到中央政府的支持。

在政治风雨交加中，2015 年 1 月 7 日，政务司司长林郑月娥宣布启动第二轮政改咨询，同时公布行政长官普选办法咨询文件。因"占中"而延迟两个多月的政改得以继续推行。

在咨询文件中，特区政府阐述了三点立场：

(1) 正如我们一直反复强调的，政制发展必须建基于《基本法》和全国人大常委会的《决定》，否则是"无根之木、无源之水"，不切实际；普选行政长官的目标亦只会是"镜中花，水中月"；

(2) 2017 年普选行政长官，是中央、特区政府和香港市民的共同愿望。中央和特区政府推动普选的决心和诚意，是不容置疑的。但 2017 年能否如期落实普选行政长官，要视乎社会整体是否接纳在《基本法》和全国人大常委会《决定》的框架下走完"五部曲"。我们呼吁社会大众充分利用第二轮咨询的机会，清楚表达让 2017 年可率先实行普选行政长官的诉求，并在《决定》的框架下，共同探讨可行的空间，寻求共识；

(3) 普选行政长官的方案必须得到立法会全体议员 2/3 多数通过。这是关键的一步，亦是"五部曲"中最难走的一步。我们希望并深信立法会议员作为民意代表，无论所属的政党或个人持什么政治立场，最终都会按照香港市民的整体意愿投下他们的一票。

针对刚刚结束的"占中"运动，政府在咨询文件中指出："不久前社会上出现的大规模违法活动，不单冲击法治，亦无助推动政制发展，反而挑动起社会上不同意见的互相攻击，也蚕食了应有的尊重及互信。政府有责任向社会清楚解说普选行政长官必须合乎《基本法》和全国人大常委会有关解释及决定方能成事，这也是香港社会的普遍共识。"[1]

2015 年 4 月 22 日上午，特区政府公布《中华人民共和国香港特别行政区基本法附件一香港特别行政区行政长官产生办法修正案(草案)》，即"单普选"建议方案。内容如下：

一、从 2017 年开始，行政长官由一个有广泛代表性的提名委员会按民主程序提名后普选产生，由中央人民政府任命。

二、提名委员会委员共 1200 人，由下列各界人士组成：

工商、金融界	300 人
专业界	300 人
劳工、社会服务、宗教等界	300 人
立法会议员、区议会议员的代表，乡议局的代表、香港特区全国人大代表、香港特区全国政协委员的代表	300 人

提名委员会每届任期五年。在提名委员会五年任期内，如因行政长官缺位而依法进行补选，新产生的行政长官任期为原行政长官的剩余任期。

三、提名委员会各个界别的划分，以及每个界别中何种组织可以产生提名委员会委员及其名额和产生办法，由香港特别行政区根据民主、开放的原则制定选举法加以规定。

各界别法定团体根据选举法规定的分配名额和产生办法自行选出提名委员会委员。

提名委员会委员以个人身份履行职责。

---

[1] 有关文件及引文均来自香港特区政府网站：http：//www.2017.gov.hk。不再注明。

四、不少于 120 名且不多于 240 名提名委员会委员可以联合推荐产生一名行政长官参选人。每名委员只可推荐一人。

提名委员会从上述获推荐产生的参选人中，以无记名投票方式提名产生二至三名行政长官候选人。提名委员会每名委员最少须投票支持两名参选人，最多可投票支持全部参选人。每名候选人均须获得提名委员会全体委员半数以上的支持。具体提名办法由选举法规定。

五、香港特别行政区依法登记的合资格选民，从提名委员会提名的行政长官候选人中，以无记名投票方式选出一名行政长官人选。具体选举办法由选举法规定。

3. 政制发展再停步

在为期两个月的咨询期间，泛民立法会议员多次整体表明会否决"8·31《决定》"框架下的任何方案。在 2010 年投票支持政府政改方案的民主党，于 2015 年 4 月 23 日举行的民主党中央委员会上，一致通过了将在立法会否决本次政改的决定。民协立法会议员冯检基也多次表明会否决此方案。医学界立法会议员梁家骝在 2 月份进行的行业界问卷调查中看到，有 55% 受访者认为要否决政改方案，60% 支持采用现有提名门槛，作为医学界代表，梁家骝有可能加入 27 名泛民议员行列，对政改方案投反对票。从以上情况可以做出判断，政府的政改方案在立法会获得 2/3 多数议员通过几乎是不可能的。

6 月 17 日和 18 日，立法会对政改方案进行表决发言和表决投票。经过 9 小时辩论，69 名（立法会主席除外）议员中有 41 名议员发言。在立法会会议厅的人，包括现场采访的记者在内，都预计在 18 日下午 5 时前才能就方案进行表决。可是到了中午 12 时许，政务司司长林郑月娥开始发言，这就预示着在政务司司长发言结束后，政改方案就将进入表决程序，这就使得表决的时间比人们的预料大大提前了。表决前，立法会主席曾钰成正式宣布响起5分钟的表决钟。就在这短暂的时间流逝中，吸引场内人们眼球的事情瞬间接踵而至，而这些都是在表决前的最后一分钟内发生的：建制派的经民联议员林健锋突然提出休会15分钟，以便等待正在路上的刘皇发议员能够赶来投票，但因程序原因曾钰成主席没有采纳。在5分钟的表决钟声结束前不足30秒，建制派议员召集人叶国谦率先起立，不少建制派议员见状亦随之站起，先后步出会议厅，此举的目的是要使出席会议的议员数少于法定人数，再次争取时间"等埋发叔"一起投票。但是建制派议员在沟通上出了技术性问题，有9名议员留在席位上未动。在最后一刻，曾主席询问了秘书处并确定有足够法定人数（除立法会主席外有37名议员在席）在场后宣布"开始表决"。除劳工界的潘兆平议员未来得及投票外，8名建制派议员投下支持票，其余28名议员投下反对票，已离场的31名建制派议员错失投支持票的机会。现场直播的电视屏幕上留下了这一戏剧性的投票结果：

出席	赞成	反对	弃权
37	8	28	0

对此，有的惊讶，有的惋惜，有的遗憾。对于不太了解香港情况的外界来说，多数人感到困惑。

面对如上的投票结果，立法会主席曾钰成宣布此次政改方案未获通过。香港的政制发展再次停步。

九、特区立法机关的产生

1. 临时立法会的产生及工作

根据《香港基本法》有关香港特区立法机关的规定，立法会的

任期 4 年为一届，但第一届立法会任期为 2 年，这样规定的原意是
让英国管治下于 1995 年就职的立法局议员，如符合全国人民代表大
会于 1990 年 4 月 4 日通过的《决定》所规定的准则，可于 1997 年 7
月 1 日成为香港特区第一届立法会议员。不幸的是，彭定康的"政
改方案"实施后，葬送了这种"直通车"的安排。

那么，首届特区立法会可否提前在港英管治下的香港选举产生
呢？答案是否定的。立法会的选举，涉及选区的划分、选民登记
以及选举事项的安排等，都必须由政府的行政部门做出处理。因此，
没有任何途径，可以在 1997 年 7 月 1 日前进行香港特区第一届立法
会选举。

那么，在这种特殊情况下，香港特区成立伊始，立法机关可否
空缺一小段时间呢？答案又是否定的。香港特区成立时，有诸多事
项和法律问题须由立法机关处理。例如：香港特区终审法院的法官
和高等法院首席法官的任命或免职，须由行政长官征得立法会同意，
并报全国人大常委会备案（《基本法》第 90 条）；全国人大常委会香
港特区基本法委员会中的 6 名香港委员，由行政长官、立法会主席
和终审法院首席法官联合提名，报全国人大常委会任命（1990 年 4
月 4 日全国人大《决定》的附件）；审核、通过财政预算案、批准税
收和公共开支（《基本法》第 73 条）；还有必需的立法以及立法的准
备工作等等。如果没有立法机构，香港特区成立后一些必不可少的
法律条例将告阙如，司法机关也会悬空，香港将会停摆。

那么，是否有其他的办法可供选择呢？例如在香港特区成立之
初至第一届立法会成立为止，由全国人大立法取代法律真空。此项
建议不符合《香港基本法》规定的"香港特别行政区享有立法权"
（详见《基本法》第 17 条、第 18 条），是不可行的。

又例如，建议由全国人大设立的负责筹备包括第一届立法会事
宜的筹委会代为处理一切必需的立法。这也不可行。因为筹委会委

员是由全国人大常委会委任的，近半数委员将由内地人士出任，不符合"港人治港"的原则。

可否将立法权暂时由行政长官行使呢？这也行不通。根据《香港基本法》的规定，在行政长官行使的职权中，行政长官没有立法权，只能负责执行《基本法》和依照《基本法》适用于香港特区的其他法律；签署立法会通过的法案，公布法律；决定政府政策和发布行政命令等。

在万般无奈的情况下，中方未雨绸缪，慎重研究了这个新出现的问题，提出了工作预案。

1994年1月初，预委会政务专题小组在北京举行第三次会议时，就讨论了港英最后一届三级议会架构的终结问题。同年2月和6月，立法局相继通过彭定康的政改方案第一和第二部分后，8月，全国人大常委会也通过了关于郑耀棠等32名全国人大代表所提议案的决定。10月，在政务专题小组举行的第11次会议上，成立了选举事务研究小组，正式向筹委会提交了成立临时立法会（临立会）的建议。

筹委会接纳了政务小组的这个建议，成立了筹委会属下的临立会小组。小组召集人为柯在铄、梁振英和谭慧珠，成员共25人[1]。1996年3月20日，该小组首次会议在北京举行，讨论了预委会政务专题小组关于设立临立会的建议。委员们认为，鉴于立法机构的"直通车"安排已不能实现，根据全国人大常委会1994年8月31日的决定，设立香港特区临时立法会是必要的。根据《全国人民代表大会关于香港特别行政区第一届政府和立法会产生办法的决定》，筹委会有权决定设立临时立法会。小组还对临立会的组成、产生、议员资格、工作时间及其任务进行了讨论。最后，小组通过了向筹委会提交设立临时立法会的建议。[2]

---

〔1〕　笔者当时为预委会委员，也是小组成员之一。
〔2〕　参见《香港回归大事记（1979—1997）》第273页的记载。

1996 年 3 月 23 日至 24 日，筹委会在北京举行第二次全体会议。会议讨论通过了《全国人民代表大会香港特别行政区筹备委员会关于设立香港特别行政区临时立法会的决定》等重要文件。会议指出：在香港特别行政区第一届立法会不可能在特别行政区成立时及时产生的情况下，设立香港特别行政区临时立法会是确保香港的平稳过渡和特别行政区成立后有效运作而采取的必要措施。筹委会决定设立临时立法会的权力，已包含于《全国人民代表大会关于香港特别行政区第一届政府和立法会产生办法的决定》第二条规定的由筹委会"负责筹备成立香港特别行政区的有关事宜"的授权中，因此筹委会决定设立临时立法会是有充分的法律依据的。[1] 在 24 日的会议上，筹委会全体会议通过了《关于设立香港特别行政区临时立法会的决定》（以下简称《决定》）。

该《决定》有针对性地回答了香港社会关心或有疑虑的问题，摘其要点归纳如下：

关于香港特别行政区临立会成立和终止的时间。临立会于第一任行政长官产生之后组成并开始工作。工作至香港特区第一届立法会产生为止，时间不超过 1998 年 6 月 30 日。《决定》此点将临立会的"临时"概念具体化了，打消了一些社会人士对此的疑虑。

关于临立会议员的产生办法。明确由第一届政府推选委员会全体委员选举产生。具体办法由筹委会确定。

关于临立会的任务。《决定》除列出香港特区立法会一般行使的职权外，还针对中国对香港恢复行使主权初始的具体情况，列出了由临立会行使的职权，包括同意特区终审法院和高等法院首席法官的任命；临立会主席参与对全国人大常委会香港特区基本法委员会6 名香港委员的提名；其他在香港特区第一届立法会产生前必

---

〔1〕　参见袁求实编著，《香港回归大事记（1979—1997）》第 274 页。

须由临立会处理的事项。从此点《决定》可以看出，临立会成立的必要性和急迫性。

香港社会对临立会和港英最后一届立法局并存有忧虑。该《决定》对此予以明确，临立会在 1997 年 7 月 1 日之前审议、通过的有关法律，从香港特别行政区成立之日起实施。

1996 年 10 月 5 日，筹委会第 5 次全体会议通过《中华人民共和国香港特别行政区临时立法会的产生办法》（《办法》）。该《办法》规定：临立会由 60 名议员组成，其任职资格与基本法规定的香港特区立法会议员任职资格相同，同时亦列出临立会议员候选人资格；临立会议员由推选委员会委员以不记名投票的方式选举产生；临立会主席由临立会议员互选产生。

11 月 18 日，已 83 岁高龄的资深前立法局议员杜叶锡恩[1] 第一个来到位于中环华人行的特区筹委会秘书处香港办事处领取报名参选临立会表格。首个报名日，已有 53 名人士领取了表格。11 月 28 日，是提交参选临立会报名表格的最后一天，统计结果是共有 143 位人士正式报名参选，其中当届立法局议员共有 34 名，包括立法局主席黄宏发，占议员总数（60 席）的一半以上。当时虽有少数政党成员聚集示威反对成立临立会，但不成气候，说明成立临时立法会势所必然，合乎主流民意。

英方一直坚持反对设立临立会的立场，不同意临立会 1997 年 7 月 1 日前在香港开会，不给临立会的活动提供任何方便。因此产生临立会议员的选举、临立会的初期工作只能在深圳市进行。这样，临立会的所有活动就自然形成位于深圳和香港两地和两个时间段（香港回归前、后）进行的局面。

---

〔1〕 杜叶锡恩（Elsie Tu），女，英国人。1913 年生，1948 年到中国华南地区传教，1951 年到香港。1988 年当选立法局议员，1991 年获委连任。1994 年受聘为港事顾问。

12 月 12 日，筹委会第七次全体会议在深圳举行。会议期间召开的主任会议对报名参选临立会的人士进行了资格审查，确认其中 134 人符合临立会议员候选人的资格，成为香港特区临立会议员候选人。12 月 20 日，数百位香港特区第一届政府推选委员会委员乘坐多辆旅游大巴，浩浩荡荡前往深圳出席第四次全体会议，选举产生 60 位临立会议员。在 400 名推委中，除一人因病请假外，399 名选委全部出席，还有中外记者 200 余名到会采访。

12 月 21 日上午 9 时，推委会大会在深圳上步路的深圳会堂举行。筹委会主任钱其琛在会上讲话指出，临立会是一个在特殊的历史时期起着重要作用的立法机关，对特区成立后的正常运作起保证作用。[1] 筹委会副主任兼秘书长鲁平就选举的有关事项做了说明。之后，选委们在一张写满了一百多名候选人的选票上，选出 60 个名字，再把无记名的选票投进票箱。筹委刘兆佳为总监票人。为了让香港的电视台和电台及时向香港直播选举情况，深圳电视台全程提供了信号。经 4 个多小时的点票、计票，最后以得票多少为序列出当选的 60 位临立会议员。经筹委会主任委员会议确认后，大会公布了选举结果。[2]

在当选的 60 位议员中，各界别人士的构成为：基层、劳工界的人士有 17 人；工商界有 19 人；专业界、原政界有 24 人。此外，非中国籍或拥有外国居留权的香港永久性居民有 11 人。值得一提的是，当届的港英立法局议员有 33 人当选，占临立会全体议员的 55%。在议员中，最年轻的是 33 岁的律师黄英豪，最年长的是 83 岁的杜叶锡恩。由此可见，临立会是一个民主开放、群贤会集、具

---

〔1〕 袁求实编著，《香港回归大事记（1979—1999）》，第 337 页。
〔2〕 参见良子樑，《见证历史 临立会风云岁月》（非卖品），香港各界庆祝回归委员会慈善信托基金赞助出版，2008 年 6 月出版，第 45 页。

有广泛代表性的立法机构。

1997 年 1 月 25 日上午，临立会组成后的第一次全体会议在深圳迎宾馆举行，选举产生临立会主席。由于临立会主席尚未产生，会议由筹委会副主任鲁平、周南、董建华主持。针对英方抵制临立会的言论和香港社会的误传，副主任周南在讲话中对成立临立会的法律依据及其权力来源、临立会与现存立法局的关系以及临立会的立法程序做了政策性的宣示：

> 临立会的法律依据和权力来源是全国人大和筹委会的有关决定，与现在的港英立法局处于两个不同的法统之下，不存在继承关系。筹委会的有关决定明确规定，临立会在 1997 年 6 月 30 日之前可以进行立法程序方面的工作，审议、通过有关法案。到 1997 年 7 月 1 日香港特区成立之日，临立会议员宣誓就职后，对那些已完成的法案做进一步的确认，然后送请行政长官签署、公布，从而完成全部立法程序，届时这些有关的法律随即开始实施。[1]

随后，会议讨论并一致通过了《中华人民共和国香港特别行政区临时立法会主席产生办法》。该办法规定，有意参选的议员必须得到 10 位议员的联名提名才能成为候选人，再经过议员以不记名的投票方式选出主席。主持会议的鲁平副主任宣布范徐丽泰和黄宏发成为候选人，与会者同意梁振英、李家祥担任监票人。经填票、投票、开票、唱票等过程，最后经过激烈的竞争，范徐丽泰得 33 票，黄宏发得 27 票。当鲁平宣布范徐丽泰当选时，全体议员用热烈的掌声表示祝贺！

---

〔1〕 袁求实编著，《香港回归大事记（1979—1997）》，第 347 页。

临时立法会主席范徐丽泰

范徐丽泰向记者谈了她参选的想法，她说："我并不是看中主席的位置，我只是想，许多人，特别是西方政界人士，对临立会很不了解，我应该多和他们解释。不过，单纯是用一个议员的身份讲话，他们不易入信。如果我是主席，代表的是整个议会，说话的分量就不同，他们也较易接受。我想参选主席的目的，就是这样。"[1]范徐丽泰的答复，坦诚实在，大方得体。

范徐丽泰，1945 年生于上海，4 岁时随家人来港，毕业于香港大学。曾任立法局议员、行政局议员，时任香港特区筹委会预备工作委员会委员、香港特区筹委会委员等职。

范徐丽泰当选后的当天下午，在国务院港澳办徐泽司长的协助下，即在深圳亲觅临立会的会址。香港的立法机构，却要在深圳运作，这是"一国两制"的一个特例，也是"无奈"之举。受许多条件的制约，为临立会选择一个合适的场地，确非易事。从 1997 年 2

---

[1]　良子樑：《见证历史　临立会风云岁月》（非卖品），第 50 页。

月到 6 月底，开会时间长达近半年，会址需要固定；需要容纳 60 位
议员举行会议的主会场和提供近百名记者、几十名市民旁听的场
地；临立会会议均公开举行，议员可用普通话、粤语或英语发言，
会场应有传译服务功能；会场附近要有酒店、餐饮等配套设施等。
经多处挑选，最后选址敲定为华侨城华夏艺术中心。60 名临立会议
员每周都要由香港来深圳开会，秘书处人员要携带大批制作好的文
件过关，涉及便利通关事宜。对此，深圳市政府全力予以协助和支
持，专门成立了一个由市政府秘书长领导的工作小组。小组以市外
事办公室工作人员为主，抽调公安、外宣办、边检、海关等部门有
关人员组成，为临立会提供必要的服务。

在深圳开会的半年时间内，临立会举行了 11 次全体会议，三读
通过了确保香港平稳过渡的必不可少的多条法律，包括关于区域组
织的条例草案、确认终审法院、高等法院的人员组成等。

1997 年 6 月 21 日，临立会最后一次在深圳举行会议。7 月 1 日
香港特区成立后，临立会主席范徐丽泰随即率领全体议员，在行政

在 1997 年 7 月 1 日前，临时立法会在深圳华侨城华夏艺术中心举行会议

长官董建华先生面前宣誓。紧接其后，临立会于凌晨 2 时 45 分在香港会议展览中心举行回归后的首次会议，审议通过由特区律政司司长梁爱诗提交的《香港回归条例草案》，从而对临立会于 7 月 1 日 0 时前三读通过的 13 项法例，以及较早前已同意的过渡期预算案和主要法官的任命做了确认。行政长官董建华签署，即时生效。临立会通过的 13 条法例包括：(1)《假日（1997 年及 1998 年）条例》；(2)《1997 年市政局（修订）条例》；(3)《1997 年区域市政局（修订）条例》；(4)《1997 年区议会（修订）条例》；(5)《1997 年立法局行政管理委员会（修订）条例》；(6)《国旗及国徽条例》；(7)《区旗及区徽条例》；(8)《1997 年公安（修订）条例》；(9)《1997 年社团（修订）条例》；(10)《1997 年香港终审法院（修订）条例》；(11)《1997 年司法人员叙用委员会（修订）条例》；(12)《1997 年人民入境（修订）条例》；(13)《1997 年宣誓及声明（修订）条例》。清晨，工作人员拆下会议厅前港英政府的徽号，换上香港特区区徽；临立会主席的新座椅也取代了前立法局主席的座位。临立会首次在立法会会议厅举行会议前，范徐丽泰主席和其他议员都签署了《效忠之确认文件》，宣誓拥护《基本法》，效忠香港特别行政区，廉洁奉公，为香港特别行政区服务。

香港特区成立后，《基本法》在香港实施。《基本法》规定，香港特区永久性居民内地所生子女可以来港定居。为了让港人内地子女有序来港，临立会采取特殊立法措施，在一日之内三读通过对入境条例的修订，增加了居留权证明书的内容。

临立会还于 1997 年 6 月、1998 年 3 月先后分别通过了 1997 年至 1998 年度和 1998 年至 1999 年度财政预算；为配合香港特区首届立法会的筹组工作，临立会审议通过了《选举管理委员会条例草案》《立法会条例草案》。为推进法律适应化，临立会还通过《法律适应化修改（释义条文）条例草案》。

总之，从 1997 年 1 月至 1998 年 4 月，经过 16 个月的运作，临立会举行了 46 次会议，开会时间共 250 小时。[1] 为确保香港的平稳过渡和香港特区的良好开端，临立会做出了公认的贡献。此外，在范徐丽泰主席主持下，临立会还开创了香港特区新议会文化，范徐丽泰把这种议会文化概括为：任何议员都有自由表达意见的权利；当议员之间有不同意见时，应该用理性的方式，用道理去表达意见；对待不同意见者，不会用人身攻击或煽动性、侮辱性的话来诋毁对方，完全体现了民主精神，这是一种议员间互相信任、尊重，体现议会民主精神的象征。[2] 这种议会新文化不但有扎实的内容，还有丰富多彩的形式。如为了加强议员与传媒界的沟通和联系，举办"临立会议员记者同乐日"，通过游戏和运动比赛，为议员和记者相互认识和了解提供平台。回归后，为加强与各国驻香港特区领事馆的联系，向他们推介临立会，范徐丽泰主席定期举行午餐例会，并欢迎其他有兴趣的议员出席。为了使公众了解临立会的运作，在立法会大楼还举办了"开放日"，吸引众多民众前来参观。这些别开生面的活动方式产生了积极影响，为后几届立法会所效仿。

在临立会的最后一次会议上，梁智鸿代表内务委员会提出了"本会已完成历史使命，并祝愿第一届立法会顺利产生，继续为香港特别行政区市民服务"的告别议案。一石激起千层浪，相继有 41 名议员争先恐后起而发言，他们或作总结，或谈感受，或讲期望，发言充溢着使命感和自豪感。告别议案获得议员们的一致通过。最后，主席范徐丽泰发言说："虽然有一些人仍然戴着有色眼镜来看临立会，但事实上，临立会的工作非常繁重，对每一个事项、每一条法案都经过详细及深入的研究和商讨，才做出慎重的决定。值得骄傲

---

[1] 创新领域有限公司，《临时立法会年报》(1997—1998)，第 35 页。

[2] 良子樑，《见证历史 临立会风云岁月》(非卖品)，第 101 页。

的，是临立会在面对各方的阻挠和压力时，并没有感到气馁，而且能够一直保持高透明度的运作，以坚毅不屈的精神、平静坦然的态度、屹立不倒的意志面对种种干扰，承担在立法和监察政府方面的职责，保障香港特区的正常运作，为平稳过渡做出贡献。"[1] 这是范徐丽泰对临立会短暂 16 个月任期工作的最好总结。

2. 第一届立法会的产生

根据筹委会 1996 年 3 月 24 日通过的《决定》，临立会任期不超过 1998 年 6 月 30 日，特区政府必须在此日之前选出特区第一届立法会。

根据 1990 年 4 月 4 日全国人民代表大会《关于香港特别行政区第一届政府和立法会产生办法的决定》，特区第一届立法会由 60 人组成，其中分区直选产生议员 20 人，选举委员会选举产生议员 10 人，功能团体选举产生议员 30 人。首届立法会选举投票日为 1998 年 5 月 24 日，议员任期为 2 年。

分区直选产生的 20 个议席，分配给香港 5 个选区，分别是港岛区（4 席）、九龙西（3 席）、九龙东（3 席）、新界东（5 席）、新界西（5 席）。

参与功能团体选举的有 28 个界别。

选举委员会选举废除了 1995 年立法局按彭定康政改方案产生的方式，按照《香港基本法》的规定，由四大界别 38 个分组共选出 800 名委员组成选民。在 38 个分组中，港区全国人大代表、临立会议员为当然委员，宗教界为提名委员，其余 35 个分组的选委由各个分组选举产生，再由选出的 800 名选委选举产生 10 名立法会议员。

这是首次使用的一种选举方式。为了使界别分组选举投票人明

---

[1] 良子樱，《见证历史 临立会风云岁月》（非卖品），第 111 页。

了，政府政制事务局举办不下于 30 次简介会。最后有超过 1000 人参选，投票人数逾 3 万，取得首选成功。[1]

从首届立法会选举结果分析，投票人数和投票率都打破了回归前历次立法机构选举纪录。分区直选全港登记选民总数 279.5 万，投票人数 149 万，投票率 53.30%。功能团体 28 个界别登记选民总数 13.5 万，共有 60 人报名参选，其中 10 个界别的 10 名参选人自动当选，其余 18 个界别须投票选民总数 12.5 万，投票人数 7.8 万，投票率 63.5%。选举委员会选举有 790 人投票，投票率 98.75%。

首届立法会选举即创香港历史新高，这是与特区政府的大力推介和积极组织分不开的。特区政府为此组成了一个跨部门小组，成员来自政制事务局、民政事务局、选举事务处、新闻处、民政事务总署等部门，为了推动合资格选民登记，招募了三万名高中及大学生担任选民登记大使，上门到全港 200 万个家庭为未登记的合资格选民登记，并设置了星罗棋布的选民登记摊位。到 1998 年 1 月 16 日选民登记结束，全港 8 成合资格选民、近 280 万人完成了登记，比 1995 年多了 3 成。这就为本届选举在投票人数和投票率上破纪录，奠定了牢固的选民基础。[2]

5 月 24 日投票日当天，虽然下起了大雨，但是阻挡不住前往近 500 个投票站投票的香港人，特区政府动员的超过 10 万名工作人员冒雨维持着投票秩序。政府还为本届选举制作了精美特刊、纪念卡，邮政署推出了纪念首日封、纪念邮戳，这些颇具匠心的安排，对选民产生了很大的吸引力。

在首届立法会的 60 个议席中，各派力量所拥有的席位为：民主党 13 席（分区直选 9 席、功能团体 4 席），成为首届立法会第一

---

〔1〕　参见《香港回归周年纪念画册》，香港：香港文汇出版有限公司，1998 年版，第 29 页。
〔2〕　同上书，第 28 页。

大党；民建联 10 席（分区直选 5 席、团功能团体 3 席[1]、选举委员会 2 席）；自由党 10 席（功能团体 9 席、选举委员会 1 席）；港进联 5 席（选举委员会 3 席、功能团体 2 席）；前线 3 席；民权党 1 席；劳联 1 席；街工 1 席；独立人士 16 席。[2] 粗略统计，建制派阵营有 41 名议员，泛民阵营（反对派）有 19 名议员。临立会议员占 34 人。粗略计算，泛民主派在本届立法会中占有 1/3 左右的议席。

从这届立法会三种选举方式的实践效果看，有工商界背景的政党、政团在分区直选中不占优势。这表明，香港尚没有一个能代表工商界利益的成熟的政党。自由党取得的 10 席，港进联取得的 5 席，都是在功能团体和选委会选举中取得的，特别对自由党来说，在功能团体中的选举优势非常明显。自由党主席李鹏飞的失利和该党另一支参选队伍——港岛区的黄英琦及其友人的落败，都是参与直选的结果。自由党在本次直选中的得票率仅为 3.37%。根据《基本法》的规定，随着民主进程的发展，选委会选举产生立法会议员的方式实行到第二届立法会选举结束。有关政党和政团应针对这种情况及早谋划及应对。

引人注意的是，民协派人参加了三种方式的选举，包括冯检基在内无一人当选，完全被摒弃在本届立法会活动之外。民协虽以扎根基层起家，但旗帜不鲜明，缺乏凝聚力和发展后劲。他们在 1995 年的选举中曾获 4 席，这次却全军尽没，得票率也由 1995 年的 9.5%，下降至 3.96%，反映出选民对其信心不足。

投票日翌日，行政长官董建华发表声明，高度评价此次选举：首届立法会选举成绩值得港人骄傲和鼓舞。这次选举是香港按照

---

〔1〕　选举后，香港工联会于劳工界别的当选人陈国强宣布加入民建联，使民建联拥有 10 席。

〔2〕　参见袁求实编著，《香港回归以来大事记（1997—2002）》，第 96 页。

《基本法》的规定，为发展民主踏出的重要一步，亦是非常成功的一步。市民的积极参与，显示出市民广泛支持基本法、"港人治港"、高度自治。政府会继续竭尽所能，坚定地按照基本法的规定发展民主。[1]

3. 第二届立法会的产生

根据《香港基本法》附件二的有关规定，第二届立法会共 60 个议席，其中分区直选 5 大选区不变，但由第一届立法会分区直选的 20 席增至 24 席，各分区直选议席也有相应的调整：香港岛 5 席、九龙东 4 席、九龙西 4 席、新界东 5 席、新界西 6 席。功能团体共 28 个界别，30 席。选举委员会选举则自然由上届的 10 席减至 6 席。

这届选举于 2000 年 9 月 10 日举行投票。

选举结果显示，在分区直选中全港登记选民总数 305.5 万，有 133.1 万名选民投票，投票率 43.57%。功能团体 28 个界别，登记选民总数 17.6 万，共有 57 人报名参选，其中 9 个界别的 9 名参选人自动当选，其余 19 个需要投票界别的选民总数 16.3 万，有 9.2 万人投票，投票率 56.5%。选举委员会界别分组共选出 783 名委员，在报名参选的 10 人中选出 6 名议员。

纵观这届立法会选举结果，粗略统计，建制派阵营取得 39 席（地区直选区取得 9 席、功能团体选举取得 24 席、选委会选举取得 6 席）。泛民主派阵营取得 21 席（地区直选取得 15 席、功能团体选举取得 6 席）。两者相较，建制派阵营在立法会所占席位近 2/3。

从党派角度分析，民建联是大赢家。与上届相比，民建联取得了议席数和得票率双增长的进步：所占议席由 10 席增至 11 席；整体得票率达 29.68%，较上届的 25.22% 增加了 4.6%。特别是九龙东选区以陈婉娴为首的民建联参选名单得票率达到 47.36%，首次超越以司徒华为首的民主党参选名单而成为"票后"。新界东以刘江华为首的民建联参选名单得票数也超越了前线的刘慧卿。而居有立法会第一大党地位的民主党却与此相反，议席数和得票率双双下降：在立法会的议席由上届的 13 席降到 12 席；总得票率由上届的 42.6%下跌至本届的 34.7%，得票实数少了 17 万多票。民主党的核心成员李永达不但被摒弃出局，而且以党主席李柱铭为首的港岛区参选名单也较上届跌了 11.13% [1]。

自由党在功能团体 30 个议席中取得 8 席，再次证明功能团体选举是自由党的强项。在上届和今届立法会地区直选中，自由党虽然主观愿望上想有所突破，但囿于雇主与雇员的关系，很难在地区直选中拿到选票。

民协的冯检基在地区直选中以 62717 票争得一席，改写了上届该党在立法会零席位的历史。本届民协的突破，得益于泛民阵营中一些政团日益极端化的倾向，也是民协在地区工作中辛勤耕耘的结果。

在第二届立法会选举期间，香港岛区民建联参选人程介南被揭发没有申报个人利益及涉嫌以权谋私，当选后即宣布辞职。特区政府于 2000 年 12 月 10 日举行立法会补选。共有 6 人报名参选。有 278672 名合资格登记选民投票，投票率为 33.2%。前大律师公会会长余若薇获 108401 票补选为立法会议员。

4. 第三届立法会的产生

根据《香港基本法》附件二的有关规定，第三届特区立法会共 60 个议席。其中分区直接选举的议员和功能团体选举的议员分别为 30 名。本届立法会直选议席的数目占全部议席的半数，是香港自

---

[1] 参见袁求实编著，《香港回归以来大事记（1997—2002）》，第 393 页。

有立法机构以来直选成分最多的一届。分区直选共分五个选区：香港岛（6 席）、九龙西（4 席）、九龙东（5 席）、新界西（8 席）、新界东（7 席）。功能团体选举共 28 个界别，其中团体界别 9 个（11 席）、混合界别 9 个（9 席）、个人界别 10 个（10 席）。

选举委员会选举产生议员的方式，从本届起因完成历史任务而终结，这也是香港政制发展的必然结果。

本届立法会选举于 2004 年 9 月 12 日举行。议员任期从 2004 年 10 月 1 日开始至 2008 年 9 月 30 日结束，为期四年。

从选举结果总体上看，分区直选五大选举登记选民总数 320.7 万，投票人数 178.4 万，投票率 55.64%，超过第二届立法会的 43.57%。功能团体 28 个界别登记选民总数 19.9 万，有 70 人报名参选，其中 10 个界别的 10 名参选人自动当选，其余 17 个需要投票界别选民总数 19.2 万，投票人数 13.5 万，投票率 70.1%。粗略统计，本届选举建制派获 34 席（分区直选 12 席、功能团体获 22 席），泛民派获 26 席（分区直选获 18 席、功能团体获 8 席）。

各主要政党、社团在立法会共取得 43 席，其中民建联获得 12 席（分区直选 9 席、功能团体 3 席），成为立法会内最大政党；自由党取得 10 席（分区直选 2 席、功能团体 8 席），成为第二大党；民主党取得 9 席（分区直选 7 席、功能团体 2 席），由排名第一位跌至第三位；45 条关注组取得 4 席（分区直选 3 席、功能团体 1 席）。其余党派、政团多数取得 1 席，个别取得 2 席。

建制派在本届立法会选举中能取得较好成绩，和香港经济出现了恢复的良好势头有关。香港经济经历了亚洲金融危机和"非典"疫情的冲击，陷入了长达 6 年的衰退期。为使香港经济走出困境，中央采取了多项惠港利港措施，如 2003 年 6 月两地签署了更紧密的经贸关系安排（CEPA）；7 月又开始实施"个人游"，此举被公认为对拉动香港经济取得了立竿见影的效果。2004 年 6 月又启动了"泛珠三角区域合作"。港人的努力和中央的支持终使香港长达 68 个月的通缩于 2004 年 7 月结束。经济的恢复增强了港人对前景的信心，给社会带来了理性的气氛，比上届立法会选举增加的 45 万名选民投票，就是中间选民参选积极性提高的表现。

在这届选举中，泛民阵营本想重弹老调，炒热政治议题，继续发酵"七一效应"，提出"2007/2008 双普选"的要求，由此引发了香港社会对《香港基本法》附件一有关政制发展问题规定的争论。为推动政制发展在《基本法》的轨道上运行，全国人大常委会于 2004 年 4 月 6 日对《基本法》附件一、附件二有关条文做出解释，4 月 26 日又做出 2007/2008 年两个产生办法不实行普选的决定。人大常委会的释法和决定，不但廓清了在政制发展问题上的迷雾，而且使泛民无法以"双普选"为选举的主打议题。泛民一旦没有了这个议题，犹如鱼之脱水，没有活力了。这种政治态势的出现，也有利于建制派的参选竞争。

在选举策略上，建制派阵营布局得当，配票成功，对于民建联来说，这是赢得直选议席的重要因素。当然，配票的前提是要有票可配。本届选举，民建联的新界东团队比上届多了 3 万票，九龙西团队多 2 万票，[1] 为配票提供了票源。在新界东选区，民建联集中乡事票源，一举拿下 2 席（刘江华、李国英）。在九龙东选区，上届"票后"陈婉娴在这届选举中所获票数（52564）不及陈鉴林（55306），就可看出配票成功，结果双双胜出。但此间的评论也注意到，虽然民建联新增约 6 万票，本届选举总得票为 454827，但得票率为 25.7%，[2] 低于上届的 29.68%。这说明，在立法会分区直选中，

---

〔1〕　本届分区直选民建联的新界东团队得票数为 95434，第二届为 66943；九龙西团队本届为 61770，第二届为 41942。

〔2〕　民建联 15 周年特刊，2007 年 9 月版，第 83 页。

泛民主派和建制派的"六四之比"不易打破。

从选举战略上讲，如果选举时社会气氛缓和，选民两极分化不明显，在分区直选中用"中间人拿中间票"是个可行的办法。自由党的田北俊和周梁淑怡分别在新界东和新界西出选，范徐丽泰出战港岛，他们不仅没有对民建联的传统票源造成冲击，反而吸纳了中间票源。以上 3 人参选共吸纳了 10.4% 的选票。

当然，这并不意味着分区直选从此就转变为自由党的优势了，自由党的基本盘仍是功能团体选举。此后的选举实践将继续证明这一点。

香港有一种看法，认为增加直选议席对泛民派有利，进而推导出建制派害怕民主的结论。这届立法会直选增加 6 席，建制派阵营共取 5 席，而泛民派只取得 1 席，证明这种说法不实。香港立法机构选举的民主进程反而表明，从 1991 年首次设立直选议席以来，爱国爱港力量在立法机构所占议席经历了从无到有、从有到大的过程。民建联就是伴随着直选议席的逐届增多而成长起来的。在香港特区的环境下，一个政党、政团能否立足发展，归根结底是要看该党、该政团能否遵循一国两制原则，按《基本法》办事，坚持以行政为主导，根据实际情况调整行政与立法的关系，努力将自己的理念、主张转化为广大市民的共识，这是一个政党在香港安身立命的基础。

2007 年，立法会港岛区议员马力病逝，特区政府于同年 12 月 2 日进行补选。有 8 人报名参选。香港岛登记选民总数 61.8 万人，投票人数 32.2 万，投票率 52.60%。陈方安生以 17.5 万票当选。

5. 第四届立法会的产生

香港特区第四届立法会选举于 2008 年 9 月 7 日举行。

根据《香港基本法》附件一、二的规定和全国人大常委会的《决定》，第四届立法会的产生办法本来可以做出循序渐进的修改，增加民主成分，但由于立法会中的泛民议员集体捆绑，表决否定了特区政府 2005 年提出的政改方案，致使香港的政制发展原地踏步。因此，本届立法会的产生办法与第三届的相同。

但是，与 2004 年第三届立法会选举相比，本届立法会选举所面对的社会环境却大不相同了。

由于 2007 年底美国发生的次贷危机很快酿成金融海啸波及香港，这届立法会选举就是在香港经济低迷、下滑中进行的。选举因此呈现出两个特征：一是选民的投票意愿下降。本届选举分区直选，全港登记选民总数 337.2 万，比上届的 320 万增加 5%，增加约 17 万；功能团体登记选民总数近 23 万，比上届的 19.9 万，增加 3 万。虽然这两种选举方式的登记选民总数都增加了，但投票的人数却减少了。分区直选有 152.4 万人投票，比上届选举少了 26 万，投票率 45.2%，下降 10.4 个百分点。功能团体选举除有 14 名参选人自动当选外，其余 16 名参选人需要投票界别选民总数 21.2 万，投票人数 12.7 万，比上届投票 13.5 万人少了近 1 万人，投票率 59.76%，与上届 70.1% 投票率相比，同样下降 10%。从建制派阵营和泛民阵营的得票数看，也是如此。建制派阵营得票从上届的 67 万下降到这届的 60.9 万，流失了 6 万票，得票率 40.2%，比上届的 37.6% 略增。泛民阵营得票从上届的 110 多万下降到 90.6 万，流失了近 20 万票，得票率 59.8%，比上届略少。

第二个特征是选举议题五花八门，民生议题突出。2007 年 12 月，全国人大常委会做出《决定》，明确了普选时间表，使泛民失去了最大的炒作议题。

从选举结果看立法会的政治版图，各派政治力量各有得失。民建联取得 13 席（分区直选 7 席、团体 3 席，加上同为工联会成员的 3 席），继续保持立法会第一大党的地位，李慧琼、陈克勤两名新人当选，成为为本届立法会最年轻的议员，在实现新旧交替方面迈出了步子。除港岛外，民建联在分区直选的四大区参选名单均列榜首，说明民建联的影响日广，理念得到广大市民的认同。

工联会夺得4席（直选2席、功能团体2席），比上届增加2席。特别在参加分区直选上夺得2席，大大增强了工联会参加直选的信心。

自由党在本届选举中丢掉2个地区直选议席和一个功能团体议席（旅游界），只保留了7个功能团体议席。除九龙东选区外，该党在4个选区均派人出选，结果4张直选名单共10名候选人全部落选。这是自由党成立15年来选举中的最大失利。正、副主席田北俊、周梁淑怡因此而辞职，进而引发自由党的分裂，有4名立法会议员相继退党，使得该党由上届拥有10名议员的立法会第二大党退化为小党，元气大伤。有传媒认为，自由党在直选中败北是轻视、疏离地区工作的结果，也没有与中小企业结成利益共同体。[1]

自由党的失利，并由此导致力量的极大削弱，也引起了社会舆论思考：在实行资本主义制度的香港，代表工商界利益的政团如何自处？香港工商界的参政、议政选择什么方式来实现？也就是说，在香港政制发展的总趋势中，工商界及其政团应当走什么样的道路？

民主党获8席（分区直选7席、功能团体1席），比上届少1席，继续保持泛民阵营的龙头地位。

公民党的选情高开低走，由上届的6席减为5席。几位头面人物落选，重要成员低票当选，其扩张势头受到遏制。

社民连由上届的2人增加至3人。在代表工商界利益的自由党丢掉全部直选议席的同时，代表激进基层的社民连却争得3个直选议席，表明激进势力在香港有不小的市场。他们在立法会的表现，

---

[1] 详见2008年9月10日《明报》社评《自由党惨败的教训与出路》。

会给传统议会文化带来冲击。

第三个特征是有一批新议员进入立法会。自香港特区成立以来的前三届立法会选举，议员中的熟面孔较多，这届选举有 17 名新人晋身议事堂，一批资深议员离任，特别引人注目。

本届立法会选举，建制派阵营夺得 37 席，比上届增加 2 席；泛民阵营得 23 席，比上届少 3 席。在分区直选中，两者得票率分别为 40.2% 和 59.8%，泛民和建制两大阵营得票率"六四之比"未变。

2010 年 5 月 16 日，香港特区举行了立法会五区补选。在建制派一致杯葛，公民党、社民连没有遇到有力竞争的情况下，其 5 名辞职议员梁家杰、陈淑庄、梁国雄、黄毓民、陈伟业重返立法会。这次补选投票率为 17.1%，为香港回归以来最低，仅为反对派提出作为"公投"成功标志的 50% 以上投票率标准的 1/3，也远低于反对派 30% 投票率的最低预期。

这场以"补选"绑"公投"的所谓"五区公投运动"喧嚣了五个多月，最终惨淡收场。

6. 第五届立法会的产生

香港特区第五届立法会选举于 2012 年 9 月 9 日举行。

本届立法会选举，是 2007 年以后首次对立法会的产生办法依法定程序做出修改并通过后进行的，扩大了民主成分。立法会议员名额由原来的 60 席增至 70 席，新增的 10 席由分区直选和功能团体选举平均分配。这就出现了以上两部分选举所产生议员名额上的变动。分区直选共产生 35 名议员，各区名额为：香港岛 7 席、九龙西 5 席、九龙东 5 席、新界西 9 席、新界东 9 席。功能团体选举共产生 35 名议员，其中新增 5 席，由民选区议员提名后由现时在功能界别没有投票权的登记选民，以一人一票选出，俗称"超级区议会"议席，正式称呼为"区议会（二）"。所谓"超级"，是指该5席由整个香港特区的单一选区以名单比例代表制选出，即这5席产生的选民基础为约320万名合资格登记选民。

今届立法会选举结果使不少人大跌眼镜，确有令人深思之处。

香港的传统观点认为，高投票率对泛民阵营有利。本届选举分区直选投票人数达183万，比上届多出31万，泛民阵营得101.9万票，得票率为56.3%，得18个直选议席，比上届少1席。建制派得77万票，得票率上升至43.7%，得17个直选议席，与上届在30席中取得11席相比，有显著增长。从整体结构而言，在功能团体选举中，建制派得24席，泛民得6席；泛民在"区议会（二）"得3席，建制派得2席。两大阵营在立法会70席中所占议席数：建制派为43席、泛民阵营为27席。泛民勉强保住了"关键少数"的否决权。在本届立法会的产生办法中，地区直选增加5席，首设"超级议员"5席，近似于普选产生10席。但从选举结果看，高投票率对泛民有利的传统说法已动摇；两大阵营在直选中的铁律"六四之比"已收窄。这个选举结果确实有点超出一般人的预料。

这届选举的另一看点是带有标志性的民建联和民主党获得议席的情况。这届民建联获13个议席，破纪录取得9个直选议席，继续保持住立法会第一大党的地位。民主党在这届直选中失利，由上届的7席减至4席。两位资历较深的民主党成员和该党推出的新人均落马。按香港政党负责人对该党选举结果应负政治责任的惯例，主席何俊仁为此辞去了党主席职务，副主席刘慧卿出任代主席。民主党算上在"区议会（二）"取得的2席（何俊仁、涂谨申）在本届立法会共有6个议席，与公民党、工联会的议席数目相同，并列在民建联之后。

选举结果还表明，泛民中的激进势力支持度呈现上升趋势。他们这届选举得26万票，比上届大幅增加10万票。人民力量比上届多取1席，社民连梁国雄以获近5万票成为新界东选区票王。人民力量和社民连的路线相对接近，如果把他们在各区的得票率合并统计约为15%，高于民主党或公民党的分别约占14%。此外，新成立的工党首次出战即获3席，从民主党退出的成员组成的新民主同盟的范国威也首次当选。上述因素叠加产生的效应，是香港行政主导面临更大的制约和挑战，加剧内耗。

此间传媒普遍认为，建制派在立法会民主进程推进的情况下获得选举成功，有赖于资源的整合利用和配票成功。有的中间传媒甚至评价民建联的"配票"神乎其技。

实际上，这种说法只说对了一半。所谓配票，是选举过程中多取议席的重要策略，任何政团都可以运用，但其前提是要有票可配。票源是基础，配票是技术手段。例如在港岛选区，建制派共有4队参选：民建联2队，工联会和新民党各1队，共取得4席。这4队人马之所以能各拿1席，除配票成功外，关键是他们由上届的121490票增至这届的128043票，近7000票的增加是取胜主因。新界西选区也是如此。建制派在该区赢得5席，末席是民建联梁志祥，得33777票，以985票之差险胜民主党李永达的32792票。[1] 这也是得益于该区建制派比上届增加2万票。当然，配票离不开对选情的正确分析，对选民投票意向的精确判断和对选区布阵的科学引导以及内部协调。只要安排得当，可以较低得票率拿较多议席。建制派所追求的是珍惜每一张选票，绝不浪费"余额票"。也就是"他们并不追求在每一区当'票王'，仅仅跨过当选门槛便可以，他们要的是'实惠'而非'虚荣'，于是建制派在港岛取得最尾2席，在九龙东区取得最尾2席，在九龙西区取得最尾1席，在新界西取得最后4席。除了新界东一区之外，这4区都成功地以最小量的票拿到1至4

---

[1]　资料来源：2012年9月11日《明报》A12版公布的选举结果。

个议席，把选票的使用效率提升至最高，不似别人般要以一张名单取得 2 个议席般无效率，徒然浪费了大量'余额票'"。[1] 这段评论，道出了民建联配票的奥妙。

相反的例证是公民党得陇望蜀的有关部署。该党在新界西郭家麒和余若薇的名单取得 14.5% 选票，超过 7 万票，大大超过了第一个席位的票数，但又未达到 2 席所需的 17.9%，白白浪费了近 4 万张票。在港岛区，公民党也遭遇了同样的情况。[2]

〔1〕 蔡子强，《泛民死因：六四定律打破，配票不济》，2012 年 9 月 11 日《明报》。
〔2〕 同上。

主要参考书目

1. 王赓武主编，《香港史新编》上、下册，香港：三联书店（香港）有限公司，1997 年 5 月版。

2. [英] 亚历山大·葛量洪著，《葛量洪回忆录》，曾景安译、赵佐荣编，香港：广角镜出版社，1984 年 9 月版。

3. 曹淳亮主编，《香港大辞典》，广州：广州出版社，1994 年 12 月版。

4. 张晓辉著，《香港华商史》，香港：明报出版社有限公司，1998 年 9 月版。

5. 张礼恒著，《伍廷芳的外交生涯》，北京：团结出版社，2008 年 12 月版。

6. 杨奇主编，《香港概论》（续编），北京：中国社会科学出版社，1993 年 9 月版。

7. 李宏编著，《香港大事记》（公元前 214 年—公元 1987 年），北京：人民日报出版社，1988 年版。

8. 雷竞旋著，《香港政治与政制初探》，香港：商务印书馆香港分馆，1987 年 9 月版。

9. 郑宇硕编，《香港政制与政治》，香港：天地图书有限公司，1987 年 7 月版。

10. 刘曼容著，《港英政治制度与香港社会变迁》，广州：广东人民出版社，2009 年 6 月版。

11. 袁求实编著，《香港回归大事记（1979—1997）》，香港：三联书店（香港）有限公司，1997 年 8 月版。

12. 袁求实编，《香港过渡时期重要文件汇编》，香港：三联书店（香港）有限公司，1997 年 8 月版。

13. 史良深著，《香港政制纵横谈》，广州：广东人民出版社，1991年 5 月版。

14. 徐克恩著，《香港：独特的政制架构》，北京：中国人民大学出版社，1994 年 4 月版。

15. 国务院港澳事务办公室香港社会文化司编著：《香港问题读本》，北京，中共中央党校出版社，1997 年 6 月版。

16. 王凤超主编，《"一国两制"的理论与实践》，北京：经济科学出版社，1998 年 12 月版。

17. 李后著，《回归的历程》，香港：三联书店（香港）有限公司，1997 年 4 月版。

18. 宗道一等编著、周南修订，《周南口述——身在疾风骤雨中》，香港：三联书店（香港）有限公司，2007 年 7 月版。

19. 钱亦蕉整理，《鲁平口述香港回归》，香港：三联书店（香港）有限公司，2009 年 4 月版。

20. 王韶兴主编，《政党政治论》，济南：山东人民出版社，2011 年1 月版。

21. 朱世海著，《香港政党研究》，北京：时事出版社，2011 年 8月版。

22. 周建华著，《香港政党与选举政治》，广州：中山大学出版社，2009 年 10 月版。

23. [英] 弗兰克·韦尔什（Frank Welsh）著，《香港史》，王皖强、黄亚红译，北京：中央编译出版社，2007 年 5 月版。

24. 全国人大常委会《香港基本法》委员会、全国人大常委会《澳门基本法》委员会办公室编,《中央有关部门发言人及负责人关于基本法的谈话和演讲》,北京:中国民主法制出版社,2011年1月版。

25. 钱其琛著,《外交十记》,香港:三联书店(香港)有限公司,2004年版。

26. 张连兴著,《香港二十八总督》,香港:三联书店(香港)有限公司,2012年7月版。

27. 罗拔·郭瞳著,岳经纶等译,《香港的终结》,香港:明报出版社,1993年10月版。

28. 李彭广,《管治香港:英国解密档案的启示》,香港:牛津大学出版社,2012年版。

29.《香港回归十年志》2001年、2002年卷,香港:大公报出版有限公司,2007年6月版。

30. 苏钥机主编,《特首选战·传媒·民意》,香港:天地图书有限公司,2012年版。

31.《见证历史·临立会风云岁月》(非卖品),出版人,良子樑,2008年6月版。香港各界庆祝回归委员会慈善信托基金赞助出版。

32. 余绳武、刘存宽主编,《十九世纪的香港》,北京:中华书局,1994年8月版。

33. 陈滋英著,《港澳回归纪事》,《澳门基本法》推广协会编印出版,2015年版。

34. 陈佐洱著,《交接香港》,长沙:湖南文艺出版社,2012年版。

35. 袁求实编著,《香港回归以来大事记(1997—2002)》,香港:三联书店(香港)有限公司,2003年版。

36. 袁求实编著,《香港回归以来大事记(2002—2007)》,香港:三联书店（香港）有限公司，2015 年版。

37. 曾钰成著，《直言集——论香港问题》，香港：天地图书有限公司，1995 年版。

38. 姜恩柱著，《大国较量：中欧关系与香港回归亲历》，北京：中信出版社，2016 年版。

后 记

　　这本小册子是断断续续写成的。截稿时，2016年第六届立法会选举已经起步；核校稿件时，2017年第五任行政长官选举已近尾声。如抓紧时间赶写，这部分内容也可纳入书中，但过于仓促，为慎重起见，便付之阙如。

　　"香港是动感之都。"这是推介香港旅游广告上常用的一句话。的确如此，我在香港工作时深有体会。对于本书而言，已经写好的一些章节，后来情况出现了令人意想不到的变化，是否随动感而做相应的改动呢？我的想法是，这些变化如果与当时的记述无关，应尊重历史，无须修改，实事求是。

　　本书从初稿、修改稿到定稿，均得到我的同事们的协助，对他们利用休息时间付出的辛勤劳作，我表示由衷的谢意！

　　本书内地简体字版的出版，得到生活·读书·新知三联书店总编辑翟德芳和编审叶彤的支持和帮助，特别是叶彤同志两读原稿，以内地读者的眼光，提出了十几条具体有益的修订建议，使本书更能适合内地读者阅读。在此一并表示感谢！

王凤超

2017年4月